保釣運動

——全紀錄

台湾と尖閣
運動の実像
留学生らの学生運動
中華民族主義、釣魚台
抗日、愛国、香港
中国本土

SENKAKU ISLANDS

本田善彦——著
風間鈴——譯

說明

1. 尖閣諸島：臺灣稱為釣魚臺列嶼，中國大陸稱為釣魚島。
2. 為顧及保釣的多元內涵，書中保釣一詞皆加引號，以「保釣」呈現。

目次

第二部 一九七〇—一九九〇年代 臺灣

推薦序

解構臺灣「顏色政治學」的「保釣」

何思慎　中華民國國際關係學會理事、輔仁大學日語系特聘教授

釣魚臺列嶼為臺灣的附屬島嶼，在行政區劃上歸宜蘭縣頭城鎮大溪里，此法律上的立場，在臺灣，不論國民黨或民進黨執政，縱使在統獨的立場，或在兩岸關係政策上，大相逕庭，但對釣魚臺列嶼的主權主張，基本上是一貫的。或許有人會說，曾擔任十二年中華民國總統的李登輝認為，釣魚臺列嶼是日本的，但這樣的言論是在其卸任之後，而非任上所言，不代表中華民國政府立場。

然而，臺灣內部帶有深淺不同之藍、綠意識形態對立的「日本觀」更直接投射在朝野不同的「保釣」主張中，使本應一致對外的「保釣運動」意外成為藍、綠內政戰線的延長。因此，不同於韓國朝野在政治縱使涇渭分明，但在「獨島」（日本稱為「竹島」）主權爭端中，基本上舉國一致，捍衛「韓國的獨島」。反觀臺灣，「保釣」似乎成為分斷藍、綠的政治歧見之一，模糊國人對釣魚臺列嶼主權認識，動搖社會的「保釣」信心。此造成臺灣在釣魚臺主權聲索及

對日本之抗議上，「理雖直，卻氣不壯」。

其實，泛綠陣營中亦不乏「保釣」人士，除作者本田善彥所訪談之民進黨創黨元老張俊宏外，前副總統呂秀蓮是位令人尊敬的「保釣」前輩，呂副總統心繫釣魚臺列嶼主權，從在哈佛大學留學期間持續至今，未曾因身處民進黨有所動搖，但書中，另位綠營「保釣」大將張俊宏不諱言「保釣」在藍、綠中的溫度差，「保釣運動，總給人一種印象，以為那是以『泛藍』陣營或是以外省人為主體的運動」。因此，「保釣」在臺灣雖難以擺脫統、獨、藍、綠的羈絆，但卻無法藉此兩分臺灣人「保釣」與否的立場。

本書題為《保釣運動全紀錄》，看似與過去學界討論釣魚臺主權爭端的書一般，但誠如書中〈前言〉所言，「本書並非在論斷有關尖閣諸島領土主權的是非好惡或其歷史背景」，而為透過牽動華人敏感神經的「保釣」，爬梳兩岸三地人民潛意識中的民族主義樣態及對日本的愛、恨、情、仇。

東亞近代歷史中的臺灣在中國與日本間兩度易手，使臺灣成為特殊的華人社會，更因國共內戰，臺灣成為中華民國據守的島嶼，在冷戰的擺弄下，除島內的族群關係外，臺灣周旋於美、中、日三者間，折射出「不斷變化的自我認同」。在中華民國的聯合國席次保衛戰失利後，中華民國在臺灣的統治漸趨「喪失『中國』的詮釋權」，更隨臺灣解嚴後的民主化，統獨意識裂解臺灣社會，糾纏在兩岸與美、日間「保釣」亦弔詭的質變為「擁護本國政府或政權」或「確認彼此的認同感」。本田善彥點出「保釣」的「愛國」盲點：「國家、政府與政權，這三者時而無意識地，時而有意地混淆在一起，如何冷靜地將這三者拆解開來，看個清楚，其實不只是現今的中國大陸，普天下的社會不也都需要這樣做？」他的提醒，值得玩味。

臺日關係受美國主導的國際局勢影響甚巨，同時受到美、日等多邊機制之連動，有其鮮明的「從屬性」，在「保釣」上更可見端倪。在釣魚臺主權爭端之諸多成因中，美國於戰後的琉球佔領及一九七二年的釣魚臺行政權移交最為關鍵。由冷戰伊始的東亞局勢觀之，中華民國與美、日形成圍堵共黨圈國家而運作安全戰略同盟，互為東亞地區戰略夥伴之佈局明確，造成釣魚臺主權爭端暫遭擱置。

然因七〇年代尼克森採行關島主義與聯中抗俄策略而變質。因著美國計劃將釣魚臺移交予日本消息曝光，美軍於一九七〇年間在釣魚臺列嶼上樹立告示牌，禁止臺灣漁民進入周邊海域後，行政院長嚴家淦及外交部長魏道明等我國政府首長對美國將釣魚臺置於琉球群島範圍內，並移交日本之事再三抗議，但終究無法改變美國的決定而抱憾告終。一九七二年，美國歸還琉球群島行政，默認日本控制釣魚臺列嶼，釣魚臺上「禁止琉球居民進入」之警示牌撤離，原本驅逐臺灣漁民的美國巡邏艦不再現踪釣魚臺周邊海域，取而代之的是日本海上保安廳巡視艦。

時至一九七九年美國外交承認北京，《中美共同防禦條約》（Sino-American Mutual Defense Treaty）無以為繼，美國陸續自臺灣撤退駐軍，第七艦隊不再協防臺灣，釣魚臺主權爭端加劇，然美國海軍卻長期租借釣魚臺列嶼之「黃尾嶼」與「赤尾嶼」，設置「射爆擊場」（轟炸射擊靶場）迄今。在美國於戰後插手此地後，該島主權爭端除為臺、日間難解之外交問題外，更成為錯綜複雜之民族意識與民粹主義問題，但「反日」或「反美」不應成為「保釣」的驅力。

本書作者本田善彥是位長期旅居臺灣的日本媒體人，亦是作家，漢語流利，對臺灣社會的觀察極為深入，特別在臺灣歷史與認同問題，本田善彥具獨到、細膩的觀察。旁觀者清，當局者迷，在本田善彥筆下，僅六平方公里左右的蕞爾小島——釣魚臺列嶼，不僅為美、日、中在東亞區域博弈的戰略支點，更鮮活的躍上讀者的思考，成為解構臺灣人「身份認同」（identity）的重要線索。

透過本田善彥深入訪談「保釣」人士，抽絲剝繭，打破國人似是而非的「綠營親日、藍營親中」的兩分法刻版化印象，亦可觀照自身的「認同」，揚棄解嚴以來綁架臺灣社會的「顏色政治學」。他一針見血道出，臺灣人透過「親日」、「反日」來表現自己與「中國」的距離感，在臺灣人眼中的「日本」只不過是個可以呼之即來，揮之即去，隨意差遣的道具，並非內化在情感裡。本田成功的回答了在臺灣「中國」與「日本」為何成互斥的概念，「親日」定伴隨「反中」，反之亦然，但臺灣人對日本的態度無涉情感，更無關「認同」。因此，在「臺灣主體性」建構中，非得要「去中國化」不可，但「去日本化」則多此一舉。

本田善彥透過華人「保釣」運動，透徹地解構「臺灣人是誰」的更深層問題，此應為日本人所專擅之「我是誰」的哲學命題回答。此道問題在藍、綠政治動員中，困惑臺灣人許久，囿於解嚴後的「顏色政治學」，臺灣人對此提問無能為力，但在一位沒有顏色的日本人本田善彥眼中，此清楚不過。

為序者不宜「爆雷」，讀者自己翻開書頁，透過本田善彥的妙筆，細細思量，必有所得。值此二〇二〇年總統大選開跑之際，此書的出版對國人思考「我是誰」，別具現實意義，故樂之為序。

前言

「幼稚園同學今天跟我說：『我不要跟日本人玩！』」

筆者就讀臺北市立一家小學附設幼稚園的長子氣呼呼地回到家，已經是二〇一二年九月底的事了。當時正值漁民為了抗議日本政府在這一年九月十一日宣布將尖閣諸島收歸國有，約五十八艘漁船在十二艘中華民國巡邏艇護衛下，於同年九月二十五日入侵[1]尖閣海域的日本領海。從這年夏天之後，有關尖閣的險峻情勢屢屢見諸媒體，長子又是園內唯一的日本人，筆者當時已有一種抹不去的預感，擔心幼稚園小朋友在家中聽到大人們的談話後，不無可能對長子做出不友善的舉動。對此，筆者自認已做好相當的心理準備。儘管一切都在預料之中，然而長子受到的「洗禮」，還是在筆者心理上造成不小衝擊。

聽完長子的話，筆者立刻要求與幼稚園老師見面。班導師似乎也感到相當訝異，當天就安排當事人與雙方家長坐下來談。幸好，對方家長及幼稚園老師態度都很溫和理性，也承諾會在

1　編注：此為以日本角度而言。

學校和家裡教導小朋友，以免再次發生相同事件，這段插曲也暫告一段落。對方家長之後也數度表達慰問之意，由此可看出，這件事也給對方家庭帶來相當震撼。或許是因為園方以及對方家長的通力合作，此後再也沒有發生過類似問題，升上小學後，長子和那位小男生相處融洽，沒有因為對方曾跟他說「我不要跟日本人玩！」而心有芥蒂。筆者不認為讀幼稚園的小朋友懂得什麼國家主權、領土問題的大道理，原因恐如筆者當初所想，整件事是因為小朋友受到家裡大人的影響，也就是大人看到新聞或其他報導時所講出來的一句無心的話所造成。雖說這種事無論在哪個國家、哪個家庭都有可能發生，但也正因此，更凸顯出領土爭端所觸發的民族主義思維深植人心，非一朝一夕能解。

筆者第一次接觸到尖閣問題，是在一九九六年。當時筆者任職於臺北的中國廣播公司海外部「自由中國之聲」，身兼記者與播音任務，專門負責對日本廣播。同年七月，日本右翼團體在尖閣諸島北小島設置燈塔，對此，除臺北與北京方面各自發表抗議聲明外，也斷斷續續發生一些騷動，像是臺灣及香港「保釣」人士調度船隻前往尖閣等。筆者當時的工作，是將中華民國政府各部門以及駐日代表處的抗議聲明、臺灣各大報的社論、觀點翻譯整理成日文廣播稿，以新聞或解說方式向日本發聲。關於島嶼的領土主權問題，筆者的認知是，它隸屬於沖繩縣，是日本政府有效管治的領土，但工作畢竟是工作，筆者還是以看開的態度來面對這項令人不怎麼開心的業務。然而，關於尖閣諸島的新聞報久了，筆者常感到心情鬱悶。有些聽眾平常明明很開心寫信來點播歌曲或訴說對節目的感想，但一碰到尖閣的問題，態度就一百八十度大轉彎，以強硬語氣主張領土主權，也正是在這時候，筆者親身體會到領土民族主義問題之棘手，令人難以招架。隨著尖閣議題的報導越來越熱烈，筆者在臺北的日常生活雖不曾受到威脅或傷害，卻常看到平時很熟稔的同事及友人在即將聊到有關尖閣的新聞時，臉上露出的尷尬神情。有了這些經驗，筆者發現自己在這段期間，很自然地學會了盡可能不去碰觸尖閣方面的話題。

日本與中華民國以及中華人民共和國，三者各自主張擁有對於尖閣諸島的領土主權，這件事在日本國內開始受到大眾關注，應該是在進入二十一世紀之後。在此之前，日本主流媒體提到有關日本領土方面的報導，主要是以第二次世界大戰戰敗後，受蘇俄占領的北方四島為主。偶爾心血來潮時，也會報導由韓國所占據的竹島（南北韓稱為「獨島」）；關於尖閣諸島部分，只有一些日本右翼團體設置燈塔或是臺灣和香港的「保釣」人士登陸尖閣引起騷動之類的零星報導。在筆者的印象中，日本人看待領土問題是把重點擺在受外國統治的失土，由自己的國家實際掌控的國境島嶼相形之下，並未受到太大關注。然而中國大陸的經濟、軍事力量日益強大，隨著大陸的擴張被周遭視為是一種「威脅」之後，日本的民族主義也逐漸興起，尖閣問題也才會在今日被當成是國家安全上的重要課題。

相對於此，在一九七〇年代之後的臺灣與香港，以及進入本世紀之後的中國大陸，每當與日本的關係發生變化或出現動搖，眾人紛紛以各種方式表達對尖閣諸島的主張，像是當局發表抗議聲明或是民眾舉辦遊行抗議、漁船成群結隊駛向尖閣、「保釣」人士非法登陸等。有些只是輕描淡寫，在發表完事務性談話後就宣告結束；有的則伴隨暴力，最後演變成激烈衝突。在尖閣議題上，不只是對日本投以嚴厲目光的中國大陸居民，連外表看來被認為對日本普遍抱持好感的臺灣百姓，也未必會認同日本的主張。每當尖閣這類攸關主權或利權方面的問題浮出檯面，筆者倒是常感到有另一股暗潮似的力量在作用，而這股力量平時在臺灣的深層社會中是看不到的。如今回想起來，筆者是在經歷過前述發生在長子身邊的事件之後，就開始有一股衝動，想嘗試了解那迴盪在社會深層、左右著臺灣居民情感的，究竟是怎樣的一種意識，甚至想一窺那些時而將臺灣、香港以及大陸，乃至於在有形無形中促使整個華人社會團結起來的主張，以及主宰著人們潛意識的民族主義真實的樣貌。

本書的出發點，在於關注臺港居民，甚至是包含中國大陸在內的華人社會對於尖閣問題所秉持的看法，以及人們透過尖閣問題所意識到的日本這個第三者，對於其表露在外的民族主義思潮起了何種作用。透過採訪「保釣（保衛釣魚臺／釣魚島）」人士，看看臺灣口中的「釣魚臺」，大陸所稱的「釣魚島」這個眾人亟欲保衛的領土主權引起的「保釣」運動，是如何發生與演變，一探橫亙在「保釣」運動背後所呈現的社會心理。本書既是採訪記錄，也是筆者在聽取受訪者的談話過程中心有所感，以及探討疑問所在的記錄。

本書並非在論斷有關尖閣諸島領土主權的是非好惡或其歷史背景。即便書中人物發言的內容與日本或是海峽兩岸當局各自的主張有所不同，那也是筆者為求如實呈現受訪者的發言或傳達文獻主旨的結果，而非本書之主張，特此聲明。另，有關書中對尖閣諸島的表述，反映的是筆者本身對領土的認知與立場，與出版社及譯者之認知無關。又，文中省略一切敬稱。

| 第一部 |

1970－1980年代

北美

第一章　臺灣寧靜「保釣」

「曾經是日本人」的「保釣」人

「我是一九三八年出生，臺灣中部南投人。我生下來的時候是個日本人，但在臺灣對釣魚臺的主權問題上，我沒辦法對日本讓步。」

二〇一三年十月三十一日，一個下著小雨的悶熱午後，筆者在臺北採訪張俊宏，當時他七十五歲。

「我父親是小學教員，我們家以前是『國語家庭』。因為這層關係，從小我就對日本抱有一種親切感，覺得日本就像自己的祖國一樣，完全沒有任何敵意。但是，《臺日漁業協定》（公益財團法人交流協會與亞東關係協會間為建構漁業秩序所簽署之協定。日方簡稱《日臺漁業協定》／二〇一三年四月十日簽署。另，兩協會於二〇一七年各自更名為「日本臺灣交流協會」以及「臺灣日本關係協會」）是不對的，它否定了臺灣對釣魚臺的主權。全世界就屬臺灣對日本最友善，為什麼日本要這樣對待臺灣？難道我們的親日姿態是一場錯誤？」

當過立法委員的張俊宏，講起話來也像立委在發表演說，言談間還夾雜著日語發音的「國語家庭／kokugo-katei」。「國語家庭」是「國語常用家庭制度」下的產物，屬於皇民化運動（一九三七年日中戰爭爆發，臺灣總督府為提升國民意識所推行之運動）的一環。凡是使用當時的國語，也就是日語作為日常生活語言的家庭，通過審查後即可被認定為「國語常用家庭」，享有戰時物資配給方面的優惠待遇。生長在殖民地時代的「親日模範家庭」，強調自己對日本向來懷有強烈愛戀的張俊宏以一種嚴峻的表情，辭鋒犀利砲轟日本政府對尖閣問題的回應。筆者一時無話可回，只能埋首勤做筆記。

張俊宏，前民進黨立委。右側雜誌架上可見《大學雜誌》、《美麗島雜誌》和美麗島事件的判決書。（作者提供）

張俊宏的大半生，既是臺灣戰後知識分子的一種類型，同時也像一面鏡子，映照著臺灣民主化的進程。

國立臺灣大學政治系畢業後，進入政治研究所攻讀碩士。後受到中國國民黨中央委員會提拔，自一九六〇年代末負責政論雜誌《大學雜誌》的編輯與發行。張俊宏因為在雜誌上發表批評國民黨政府的言論，與國民黨對立情況日益嚴重，日後成了反國民黨勢力的「黨外」要角，與國民黨展開唇槍舌戰。一九七九年十二月美麗島事件發生，被依叛亂罪遭判處八年有期徒刑。一九八八年出獄後，出任民主進步黨秘書長，歷任國民大會代表、立法委員等中央民意代表一職至二〇〇五年止。一九九六年也曾擔任民進黨代理主席。二〇〇〇年陳水扁執政後，被任命為海峽交流基金會副董事長，後因路線問題與民進黨產生齟齬。據民進黨表示，張俊宏於二〇〇七年自動退出民進黨，之後與許信良等老同志偶爾出現在媒體面前，形同政界一匹孤狼。

在臺灣，以民進黨為首的「泛綠」政治勢力，一般來說與國民黨或是中國共產黨讓人聯想到的「中國」處於對峙狀態；與臺獨的主張相對來說親和性比較高，也有強烈仰賴日美支持的傾向。因此，泛綠強調對日本的友善姿態，對日本的主張也多表認同，造成外界普遍認為「綠營親日」這種近乎武斷的認知。就尖閣諸島的領土歸屬問題，李登輝曾公開表示「尖閣是日本的」，導致日本懷抱強烈期待，以為「綠營」的政治人物及政黨都和李登輝一樣有著相同的看法。

身為這樣的民進黨創黨元老，筆者得知張俊宏參與臺灣「保釣」運動，是在二〇一三年六月的時候。

當時，位於臺灣東北部宜蘭縣蘇澳鎮的鎮民代表曾太山，於該年六月十七日具狀向宜蘭地方法院控告日本首相安倍晉三。同時也是漁民的曾太山主張同年四月簽署的《日臺漁業協定》侵害到臺灣漁民權益，因而提起民事訴訟，要求損害賠償（宜蘭地方法院於八月十四日駁回該案）。當時，出面幫忙打官司的人正是張俊宏。

另外，八月十五日於臺北市舉行的「保釣」示威現場，也出現張俊宏的身影。參加同一天示威活動的「臺灣釣魚臺光復會」（臺釣會）的理事長劉源俊回顧當時表示：「張俊宏以及臺灣建國聯盟主席吳清等人都參加了二〇一三年的抗議活動，都是他們主動來接觸我們的，在此之前張俊宏還出席了七月二十一日的臺釣會成立大會。」劉源俊是知名的老「保釣」，一九七〇年代留學美國，在當地從事「保釣」運動，回國後投身教育界，擔任東吳大學校長，經常舉辦國際研討會探討尖閣的領土主權問題。對於和張俊宏等人攜手合作一事，他半帶訝異地表示：「從來沒見過綠營的名人或團體參與保釣示威抗議，這點值得大書特

劉源俊，臺灣釣魚臺光復會理事長。（作者提供）

書。」臺釣會二〇一三年七月成立時出版了《東亞新視野》叢書，其中收錄有民進黨立法委員同時也是政治學者郭正亮的論文，姑且不論人數多寡，至少證實臺釣會所言不虛，「綠營的保釣認同者」確實存在。

基於這樣的緣由，筆者請求與張俊宏見面。在此階段，筆者已經知道張俊宏因涉全民電通等案遭判刑。關於張俊宏投身「保釣」運動的理由，筆者曾暗自忖度，除籌募活動資金外，應是想藉此宣傳自己致力於「維護國家主權」這個不易招致批評的議題，以獲得露臉發聲的舞臺。然而，無論其真正的動機與目的為何，既然要從事「保釣」，總得有一番論述，才能訴諸於世。考量張俊宏周遭的現實環境以及種種可能，筆者詢問其之所以選在此時投身「保釣」理由何在，張俊宏回答如下：

「關於釣魚臺的領土歸屬，以前我的想法是，臺灣只須表明最低限度的立場即可，無須與日美兩國挑起爭端。對於李登輝卸任總統後說『釣魚臺是日本的』這件事，我很同情他，也努力朝善意方向去解讀，認為他是為了在國際情勢嚴峻的狀況下保障臺灣的安全。如今，中日為了釣魚臺，雙方關係緊張一觸即發。一旦發生戰爭，受害最深的將是臺灣。如果我們現在不強烈訴求臺灣對釣魚臺的主權，屆時恐將發生無可挽回的憾事。馬英九總統提出的『東海和平倡議』（二〇一二年八月發表之聲明，強調協商之重要性，主要內容包括擱置尖閣諸島領土主權爭議，合作開發資源等），態度也過於軟弱，無助於解決問題。這幾年，中共呼籲臺灣一起聯手保釣，日本如果態度不改，勢將無法阻止海峽兩岸攜手合作。」

張俊宏還表達了他對二〇一三年四月所簽署《日臺漁業協定》的不滿：「真正的漁權，是要先有主權才能獲得保障。雙方簽署協議時，臺灣為了表達誠意，提出擱置主權爭議的主張，日本方面卻堅持十二海里的海上主權。我認為政府為了交換小小的漁權，就放棄了臺灣對釣魚臺的主權，才會批評馬英九政府。但是，當時很多宜蘭漁民都很開心，對簽署協議感到滿足。漁民們原本的態度就是『只關心漁權，把主權視為政治人物的問題』。」

駁斥《日臺漁業協定》

面對心滿意足的宜蘭漁民，張俊宏說自己「一度想放棄推行反對運動。不過，離簽署協議才幾個禮拜時間，當我五月再度造訪宜蘭的時候，我感到事情起了變化。」回顧當時的情形，張俊宏說：

「漁民們的憤怒與反彈，遠超乎我所想像。距離簽署協議不過短短一個月時間，漁船接連遭到取締，一次就要被罰一百二十萬到一百五十萬臺幣。我勸告漁民不要繳罰金，應該打官司抗爭，但漁民們說，一旦鬧上法院不是一個月或半個月就能解決，在無法出海的期間內，就沒有半毛錢進帳，最後還是只能『破財消災』。為什麼日本可以單方面劃定界線收取罰金，臺灣方面就不行？我這時候終於恍然大悟，沒有主權做後盾，漁權根本派不上任何用場。漁民們憤慨地表示，大家過去對日本一直很友善，怎麼會落到今天這種下場？」

筆者先前所提，宜蘭漁民提起民事訴訟，控告日本首相要求損害賠償，就是發生在這時候。

有報導指出，日本與臺灣簽署漁業協議時，沖繩漁民曾強烈反彈，認為「對臺灣讓步太多」。然而，日本為了阻止臺灣針對尖閣領土主權問題與大陸聯手合作，做出了「在漁權上讓步以拉攏臺灣」的政治判斷，急忙與臺灣簽署協議，解決了十七年來一直懸而未決的漁權問題。只不過張俊宏主張，臺灣早就出現另一種不滿的聲浪。

臺灣聯合報系在美國發行的《世界日報》電子報十月二十四日報導，張俊宏與前民進黨主席許信良在大約一百位「還我釣魚臺大聯盟」成員陪同下，前往宜蘭地方法院重新提告。眾人在喊完「釣魚臺是臺灣的，還我釣魚臺」口號之後，陪同支持「保釣」的原住民前往尖閣祭拜祖靈。筆者問張俊宏，原住民與「保釣」運動有何關聯？

張俊宏回答：「釣魚臺是原住民祖先幾千年來留給後世子孫的傳統海域。很多原住民的祖先都在釣魚臺及附近海域捕魚，撿拾海鳥蛋，獲取生活資糧，因捕魚而喪命的也所在多有。那一天，原住民耆老就是為了祭拜祖靈，才會前往釣魚臺。」

關於這天所發生的事，臺灣地方性報紙並未報導，張俊宏的秘書解釋，「這是怕消息走漏，臺灣政府會阻撓他們出海，因此沒有通知當地媒體。」

面對筆者詢問日後是否還會繼續從事相關活動，張俊宏回應：

「不是只有登陸釣魚臺去插旗才叫保釣運動。一般都說臺灣有四百年歷史，但這是站在來自中國大陸的移民角度在解讀，真正的臺灣史，大部分都是原住民的歷史。我們認為，應該要站在不同於中日兩國對立層次的原住民的觀點，才有對話協商的可能。無論如何，戰爭是一定要避開的。我們之所以提起訴訟，並不是認為打贏官司就能解決問題。訴訟的結果，只是運動的開始，而不是結束。」

張俊宏還說：「過去提到保釣運動，總給人一種印象，以為那是以『泛藍』陣營或是以外省人為主體的運動。其實，這不過是因為『綠營』的政治人物與支持者顧慮臺灣與日美的關係，或是因為不想被大陸利用，才特意不把保釣掛在嘴上所造成的片面印象。日本方面也很清楚這一點，才會吃定臺灣，完全不把臺灣放在眼裡。保釣原本是臺灣的問題，在臺灣，大概找不到幾個人會認為釣魚臺是日本的，而不是臺灣的。至少，大多數臺灣人都認為釣魚臺不是日本的。」

他甚至表示，「綠營」的政治人物，其實也曾經不動聲色地反抗過日本：

「臺灣當局在二○○四年陳水扁執政時期，完成了釣魚臺的土地登記，那其實是根據一九九○年代民進黨籍的宜蘭縣長游錫堃所製作的地籍圖而來，上面明確記載著釣魚臺屬於宜蘭縣頭城鎮大溪里。為了避免和日本挑起爭端，『綠營』的政治人物的確是瞻前顧後小心翼翼，但為了不被扣上『賣國』的大帽子，面對當地選民，綠營人士也有必要就釣魚臺問題對日本做出表態。」

此外，張俊宏還透露有意擴大「保釣」運動的規模，他說：「由我擔任總召集人的『還我釣魚臺大聯盟』與統派、獨派、反美、反中共等二十幾個團體通力合作。這些團體各有不同立場，能將大家凝聚起來的唯一共同點就是『釣魚臺是臺灣的』這個概念。」後來，張俊宏在臺北舉辦論壇，廣邀臺灣及香港的「保釣」運動人士及團體代表參加，與會者達數百人。

訪談過程中，張俊宏數度提到自己：「至今依然深信日本戰後所走的道路是正確的，然而，安倍首相嘴巴上雖然感謝臺灣在日本發生三一一大地震時，捐款金額全世界最多，骨子裡卻想把與臺灣近在咫尺的釣魚臺變成中日兩國互槓的場所。在我眼裡，日本根本就是利用臺灣的親日，為所欲為。」

他還語氣激動地質問筆者：「日本可曾認為臺灣與日本的地位是對等的？一次也沒有吧！需要臺灣的時候，就花言巧語加以利用，不需要的時候，就忽視臺灣的存在。事實上很多臺灣人都覺得，日本人對臺灣常抱持一種優越感，打從心裡瞧不起臺灣。只是，這畢竟攸關自己的尊嚴，也不想說出來引發糾紛，才故意選擇不說。第二次世界大戰的時候，日本徵召臺籍日本兵服役，給他們的補償卻低到不合理，你知道臺灣人多少次感到心有不甘嗎？」

結束訪談後，筆者踏上了歸途，腦海中一再地反芻張俊宏所說的話。結果，一不小心捷運坐過頭，錯過在轉乘站下車。自稱「曾經是日本人」的綠營知名政治人物與「保釣」運動、向臺灣的地方法院控告日本首相，要求損害賠償的訴訟、臺灣原住民與尖閣諸島……這些在筆者既有的知識及認知中，從未有過連結的名詞及種種現象雖然令人深感興趣，卻也顯得有些突兀，或許是因為這樣，筆者才會一時恍了神吧？

冷漠的臺灣「保釣」意識

即便對領土的認知及立場有所不同，祝願和平的情操都是高貴的。只是，筆者總感覺，張俊宏的主張每每與現實有些脫節之處，讓人不容易吸收理解。姑不論張俊宏的主張得當與否，容筆者直言，他對「保釣」傾注的熱情，與當今臺灣輿論的最大公約數之間似乎還有一段距離。

筆者自一九九〇年代開始在臺北生活，至今已超過四分之一個世紀。根據筆者的經驗法則及感覺，臺灣居民對尖閣諸島領土主權問題表現出來的關心程度，表面看來大致是很低的。中華民國政府主張擁有尖閣的主權，事實上也對尖閣進行土地登記，將其劃歸在「中華民國臺灣省宜蘭縣頭城鎮大溪里」轄下。然而，比起動不動就將尖閣議題與國家意識或愛國言論綁在一起的中國大陸，臺灣居民對於尖閣的問題，似乎並不那麼積極熱衷。馬英九政府雖提倡先前提到的「東海和平倡議」，仍不脫重視協商的一貫態度。

回想二〇一二年九月，日本宣布將尖閣諸島收歸國有，大陸處處可見充滿暴力衝突與破壞場面的激進示威抗議，與此相比，臺灣方面的反應顯得溫和許多。很多臺灣居民蹙眉看待大陸各地掀起的瘋狂暴力舉動，據了解，部分大陸臺商則擔心，自己會不會莫名其妙遭颱風尾掃到。眼見大陸官方與民間姿態如此強硬，在臺灣，很少有人認為自己能在尖閣問題上取得話語權，也很少談論尖閣方面的話題。就算聊了起來，幾乎也不曾有過什麼激烈的爭論。「釣魚臺在日本的掌控之下，我們根本什麼也做不了」、「不太清楚那座島是臺灣的還是中國大陸的」

很多人只是語帶失望如此訴說，接著就草草結束了關於尖閣的話題。

話雖如此，臺灣也還是發生過抗議尖閣國有化的事件，只是規模都不大，媒體報導的篇幅也有限。滿洲事變（九一八事變／柳條湖事件）爆發的九月十八日這天，臺北立法院前面就有小規模抗議集會，不過沒有產生衝突或混亂場面。

九月二十三日，臺北市有一場以「保釣」為訴求的示威遊行，新黨及中國統一聯盟等統派團體，以及中華保釣協會和部分國民黨籍立委都有參加（據臺媒報導，人數約數百至一千），但也沒有發生脫序現象或暴力事件，眾人將抗議函交給日本駐臺代表機構交流協會臺北事務所後，活動便告落幕。無論是官方還是民間都展現出理性的態度，反而令人印象深刻。

臺灣輿論在尖閣問題上往往顯得消極，原因之一正如張俊宏所說，那是因為臺灣的「保釣」和被歸結成統獨問題的兩岸關係盤根錯節所致。誠如許多民調結果所示，今天在臺灣，高達八成的輿論最大公約數支持的是兩岸「維持現狀」，而不在支持與中國統一或是追求臺灣獨立。朝野對當前的維持現狀主張也都沒有異議，只在要與大陸保持怎樣的距離、從事何種程度的交流，彼此主張有所不同而已。

據此稍作整理可以發現，國民黨等「藍營」雖將尖閣視為中華民國臺灣的領土，也主張擁有尖閣的主權，實際上擺出的姿態卻是透過協商解決與日本的漁權問題，擱置主權爭議；民進黨等「綠營」則站在尖閣是臺灣漁民傳統作業海域的立場，強調漁權更甚於主權。由此可見，無論是「藍」或「綠」，雙方在尖閣問題的立場以及對日本的要求，隨著其與中國大陸之間的距離遠近不同，主張的力道強度或有所差異，但實際上並沒有太大差別。類似李登輝這種公開表示「尖閣屬於日本」的「綠營」政治人物少之又少，可以說李登輝是「綠色」政治人物當中的少數派。此外，李登輝雖公開主張「尖閣是日本的」，但在總統任內，從未在公開場合有過類似發言。

難以窺見的潛在意識

依據這樣的臺灣現況來審視張俊宏的主張，會發現他有些論調確實反映了臺灣部分的民意，不能專斷地說它完全和臺灣老百姓的感覺背道而馳。臺灣向來以對日本態度友善而廣為人知，姑不論其強度以及背後動機，不少臺灣人都不掩飾自己對日本的好感與親切感。

儘管臺灣人表面上對於尖閣的問題顯得漠不關心，但筆者在與臺灣人交談過程中，依然時常感受到大家對於尖閣，抱持著一種有異於日本方面的情感與思維，筆者也親眼目睹了幾件足以佐證自身感受的事件。臺灣人對大陸粗暴的遊行方式雖頗不以為然，但是否就會認同日本對尖閣問題的立場？答案其實是否定的。

舉個例子，二〇一二年九月日本將尖閣收歸國有後，旺旺中時民調中心所做民調顯示，贊成日本將尖閣國有化的受訪者占四・二％（反對為七一・三％）；對馬政府維護主權的表現，有一四・九％的人表示滿意（不滿意者占六三・八％）；希望馬政府在維護主權上要有強硬動作者達五二・三％（希望採溫和手段者有二七・三％）；支持兩岸合作「保釣」的占五四・

一%（反對者占二七・六%）。透過這些數字，多少可以感受到臺灣的主流意識與日本不同。一是此階段的臺灣主流民意看待尖閣問題，在意識上或許有強弱之別，但不分是「臺灣的」還是「中華民國的」，都認為是「自己的」；另外就是，日本一旦對尖閣問題擺出強硬姿態，就會出現一定程度的聲音贊同兩岸聯手「保釣」。

馬英九執政時只要一有機會，就清楚表態不會在尖閣的主權問題上與北京方面合作，實際上在馬政府時代，兩岸的政府層級也沒有聯手或合作的跡象，至少在檯面上是這樣。不過，透過臺灣的「漁會」，兩岸在民間層級的協商倒是非常頻繁，雙方在海難救助方面互動密切。即便沒有「保釣」的名義，只要尖閣附近海域出現偶發事故，兩岸即有可能以某種形式合作，這些因素都足以讓那些對兩岸合作保持戒備的人們不安。

考量方才的民調是由在大陸經商有成，與北京當局也關係良好的臺灣食品大廠旺旺集團旗下媒體進行，或許有人會質疑數字的可信度。接下來就透過選舉意識強烈的民代的言行，來觀察一下民意所趨。

時任民進黨籍立委黃偉哲在二〇一二年九月十三日，日本宣布將尖閣收歸國有後沒多久召開記者會說明民進黨的立場：「釣魚臺本來就是臺灣的附屬島嶼。」針對李登輝說「尖閣是日本的」，黃偉哲表示，李登輝的言論與民進黨立場無關，還強調：「釣魚臺本來就不是日本的，這點民進黨的立場從頭到尾都沒有改變。」

在此之前，臺聯於同年七月十三日指出，尖閣是日本的領土，呼籲政府「應擱置主權爭議，儘速與日本簽署漁業協議」，當時民進黨並未對尖閣主權歸屬明確表態，只表示「不該傷害臺日關係」，態度保守謹慎。卻在短短兩個月之後被迫表明「釣魚臺是臺灣的領土，不是日本的」。民進黨之所以如此公然駁斥李登輝的言論，相信是因為尖閣國有化之後，臺灣輿論起了微妙變化之故。

此外，地方議會也出現了象徵性動作。二〇一二年九月二十五日，大約五十八艘宜蘭漁船為抗議日本將尖閣收歸國有，在官方十二艘巡邏艇護衛下入侵日本領海的尖閣海域，遭日本海上保安廳以水柱警告，臺灣方面也發射水柱還擊。雖沒有造成大規模衝突，卻讓日本方面大感不解：「臺灣不是很親日嗎，怎麼會還手？」待船隊返臺後，馬英九於二十七日在總統府內接見漁民及護航人員，讚揚眾人此舉讓國際社會知道尖閣是臺灣的作業海域。漁民們的故鄉宜蘭雖然是民進黨的地盤，但這次的尖閣騷動，卻意外促成了朝野的一致步調。

2012年9月24日釣魚臺「為生存，護漁權」行動參與成員簽名留念。（作者提供）

宜蘭漁船隊伍回臺後，臺南市議會於二十七日朝野一致通過一項決議：「強烈要求日本政府歸還釣魚臺，必要時中央政府得採取強烈手段。」臺南是前總統陳水扁的故鄉，現在也還是民進黨的地盤。與尖閣沒有直接地緣關係的臺南市議會這看似唐突之舉，恐怕也和臺灣的尖閣輿情變化脫不了關係。

另一方面，二〇一六年一月第十四任中華民國總統選舉，代表民進黨出馬參選並當選的蔡英文也和多數臺灣政治人物一樣，主張臺灣擁有尖閣的主權。二〇一五年七月二十九日，蔡英文針對李登輝早先訪日時所提「尖閣是日本的」一席話做出回應表示：「釣魚臺屬於臺灣」。同年十月十日，蔡英文結束訪日行程回到臺灣之後也說：「民進黨對釣魚臺的立場非常清楚，釣魚臺是屬於臺灣的。（臺灣與日本之間）雖有主權爭議，但是雙方可以坐下來找出相互都可以獲利的安排。」二〇一六年一月十六日晚上，蔡英文在確定當選後召開記者會，面對日本媒體提問，她再度強調尖閣諸島的主權屬於臺灣。

由尖閣諸島衍生出來的當今對立狀況，其雛形最早是出現在一九七〇年左右。在此之前，聯合國亞洲暨遠東經濟委員會（ＥＣＡＦＥ）於一九六八年在東海進行海底探勘，隔年提出一份報告指出，該海域大陸棚可能蘊藏有豐富的石油資源。此後，臺北與北京當局開始各自主張擁有尖閣的主權。這段時間正好碰上日美協商要將沖繩歸還給日本，關於尖閣領土主權的歸屬問題，就這樣複雜地反映出包含美國在內各相關國家的政治算計。

其實，尖閣問題有著非常棘手的一面。一九四五年日本接受《波茨坦宣言》，宣布無條件投降。該宣言第八條明定：

- 《開羅宣言》之條件必將實施，而日本之主權必將限於本州、北海道、九州、四國及吾人所決定其他小島之內。

這裡的「吾人」指的是包含美英及中華民國、蘇聯在內的同盟國，它迫使日本在戰後對於主要四島之外的領土範圍，得接受由「吾人」來決定的原則。《波茨坦宣言》中所提到的《開羅宣言》主要內容包括：

- 日本歸還自第一次世界大戰以來在太平洋區域所占的一切島嶼。
- 日本自中國人所得到的所有領土，比如滿洲、臺灣及澎湖群島，應該歸還給中華民國。其他日本以武力或貪慾所攫取之土地，亦務將日本驅逐出境。

尖閣在國際法上的地位若屬於沖繩，即可說尖閣是日本的領土，但若屬於臺灣，這個說法就不能成立。然而，這不在本書的討論範圍內，筆者不在此贅述。只是，清朝在一八七〇年代並未袖手旁觀，眼睜睜看著日本明治政府透過「琉球處分」，一步步將琉球王國納為「琉球藩」乃至於劃入「沖繩縣」的整個過程。長久以來，日中雙方對沖繩問題相爭不下，連帶使得今天的尖閣問題在本質上也動輒受到影響，這點或許值得多加留意。

中美英三國發表《開羅宣言》。前排由左，蔣中正、羅斯福、丘吉爾和宋美齡。（秦風提供）

臺北與北京當局都基於「釣魚臺（釣魚島）屬於臺灣」的立場，主張擁有尖閣的領土主權，從這個觀點來看，臺灣可說是尖閣問題的當事人。再回想一九七〇年代初期，臺灣留學生在美國展開的示威抗議，正是「保釣」運動的先驅，由此可知臺灣與「保釣」運動的緣起有著密不可分的關係。然而今天在臺灣，卻很少見到「保釣」意識以某種社會運動的方式現身。話雖如此，一旦出現罕見動作時，臺灣社會所表現出來的搖擺不定，總讓人感覺在「親日臺灣」的表象下，潛藏著某種平時難以窺見的事物。另一方面，「保釣」運動蘊含的能量之強大，撼動了香港、大陸乃至於整個華人社會，遠超過理應為第一線的臺灣。

這股「保釣」思潮究竟為何物？其背後又隱藏著什麼？筆者開始對於其源頭——一九七〇年代發生在北美的「保釣」運動感到興味盎然。

第二章　反越戰風潮影響

捲入「保釣」運動的科學青年

一九七〇年晚秋，臺灣留美學生團體開始發出「保釣」聲浪。留學生的舉動使得與尖閣問題有關的當事人，尤其是臺北以及北京、華盛頓三方均無法坐視，連臺灣及香港的輿情也實際受到了影響。

為什麼「保釣」運動的起火點不是在主張擁有尖閣主權的中華民國政府主政下的臺灣，而是在美國？又為什麼這股熊熊烈火會從美國延燒回臺灣？為了直接向躬逢其盛的留學生請教關於「保釣」運動的真實樣貌，筆者數度造訪在臺北不定期召開的「保釣」座談會及講座。

據了解，參加這些集會的，大多都是當年以學生身分從事「保釣」運動，年約六、七十歲左右的老留學生。印象中，除了由老師帶隊參加的團體之外，年輕一輩的身影並不多見。部分留學生在回臺後的今日，仍然在從事「保釣」運動，筆者認為，只要來到相關聚會，應該可以認識運動的核心人物，事實也證明筆者的推論是對的，因為筆者不費吹灰之力，就輕易達成目的。當筆者向這些老留學生或「保釣」人士請求推薦一位熟稔「保釣」運動來龍去脈的人選時，大家異口同聲推薦的人物就是林孝信。他們告訴筆者，林孝信「被國府註銷護照，很長一段時間無法回到臺灣，是最資深的老保釣」。因為這樣一段淵源，筆者在和林孝信碰面前，擅自想像他是一位「盛氣凌人、全身上下以理論全副武裝的釣運人士」。沒想到真正登門拜訪時，飄飄然出現在筆者眼前的，卻是一位笑容可掬，身形略顯消瘦的男性，差點讓筆者跌破眼鏡。

林孝信一九四四年出生於臺北市，雙親都來自臺灣中部的本省籍閩南人家庭。一出生沒多久，林孝信就隨著家人四處躲避美軍空襲，一路疏散到母親的故鄉，六歲以後搬到宜蘭，在這裡度過青春歲月。從小就對科學很有興趣的林孝信，大學就讀國立臺灣大學物理系，一九六六年畢業。服完一年預備士官義務役後，於一九六七年通過公費留學考，進入美國芝加哥大學就讀。

林孝信，老「保釣」、世新大學通識教育中心客座教授。（作者提供）

「我對政治原本毫不感興趣，一心只想當個科學家。」這樣的林孝信卻在一九七〇年底加入了「保釣」運動。「正確日期我已經不記得了，只記得一九七〇年夏天，有報導說臺灣漁民在尖閣附近捕魚時遭到日本驅趕。因為這個關係，在美國讀書的臺灣留學生開始關注尖閣問題，自然而然地我也開始接觸到這些訊息。」

當時正值美國歸還沖繩前夕，筆者推測林孝信口中所說「日本驅趕臺灣漁船的報導」，指的應該是以下兩則新聞。一是法新社九月二十一日從臺北發出的報導：「臺北漁會二十一日宣稱，臺灣漁船十六、十七日兩天在尖閣諸島附近海域作業時，遭到兩艘日本海上自衛隊巡邏艇威嚇，並被要求離開現場。據漁會表示，海上自衛隊巡邏艇還對臺灣漁民廣播『尖閣諸島屬於琉球所有』。」報導還指出，「被要求離開的這些漁船在二十日當天，又重回該片海域作業，由於漁會認為當地漁民生活受到威脅，因此向臺灣政府提出護漁請求。而國府外交部截至目前（九月二十一日）為止，尚未對此做出回應。」

另一則是美聯社在同一天九月二十一日，針對琉球政府的巡邏艇在美軍同意之下，兩度驅離臺灣漁船一事所作的報導。然而，不管是哪一則報導，一九七〇年九月中旬前後的這段時間，由於臺灣漁船在尖閣諸島附近遭到驅離一事登上了媒體版面，這些報導又剛好映入海外臺灣留學生的眼簾，才會發生後來的「保釣」運動，這一點應該是無庸置疑的。

對尖閣問題產生興趣的臺灣留學生，開始利用一種特殊的管道互通訊息。說管道特殊是因為留學生用來傳遞「保釣」訊息的主要工具，其實是由林孝信及劉源俊（臺釣會理事長，前已提過）等就讀美國研究所的臺大物理系畢業生在一九七〇年一月一日創辦的科普讀物《科學月刊》的編輯部聯絡網。

「一九六八年底我參加博士資格考，考完後只剩準備論文，有了比較充裕的時間。而臺灣當時還很貧窮，科技也很落後，美國則讓人感覺非常先進。受到這些刺激，我開始想為故鄉做點什麼，就和其他同伴們商量，最後決定辦一本科學雜誌。」誠如林孝信所言，想把在科技先進的美國所學到的科學新知，以淺顯易懂的方式介紹給故鄉臺灣的讀者，正是《科學月刊》的宗旨所在。

編輯團隊成員多為理工科學生，但林孝信表示，考量也有必要介紹社會科學，因此也有幾位相關學科的學生加入。「當時很多留學生都認為自己是代表臺灣來到美國學習，大家這種思維之強烈，幾乎不是現在能夠比擬。雜誌創刊之際，全美各地約有三百位留學生表態響應，我們也建立了成員的聯絡網。許多知名學者也對我們表示肯定，其中包含一九五七年獲得諾貝爾物理獎的李政道教授等人。」由林孝信這番話可以看出，《科學月刊》雖然是以二十至三十九歲的研究所學生為核心人物，但背後其實有著非常廣泛的人際關係。

這份刊物的經營模式也很特殊。先由全美各地的供稿人將稿件寄給人在芝加哥的林孝信，經其彙集整理後，再寄回臺北出版。這樣一來一往的結果，林孝信自然成為編輯雜誌的核心人物，與各地留學生展開聯繫。當時，別說是網路或行動電話，連家用電話也遠不如現在普及。在這樣的時空背景下，以《科學月刊》編輯部為根據地，每星期固定寄送的手抄油印〈工作通報〉，在全美各大學之間成了彼此迅速、確實傳送大量資訊的重要工具。

「保釣」團體誕生

林孝信表示，臺灣漁船在尖閣諸島附近遭驅趕一事，成了「保釣」運動的起火點。這似乎與美國統治沖繩時期，在尖閣海域附近作業的臺灣漁船幾乎呈放牛吃草狀態有關。彙整當時的記載及多項證言可知，許多沖繩居民雖對臺灣漁民在尖閣周邊海域非法捕魚以及登島撿拾海鳥蛋一事憂心忡忡，但琉球政府及美軍並未積極予以驅逐。這使得臺灣漁民將在尖閣海域捕魚視為理所當然，也加強了漁民們認為該海域屬於「傳統作業漁場」的觀念。

一九七〇年，臺灣省政府水產試驗所的試驗船「海憲號」入侵尖閣周邊海域，同行的中國時報記者登島插上中華民國國旗，並在峭壁上寫下「蔣總統萬歲」五個大字（詳待後述），這時也沒有人阻止「海憲號」侵入尖閣海域。這也是後來臺灣漁船遭驅離時，漁民們大感錯愕的原因之一。「在世世代代賴以維生的海域遭驅逐，臺灣漁民群情激憤向政府及社會控訴日方的不是。」據說，這就是林孝信當時看到的報導內容。

話說回來，一本以介紹科學知識為宗旨的雜誌，卻成了討論「保釣」議題的刊物，難道不會很奇怪？林孝信對這個疑問的回答是：「原本的方針是不討論政治的，但是有些人堅持保釣的問題是國家的大事，不是與選舉或黨派屬性有關的狹隘的政治運動。因此，我徵詢二、三十位主要聯絡人的意見，看大家是否贊成透過這本雜誌討論保釣的問題，結果，大部分成員都表示『只要下不為例就同意』，因此，我們就以特例方式開放討論了。」在多次扮演討論的橋梁過程中，林孝信也被深深捲入了「保釣」運動。

透過《科學月刊》的聯絡網，各地學生傳來大量資訊。林孝信這樣回顧當時學生們的行動：「關心問題根源的同伴前往全美各地圖書館或資料館蒐集各種資料。對研究所的學生來說，找資料、做分析和研究是他們最拿手的本領。美國的大學圖書館水準也都很高，一下子中、英文，甚至於日文資料就堆積如山。……我們在通訊當中披露大家各自找到的資料，侃侃諤諤地探討談釣魚臺是屬於臺灣，也就是中國的，還是屬於日本、琉球的。如此熱烈討論了兩三個月之後，成員之間開始有了釣魚臺屬於臺灣的共識，大家更加確信是日本非法霸占了釣魚臺。」

一九七〇年十一月十七日，臺灣留學生在美國普林斯頓大學成立「保衛釣魚臺行動委員會」，成為第一個「保釣」團體。受此影響，短短一個月時間內，美國各大學的「保釣」團體如雨後春筍般出現。

林孝信表示，「這些團體都是學生自動自發成立，沒有組織章程，也沒有統理團體的組織，幾十個團體各自獨立，彼此透過《科學月刊》的聯絡網交換資訊。」各團體的成員大都是臺灣留學生，也有少部分香港留學生加入。另外也有一些畢業後就留在美國的臺灣人以及少數幾位住在唐人街的華僑，但沒有來自中國大陸的學生。當時正值季辛吉訪中前夕，美中關係處於尖銳敵對狀態。自從一九四九年遭赤化後，從中國大陸循正規管道赴美的留學生根本就不存在。

在各大校園競相成立「保釣」團體的潮流引領下，開始有留學生提議，希望在一九七〇年底到隔年初的這段時間內，舉行大規模集會或示威遊行。這些聲音透過《科學月刊》聯絡網，傳播到美國各地大學，也獲得廣大回響，要求集體行動的聲浪如漣漪般擴散開來。

林孝信指出，這些要求集會遊行的聲浪之所以受到眾人力挺，是因為「當時校園內經常出現反越戰的示威集會，讓大家萌生『我們也來試試』的想法」。他這樣形容當時的氣氛：「來到美國的六〇年代當時，臺灣處於戒嚴狀態，社會每個角落都在警總（臺灣警備總司令部）的嚴密監視下。沒有人有示威經驗，一開始大家都感到戰戰兢兢。但在看到美國同窗上街頭示威有如家常便飯，卻也沒因此被抓或遭流放時，大家開始覺得自己很窩囊沒出息，老在那裡猶豫要不要辦遊行。」

誠如林孝信所言，臺灣在一九四九年五月二十日實施戒嚴，正處於戒嚴時期。另外，根據一九四八年四月十八日國共內戰時期通過的〈動員戡亂時期臨時條款〉，由於國民政府與其眼中的叛亂團體中共正處於內戰狀態，憲法因而遭到架空，總統被賦予極大的權限。在這樣的戰時動員體制下，別說是正常的憲政運作，連想要示威、集會、抗議、陳情也困難重重。從這一點來看，一九七〇年代的「保釣」運動，可以說是臺灣學生在呼吸到美國的自由空氣後，首次自動自發進行的學生運動。

舉行示威態勢急速高漲，距離第一個「保釣」團體誕生約莫兩個月左右的時間，首次遊行即將登場。當初原本預計在一九七一年一月三十日週末當天，於華盛頓、紐約、芝加哥、西雅圖、洛杉磯、舊金山六大城市同時舉行，但最後演變成舊金山於一月二十九日，其他各城市於一月三十日進行。各地遊行隊伍均前往日本大使館或總領事館抗議，紐約與芝加哥的遊行隊伍還到了日本航空分公司、洛杉磯和西雅圖隊伍則分別來到美國聯邦大樓及中華民國總領事館。

在此之前，各地「保釣」團體均就遊行當天的統一行動規範以及要呼喊的口號進行意見統整。根據劉源俊的回顧，為「促進海外青年團結，大家捨棄不同的政治立場，不受任何黨派指使，以愛國的熱情為出發點」，依據這個基本原則，遊行時不准攜帶中華民國以及中華人民共和國任一方的國旗，發表宣言及演講時，也只強調「中國」，不提及臺北及北京兩方的政府。並決定以「同胞們！團結起來打倒日本軍國主義」、「日本軍國主義滾出去」、「保衛釣魚臺，打倒國際陰謀」、「釣魚臺是我們的」、「反侵略的人們團結起來」作為呼喊的口號。至於宣言內容方面，則確立了四項要點：「堅決反對日本軍國主義復甦」、「全力保衛中國對釣魚臺列嶼的主權」、「反對美國偏袒佐藤政府的陰謀」、「主權未決前拒絕任何國際共同開發行動」。

由上述行動規範及口號內容可以看出，這次遊行深受有著反帝國主義、反殖民地、反侵略色彩的反越戰運動影響。同時也顯示出，主辦單位為了整合親國府派及反國府派，也就是所謂的右派與左派，可說是煞費苦心。明明是以臺灣留學生為主的遊行，卻要擔心場子上出現中共的旗幟，透露出這股驅動學生的能量背後，有著對國府的強烈不滿以及這些不滿往往有可能與左翼思想產生共鳴。

雖然沒有遊行經驗，但這場以臺灣留學生為主體的示威遊行，反應似乎不差。當時人在賓

1971年1月30日，紐約首次「保釣」遊行。（劉源俊提供）

州大學就讀，後來成為電影導演的王正方這樣形容紐約的示威情景：「聯合國總部附近的達格哈瑪紹廣場公園大約聚集了一千五百人。全美各地總計約有三千人參與。」

由林孝信等人負責籌劃的芝加哥遊行，則有來自密西根、印第安納、伊利諾等地約三百多人參加。林孝信說：「參加遊行的留學生大多來自臺灣，還有幾位來自香港，以及一名就讀芝加哥大學的日本留學生。這位日本留學生和一位熱心保釣運動的臺灣留學生走得很近，在臺灣人的邀約下也參加了示威活動。他是反對日本軍國主義的左翼學生，參與活動的積極程度不下於臺灣學生。」據林孝信表示，芝加哥的遊行於一月三十日上午十點鐘出發，前往日本駐芝加哥總領事館抗議，整個過程不到一小時就結束。結果，這位日本留學生表示「這樣不夠，要再多走一點」，於是眾人決定再走到日本航空的芝加哥分公司去抗議，因為大家認為日本航空是國籍航空公司，其經營一定程度反映著日本政府的態度。

筆者詢問林孝信活動結束後有何感想，他給了這樣的答案：「生平第一次參加遊行，把以前在臺灣時的那種揮之不去的恐懼感都一掃而空。總之，活動順利結束，總算是鬆了一口氣。」

來自北極的冷風，長驅直入吹進天寒地凍的芝加哥，但在這裡首次舉行的遊行示威，卻在熱血沸騰的氛圍中拉下簾幕。「How many years can some people exist before they are allowed to be free」？——從林孝信輕描淡寫的表情，筆者彷彿看到巴布・狄倫那首在反越戰場合中，經常被一再傳唱的經典歌曲〈答案飄蕩在風中〉（Blowing in the Wind）所描述的情景。

為「保釣」苦惱的國府

誠如參加紐約遊行的王正方所說：「活動的成功，讓住在美國的臺港留學生以及華僑得知『保釣』運動的存在，大家開始關心保釣。」第一次大規模示威遊行的結果，提升了華人對「保釣」運動的關心；同時，臺北和北京當局也更加關注「保釣」運動的發展。尤其「保釣」運動因為以臺灣留學生為主體，使得國府對運動走向忐忑不安，也開始和學生展開接觸。

林孝信說：「一次的遊行不可能達到目的，大家自然而然相約『要再來一次』。第一次遊行靠的只是熱情，大家沒什麼經驗，準備稍嫌不足。為了有更充裕的時間準備，大家決定在三個月後的四月十日舉辦第二次遊行。」之所以選定這一天是因為這時候天氣穩定，不冷不熱，又是星期六，很適合動員人力。然而，就在大家進行相關準備時，「保釣」團體的學生遇到了意想不到的事，那就是來自國府的阻撓。

回顧當時，林孝信表示：「在臺灣受過的教育告訴我們，愛國是很重要的。政府主張擁有釣魚臺的領土主權，而我們的行動正是提倡保衛釣魚臺的主權，這毫無疑問是一種愛國運動。而且，我們與當時國府最畏懼、最嫌惡的共產主義思想完全沒有任何瓜葛。在準備集會遊行的當時，我們甚至以為會因為這項愛國運動得到政府的鼓勵。讓人意外的是，我們在一月份的遊行階段，就已經感覺到政府並不支持學生的氛圍，第二次遊行當前，政府表現出來的態度根本就是在阻撓、制止，更別說獎勵了。」

初期的妨礙，主要是透過學生進行勸退。林孝信對當時的情形記得一清二楚：「那時候，不管在美國的哪一所大學，都有國府派來的職業學生，至於誰是職業學生，我們也大致心知肚明。這些人會勸我們打消成立保釣團體的念頭，或要我們別去參加遊行，有時也會動手阻撓。職業學生們警告我們『別中了共匪的圈套』、『不能被惡勢力利用』，但我們所有學生都來自臺灣，跟中共根本沒有任何關係。再說，當時中共與美國處於敵對狀態，連聯合國代表都沒有了，更別說駐美大使館。要說中共在美國搞滲透，那根本是謬論，藉口未免太過牽強。」

職業學生還指名道姓批評積極參與「保釣」運動的學生，或是寫匿名黑函或打電話恐嚇。

一月份遊行之後，臺北各大報一邊報導留學生的「保釣」運動，一邊呼籲留學生要提高警覺，「千萬不要讓自己的愛國熱情，變成共匪進行統戰、挑釁的工具」。各種謠言與揣測也漫天紛飛，說什麼留學生想利用「保釣」運動，在海外成立「第三黨」。「一開始完全不知道發生什麼事，後來慢慢發現周遭有些動盪不安，這才開始感到恐怖，保持警覺。」林孝信這樣說明當時的心情。

一月份舉辦首次示威遊行後，眾人開始規畫討論第二次遊行，很多都是在公開場合下進行。只要是透過《科學月刊》的聯絡網，這種情況勢必無法避免。而國府三不五時就來阻撓騷擾，有時甚至公然出手，毫不避忌。

在這樣的情況下，國府於一九七一年二月派教育部國際文教處長姚舜來到美國嘗試與學生們進行溝通。部分留學生拿政府的獎學金出國，相關手續就是由國際文教處負責。

關於當時的經過，姚舜在回憶錄中寫道：

（面對蜂擁來到駐美大使館前抗議的留學生）外交部對此情勢束手無策，駐美大使周書楷電請中央派員至各大學臺灣留學生團體加以疏導，因而國民黨中央海工會邀請有關單位集會會商，經決議，請教育部主管留學生業務主管及國民黨海工會主管海外留學生組織活動部門主管，會同即時赴美進行輔導疏解。外交部通令駐美各領事館盡力協助，因此我銜命赴美，（中央海工會副主任曾廣順同行）很冒昧的接受這個棘手的難題。

但，姚舜並沒有成功說服學生。當時，各地的「保釣」團體陸續發行各自的刊物。其中，東海岸的「保釣」團體出版的《釣魚臺簡報》第三期刊出了姚舜與學生的對話，從記載內容可以看出姚舜支支吾吾疲於應付的窘況。學生們質問姚舜：「政府為何要限制與釣魚臺問題相關的報導？」「臺灣的警察為何要阻止臺灣的大學生向美國駐臺北大使館抗議？」面對咄咄逼人的學生，姚舜回答：「當時大家關注的焦點集中在聯合國（中國代表權）問題，釣魚臺的新聞價值並不及前者。除了國民黨黨報《中央日報》，政府並未限制其他民間報紙的報導。」「政府不會打壓學生的愛國行動，只是臺灣正在實施戒嚴，不允許示威遊行。」也有學生譴責時任總統府祕書長，與日本關係密切的張群以及「世界反共聯盟」（前亞洲人民反共聯盟、今世界自由民主聯盟）主席谷正綱態度「媚日」。理屈詞窮的姚舜遭到學生們訕笑，被罵得狗血淋頭，他這副狼狽樣冥冥中透露出一種訊息——激進派學生與國府之間的關係，即將惡化到無法彌補的地步。

回顧當時，林孝信說：「幾乎沒有半個學生接受政府的勸退或脅迫，我們和政府之間的對立越來越嚴重。」國府之所以如此偏執，硬要阻撓「保釣」運動的進行，與一九七一年當時的國際環境有關，最具代表性的，就是姚舜所提及的「聯合國問題」。在「保釣」運動的火苗如火如荼從美國向外延燒的一九七〇年秋天，第二十五屆聯合國大會正於紐約舉行，支持中共的聯合國會員國阿爾巴尼亞於會中再度提出所謂的「中國代表權問題」，要求「接納中共，排除國府」。

聯合國創立於一九四五年，中華民國是聯合國的創始會員國之一，在聯合國一直保有常任理事國的席位。但自一九四九年，國府因國共內戰失利撤退到臺灣以來，中國大陸就在中華人民共和國中央人民政府的統治之下，中華民國中央政府有效管理的領土，僅限於臺灣省以及幾個位在福建省外海的離島。統治中國大陸的政府得不到聯合國的席次，被趕出大陸的政府卻在「代表全中國的唯一合法政權」名義下，獲得美國的支持，在聯合國占有一席之位，這樣的事態也未免太過扭曲。為此，在中共盟邦的主導下，「聯合國的中國代表權」問題一再被提起，但也都在美國的強力斡旋下一一遭到否決。

然而，在一九七〇年十一月二十日的表決當中，「重要問題指定決議案」雖因未達出席及投票會員國三分之二多數贊成的門檻，勉強遭到封殺，但面對五十一票贊成、四十九票反對、二十五票棄權的表決結果，所有明眼人都知道，國府大勢已去。在嚴峻的國際環境下，國府面臨的事態之嚴重，已經到了生死存亡的緊要關頭。

第三章　巔峰與分水嶺

學者公開信力挺，「保釣」運動迎接巔峰

為了一九七一年四月十日的示威遊行，推動釣運的臺灣留學生團體與企圖妨礙釣運、阻止遊行的國府之間展開了拉鋸戰，雙方一來一往之間，時序進入三月，此時，學生團體得到了一項強力外援。五百位在美國學術界享負盛名的華裔學者於三月十二日，聯名發表了一封給蔣中正的公開信，要求「保衛釣魚臺主權」。信中指出，「釣魚臺群島為中國領土，法理、史實均確定無疑」，同時要求政府「保持堅定立場，抵抗日本新侵略，並在釣魚臺主權問題未解決之前，堅決拒絕參加所謂『中（中華民國）日韓聯合開發海底資源協議』之簽訂會議」。聯名學者包括美國第一位華裔大學校長田長霖、歷史學家何炳棣、數學家陳省身等人。一九八六年以臺籍學者身分首次獲得諾貝爾（化學）獎、後來成為民進黨陳水扁政府「監護人」的李遠哲也名列其中。

據林孝信表示：「國府誹謗參與保釣運動的學生，說他們『為共匪所利用』，學生們也倍感壓力。不過，國府再蠻橫，也不敢指稱這些在美國具有社會地位的學者們『為共匪所利

用』。這封公開信，大大降低了學生們的恐懼感。」

另一方面，學生團體內部的矛盾與對立，也逐漸浮出檯面。綜合多項證言顯示，學生內部出現的步調不一，與其說是國府的妨礙工作成功奏效所致，不如說是部分對國府感到失望與不滿的學生行為越來越激進，使得他們和不贊成運動過度激烈的學生之間出現裂痕所造成。

曾在美國參與「保釣」運動的臺釣會理事長劉源俊回憶說，一九七一年一月首度大遊行之後，由激進派（此階段還未必是親中共派）主導「保釣」運動的傾向越來越明顯，眾人呼喊五四運動當時的口號，也批評國府的軟弱無能，到後來甚至有人公開表明自己對中共的期待。三月十二日，五十八個「保釣」團體要求國府以保護漁民為由，派遣海軍至尖閣海域，還下了「最後通牒」，要求限期回答，此後，釣運一次比一次更為激進。

就在此時，時任美國總統的尼克森於一九七一年二月二十五日給國會的〈外交政策報告〉中，首次以「中華人民共和國」的正式全稱稱呼北京當局，加上國務院於三月十五日發表解除赴大陸限制，美國國內開始期待改善美中關係，北京當局的存在感也在此時日益彰顯。

作為主張擁有尖閣主權的國府，當然想表現出身為主權國家應有的毅然決然姿態。然而，為了保住在聯合國的席次，又不想和日美這兩個尖閣問題的當事國扯破臉，國府陷入進退維谷的兩難窘境。林孝信說：「四月的遊行來臨前，學生之間也對國府的態度既懷疑又心存一絲希望，陷入各種揣測、期待與不安的漩渦之中。」

四月十日終於來臨。一月份的遊行雖是在全美六大都市舉行，但四月十日這天為了擴大規

1971年4月10日，在華府舉辦的「保釣」遊行。（劉源俊提供）

模，人力集中在首都華盛頓以及西雅圖、舊金山和洛杉磯四大城。人在芝加哥的林孝信則參加了華盛頓大遊行。

遊行當天，華盛頓天氣晴朗。午後一點鐘，眾人從公家機關林立的憲法大道前廣場出發。約三千人參加了這場華盛頓大遊行；西海岸遊行則有一千多人參加。

林孝信先聲明是自己「大致的印象」後，發表了對這次遊行人數的看法：

「純粹以中華民國籍學生為對象的人數統計並不存在，不過，一九六八年的數據顯示，每年有兩千多位臺灣人赴美留學。留學生畢業之前，平均會在美國待上三至四年。加上有些人會繼續攻讀博士課程。假設每年有兩千人來到美國，那麼，在美國的大學就讀的臺灣留學生，平均下來每年約有一萬人左右。如果說四月十日的全美大遊行約有四千人參加的話，相當於有半數左右的臺灣留學生都參加了遊行。」

四千人這個數字看似沒什麼了不起，但以外國人在外國所舉行的示威遊行來說，這是一個驚人的數字，在美國也算是空前創舉。林孝信說，美國媒體形容這一天的遊行「足可媲美動員了六十萬人參加的美國反戰遊行」。到了四月，整個遊行的氛圍不變。「一月的時候是被問『為什麼去參加遊行』，到了四月變成『為什麼沒去參加遊行』。學生們都認為參加遊行或認同這項運動，乃是理所當然。」林孝信這樣回憶。

就參加人數和規模來看，四月的華盛頓大遊行可說取得了一定的成果。只不過，這次遊行既是「保釣」運動的最高潮，也成了釣運的分水嶺。

「保釣」運動轉向的瞬間

華盛頓大遊行一開始是前往美國國務院，之後繞到中華民國大使館，最後再到日本駐美國大使館。林孝信說明之所以採取這種遊行路線的原因：「釣魚臺又不是美國的領土，美國卻要把它隨同琉球一起交給日本，這種做法讓我們感到不公平，所以我們一開始就預定要去國務院抗議；到中華民國大使館，是為了督促國府積極處理釣魚臺問題；前往日本大使館，則是為了去抗議釣魚臺不是日本的領土。」

沒多久，一行人抵達第一個目的地美國國務院。三位學生代表手拿抗議書進到院內，等在外頭的學生們立刻架起講臺，聆聽演說、高喊口號，拉抬聲勢。過了一會兒，從國務院出來的學生代表走上講臺對眾人說，國務院的官員聽不進學生的話，只是一再重複向來的主張：「美國視尖閣諸島為琉球群島的一部分。」便下了逐客令。

林孝信說：「自從參與保釣運動以來，就已經體會到美國的真實面貌並不像自己在臺灣受教育時學到的那樣，『是一個反對共產主義，重視自由正義的偉大民主國家』，因此並不特別感到訝異。不過，那些平常沒在參加活動的學生，對美國似乎抱有期待，因此對美國的冷漠態度深感失望。」

他說，這時候有好幾位女學生傷心落淚，大家嗚嗚咽咽的，這一幕，他至今難忘。

失望與挫折感給了遊行隊伍重重一擊。後來，有學生開始呼籲「大家要接受現實，畢竟國務院是站在美國政府的立場在發言。」於是，大家開始轉往第二個目的地中華民國大使館。

林孝信承認：「國府阻礙示威遊行雖是事實，但心裡仍然期待大使館對生活在海外的同胞，也就是學生們的立場有一定的理解。這種心情就像小孩子在外頭受到欺負，希望得到父母親的鼓勵與安慰一樣。對美國的失望與憤怒以及來自於挫折感的反作用力所產生的奇妙情感，主宰著整個遊行隊伍。」抵達目的地後，遊行隊伍推派三位學生代表進入大使館。參與這場遊行的電影導演王正方回憶說：「如果讓臺灣留學生進去，恐怕會給他們在臺灣的親人帶來困擾，因此，大家推派香港留學生當代表進行陳抗。」

遊行隊伍聚集在中華民國大使館前，眾人心中都在期待，至少大使能出面講幾句鼓勵、安慰大家的話。但，駐美大使周書楷在使館內和學生代表雖有所交談，卻未現身在遊行隊伍面前。學生代表才剛向大家報告完整個經過與結果，群情激憤的遊行隊伍中立刻有人怒喊「周書楷滾出來！」「立刻滾回臺北！」就在這一瞬間，北美「保釣」運動的走向出現了戲劇性轉變。

只是林孝信說：「早在遊行之前，學生與大使館之間就瀰漫著一種特殊的氛圍，而這種氛圍來自於學生方面的一廂情願。」他這樣說明整件事的背景：

「三月底，即將舉行遊行之前，國府宣布外交部長魏道明因年事已高請辭，將由駐美大使周書楷接任外交部長一職。剛好當時我們抨擊政府處理釣魚臺的問題態度過於軟弱，要求撤換外交部長。由於正值保釣運動最高潮時期，政府與學生們溝通失敗後，似乎已經心裡有數，知道遊行已是箭在弦上，不得不發。因此有人認為，政府表面上故作鎮靜，卻以受理外交部長辭呈的方式，間接回應了學生們的訴求。當然，在聯合國的席次風雨飄搖、邦交國又相繼與我斷交這種急遽惡化的態勢下，國府所面臨的險峻國際環境，又豈是更換一位外交部長就能有所改善的？即便如此，學生們內心依然抱著一線希望，認為周書楷說不定會出面和學生對話，之後才回臺北就任外交部長，這種參雜期待的流言，帶著某種程度的真實性傳得沸沸揚揚。」

他指出：「大使館四月十日的反應，讓許多參與遊行的人徹底失望。說這件事對運動的氛圍以及之後的走向起了決定性作用也不為過。」劉源俊也語帶遺憾表示：「不管是抗議也好、陳情也罷，認同政府、支持政府的本國國民來到自己國家的大使館，大使好歹也應該出來接見大家才對。」總之，中華民國駐美大使館四月十日這天下午的態度，使得「保釣」運動的走向有了決定性轉變。

示威隊伍後來繼續前往第三個目的地日本大使館，但林孝信說：「大家當時已經不抱任何期望了。連自己國家的大使館都不理會學生遊行，外國的大使館又怎可能把它當成一回事？在充滿失望、沮喪和憤慨的氣氛下，學生雖然派了代表進日本大使館，但那已經是形式上做做樣子而已。」

也是學生代表之一的王正方手拿抗議信，與同樣來自臺灣的陳樞以及來自香港的徐國華一起進入日本大使館。回顧當時的情形，王正方說：

「出來接見的是官階最低的三等秘書。對方很年輕也很有禮貌，但不管問他什麼，他一律以『No Comment』來回答。我逼問：『你除了No Comment以外，就沒有別的說法了嗎？』對方不假思索，立刻以英文回嗆：『你們的政府不也是對此事說No Comment的嗎？』離開大使館後，我們向遊行隊伍報告整個對話過程，學生們群情譁然，『大使館的小官太侮辱人了！』但是大家之所以遭到侮辱，是因為自己國家的政府太過軟弱無能的關係，真是情何以堪。」

林孝信說：「本國大使館的態度已經讓學生們怒不可抑，關於日本大使館的反應，事實上已經沒那麼重要了。」超過三千人參加的這場遊行在和平中落幕，整個過程沒有出現太大混亂場面。很多參與遊行的人對這天活動評價很高，說它是「保釣運動的最高潮」。

華府大遊行的衝擊

四月十日晚上遊行結束後，「保釣」委員會代表大約三百人齊聚華盛頓郊外的馬里蘭大學召開檢討大會。遊行解散前，總指揮李我焱、錢致榕以及王春生做出結論：「釣魚臺一天拿不回來，我們就一天不罷休」，因此，會中預定討論活動日後的方針。

不過林孝信說：「因為大家都怒火中燒，討論會變成批判國府的演說大會，並沒有做出什麼具體檢討。」彷彿在等待遊行結束似地，此時傳來了舉世譁然的重大消息——正在日本名古屋參加第三十一屆世界乒乓球錦標賽的美國選手代表團，在北京當局邀請下訪問了大陸。這所謂的「乒乓外交」除了讓人預料到美中關係即將迅速開展外，也再度凸顯了國府的孤立及顢頇無能。

話說雖此，四月十日的大遊行還是在美國國內造成了相對應的衝擊。曾經擔任中華民國行政院新聞局長等職務的邵玉銘當時人在芝加哥大學留學，他參與了校內「保釣」運動。邵玉銘在他的著作《保釣風雲錄》中提到，四月十二日上午，即將回臺赴任的周書楷去拜會尼克森與季辛吉，向兩人辭行，言談中提到尖閣問題時表示：

> 美國國務院把釣魚臺視為琉球群島的一部分，已經引起海內外華人的強烈反應。假如中華民國政府不能夠維護釣魚臺主權，中國的知識分子和海外華人可能會轉而支持大陸。

據說，周書楷離開後，尼克森告訴季辛吉，他認為周所稱，臺灣必須考慮海外華人的政治意見，這項觀點是正確的。

同一天下午，周書楷會晤季辛吉以及美國國家安全會議亞洲地區主任何立志，會談中提及四月十日的遊行，周書楷說：「對中國人來說，釣魚臺是攸關中國民族主義的問題。」隔天十三日，何立志提交給季辛吉一份備忘錄，裡面傳達了周書楷三月十五日向國務卿所表達「中華民國希望美國在結束占領釣魚臺後，將之歸還」的立場。何立志並在備忘錄指出：「美國將在一九七二年將琉球與尖閣歸還日本，但美國對其中任何島嶼主權爭議不持立場，認為應由爭議國直接解決。」如果上述說法屬實，表示此階段已可看出美國曖昧不清的態度，一方面承認日本對尖閣的行政權，一方面卻又避開對主權爭議做出最後判斷。

五月二十三日，約三千名華人學者與留學生（其中學者約六百人）集資一萬美元左右，在

《紐約時報》刊登全版廣告，聯名發表〈留美學界致尼克森總統及國會議員公開信〉，要求美國政府「否認美國將釣魚臺列嶼視為琉球南西群島的一部分或任何主張，承認中國擁有釣魚臺，譴責日本與琉球侵犯中國領土」。對此，美國政府雖未回應，但王正方及錢致榕等當時的「保釣」人士給予這則廣告很高評價，認為它對美國政府及輿論造成的影響之大，「不下於四月十日的大遊行」。

運動受挫產生的疑問

四月十日大遊行過後，「保釣」運動邁向了新的階段。回顧釣運背景，林孝信說：「經過四月十日這場遊行，深刻感覺到保釣運動最大的瓶頸，在於主張擁有釣魚臺主權的國府其實並沒有積極致力於保釣；同時也了解到，國府面臨聯合國席次問題以及對美日關係方面的重大困難卻只能坐困愁城。」

眼見國府如此顢頇無能又消極無為，學生們也感到束手無策。原本眾人計畫四月以後也要繼續舉辦遊行或相關活動，但大家心裡很清楚，即使辦了也無法促使政府有一番積極作為，最後連再辦也沒有意義的聲音也開始冒了出來。

林孝信表示：「那天的挫折感讓我萌生了幾個疑問。一是美國立場為什麼不公正？其次是我們『以德報怨』，放棄戰爭賠償，幫了日本一個忙，為什麼日本還要占領釣魚臺？第三是我們國家的政府為什麼不鼓勵保釣，還反過來打壓？而這些疑問都來自於我們對歷史的無知。關於美國與戰後的日本以及國府的歷史，尤其是一九四九年國共內戰失利，大陸淪陷當時的事實，我們完全一無所知。」

林孝信的分析顯示，從一九七〇年下半年「保釣」運動萌芽，到一九七一年四月十日以前的這段時間，屬於「保釣」運動第一個學習階段。大家一再探討、研究尖閣的歷史、地理以及國際法。四月十日以後，運動來到第二個學習階段，大家開始重視中國近代史的研究。遊行隔月也就是五月四日，全美各地的「保釣」團體舉辦近代史研討會，作為紀念五四運動的一環。

值此前後，「保釣」團體的機關報及刊物名稱，也從當初的《保釣通訊》改為《國是通訊》，內容除批評國府外，也介紹許多遭國府封鎖的有關中國近代史方面的話題或是親中共的言論。邵玉銘對筆者指出：「四月十日以後，保釣運動急速左傾，明眼人都看得出它已經變了調。」關於這一點林孝信說：「實際上，從六月到七月各地保釣團體根本沒有訂出任何關於運動未來的方針。」整個事態出現大幅轉變，是在七月十五日這天晚上。

「尼克森衝擊」促成左傾

當晚十點三十分，尼克森透過電視發表緊急聲明，宣布季辛吉秘密訪問北京與周恩來會談以及自己接受中共邀請，將於一九七二年五月之前訪問北京。「尼克森衝擊」也震撼了從事「保釣」運動的臺灣留學生。親眼看到電視轉播的林孝信說自己「聽著聲明，內心百感交集」。「姑且不論喜歡還是討厭，實際上國府是統治臺灣的政府，只覺自己的國家陷入更悲慘的處境，完全無法預測臺灣的未來到底會變怎樣。」林孝信這番感受，恐怕也是許多臺灣留學生共同的心聲。

林孝信也坦承，因為從事釣運的關係，內心並存著一種複雜的情感，他說：「美國一方面不重視國府，卻又表現出對另一個中國人政府的重視與破格禮遇，明明和中共沒有邦交，現任總統卻要去登門拜訪。四月十日這天，雖對國府徹底失望，對自己的前途感到茫然不安，同一時間卻又有種以身為中國人為榮的複雜心理。」

「尼克森衝擊」在美國社會燃起一股前所未有的中國熱。林孝信說，部分「保釣」學生很明顯地開始關心起中國共產黨以及中國大陸，到後來還和社會主義產生了共鳴。許多「保釣」學生據

1972年，美國總統尼克森打開美中關係的大門，稱大陸之行是「改變世界的一週」。（秦風提供）

說就是在這時候真正開始向左傾。激進派學生砲轟起國府絲毫不假以詞色，一轉身卻又高喊著支持中共，這樣的情景成了家常便飯。當時，中國大陸正如火如荼展開文化大革命，但因在國際間處於孤立狀態，有關毛澤東的惡政及文革慘狀等不利於中共的消息，能夠穿越「竹幕」外洩的寥寥無幾。即便外洩了，在那些對中共充滿好奇與好感的人眼中是看不到，也聽不見的。

一九七一年八月二十日至二十二日，約四百位臺灣留學生齊聚羅德島州布朗大學召開「美東國是會議」，該會議成了「保釣」運動左傾的指標。公開表態支持國府的留學生屈指可數，一項針對與會者進行的意見調查顯示，在一百三十二位受訪者中，有一百一十七位認為「大陸政府是為人民謀福利的政府」；一百一十四位否定「臺灣政府是為人民謀福利的政府」。會議最後以一百一十八票通過「中華人民共和國政府為代表中國之唯一合法政府」決議案，反對票只有一票。

「保釣」團體在隔月九月三日至五日於密西根大學附近舉行「安娜堡國是會議」。經過這次會議，「保釣」運動徹底分裂成左右兩派。

第四章　周恩來在北京等著

「安娜堡國是會議」促成分道揚鑣

國府在領土問題上對日美表現出的「軟弱無能」，凸顯出戰後如果沒有美國的支持，國府在臺灣將岌岌可危無以為繼的現況；這和蔣中正在戒嚴時期的臺灣所展現的強人威權體制形成強烈對比，看在從小在臺灣出生長大，後來到美國念研究所的學生眼裡，這樣的反差從根本損害了國府的威信，「保釣」運動後來會傾向批評國府，也是時勢所趨。同時，中共政權在國際舞臺華麗登場，也成了將運動猛力向左拉扯的另一個不容忽視的重要因素。

一九七一年九月下旬，第二十六屆聯合國大會開始討論「中國代表權問題」，大會是否會通過「排除國府，接納中共」一案，成了繼「尼克森衝擊」之後，「保釣」團體之間最關注的議題。在這樣的情勢下，一九七一年九月三日至五日，各派齊聚密西根州召開「安娜堡國是會議」，探討臺灣的未來。

林孝信回顧，會議由密西根大學的「保釣」團體主辦，與八月份在威斯康辛州召開的中國近代史論壇系出同門。除了北美地區二百多個「保釣」團體，會議籌備委員會也向國府駐美大使沈劍虹、中共駐加拿大大使黃華以及臺獨聯盟發出邀請函。後來，臺北與北京方面並沒有人員參加，但臺獨聯盟宣傳部長羅福全則應邀出席。會議首日共有四百三十七人與會。

羅福全在他的回憶錄《榮町少年走天下》一書中提到，立法委員胡秋原的兒子胡卜凱當時在美國留學，胡卜凱邀他出席安娜堡會議發表臺獨派的想法，那些負責接待的學生態度也都客氣有禮。回顧當時，羅福全說：「自己在臺上代表臺獨聯盟演講，強調將來臺灣這個國家並不分外省人、臺灣人或中國人，只要希望住在臺灣，希望臺灣成為一個好的國家，就是臺灣人。」他還說自己講了一句簡要的話：「國民黨不代表中國人。」據羅福全表示，很多留學生都是第一次接觸到臺獨組織成員，他演講完後，有二、三十人排隊等著和他對話。這一天的演講過後，羅福全開始和部分統派學生及學者有所往來。「我們那一代的留美學生，固然立場不同，但都有民主素養，大家各自為理想在努力，彼此言語既理性又禮貌。」羅福全這樣說。

另一方面，分裂傾向越來越明顯的「保釣」運動人士之間，彼此互相攻擊謾罵的場景也時有所見。當時人在芝加哥留學，後來擔任國府發言人的邵玉銘這樣形容自己當時失望的心情：「原本以為開會的目的是為了集思廣益，到了現場才發現竟然是左派的集會。站在講臺上的盡是陳恆次、王正方等左派學生，支持中華民國政府的聲音完全遭到封殺。」受惠於以國民黨員為對象的中山獎學金，邵玉銘被歸類為右派。

會中，左右兩派針對發言與議事內容互不相讓，右派學生還大舉退席抗議，紛爭不斷。邵玉銘說大會第一天，與會者演唱中華人民共和國國歌〈義勇軍進行曲〉，以及歌頌毛澤東的

〈東方紅〉，還朗讀毛澤東語錄，但自己無法接受這樣的節目安排。結果，「左派學生把我和沈君山（前清華大學校長）包圍起來，說我們『不念毛語錄是漢奸』，作勢要打人的樣子。我覺得奇怪，自己怎會變成漢奸，左派學生大言不慚地說：『反毛主席就是反華，反華就是漢奸。』他們這種不理性的主張讓我感到很可悲，心想，反右派鬥爭和文革差不多也就是這樣了吧，便退席走人。」

經過三天討論，會中以贊成三百一十九票，反對零票的壓倒性多數通過「臺灣是中國的一部分，臺灣問題由中國人民（包含臺灣人民）自行解決」一案，不過，對於「承認中華中人民共和國為代表中國人民的唯一合法政府」議題，贊成的有一百一十七票，反對的則是一百一十二票，雙方勢均力敵，左右分裂大勢已定。

對於這次會議，後來改執導演筒的王正方做了以下總結：「大會開到一半，右派支持者和國民黨的職業學生就先行離開。經過安娜堡會議，過去超越黨派、超越政治立場，在保釣旗幟下姑且攜手合作，團結走了過來的同志們正式分裂。後來，左派左傾得更厲害，右派的反共路線益發鮮明。」

林孝信則表示：「一般都說是分裂成左右兩派，其實是繼續支持國府派與反對國府派之間的分裂。說得更精確一點，反對國府派的一方也有左派，左派以外的學生也不少。左派聲音大也搶眼，但多半都是一些平常對政治不感興趣，對國府也不抱期待，沒有特別擁護國府的人。」

中共開始關注「保釣」

透過一連串採訪，筆者確認了一件事實，那就是「保釣」運動快速左傾的背後，除了與「保釣」學生對國府感到失望與不滿有關外，也和北京方面的積極拉攏有關。王正方指出：「從一九七一年春天到初夏這段時間，大陸也開始注意到海外保釣運動的影響力。」他還透露：「中共駐加拿大大使館透過間接管道，與保釣團體展開接觸。」北京當局於一九七〇年十月十三日與加拿大建交。當時，別說美中關係正常化，中共在聯合國根本連代表也沒有，駐加拿大大使館成為中共在北美的據點，扮演著與美國聯絡的窗口以及情蒐前哨站的角色。

王正方說：「那段（安娜堡會議召開）期間，北京方面研判，這一年的聯合國大會，中共入聯案很可能獲得通過，為炒熱氣氛，希望安娜堡國是會議能通過『海外華人同胞承認中共政權為代表中國的唯一合法政府』一案，這簡直跟袁世凱為了當皇帝，故意煽動輿論一樣荒誕不經。」

雖然王正方將自己定位為「不偏左也不偏右的自由主義者」，但在當時，他被視為左派的主力分子，無論是一九七一年一月和四月的遊行還是安娜堡會議，凡是打著「保釣」名義的活動，他幾乎無役不與。「每次發表演說，都被罵成是在煽動群眾。」王正方苦笑著說。對於當時的運動，他持平地說：「我們的主張和行動根本不可能改變中國的未來，可就是有一股不服輸的雄心壯志。」回顧安娜堡會議做成的決議，王正方說：「我們當時根本不認識中華人民共和國，也沒有在他們的社會生活過的經驗，更不是什麼中共或中共政權的代表。這種不代表海外所有華人想法的決議，我不認為有何意義可言便棄權了。結果被左派的同伴罵到狗血淋頭。」

一九三八年，王正方出生於北平。受到日本軍事行動的影響，王正方與當時在江西省工作的父親越過武夷山，疏散到福建省北部，這些戰爭時代的記憶，王正方說自己歷歷在目。「每次一開戰，就到處躲藏，沒辦法好好念書，成績慘不忍睹。」王正方笑著說。一九四八年秋天，王正方一家人搬到了臺灣。父親王壽康是河北省人，從事教育工作，在北平發行標示注音符號的《國語小報》，臺灣光復後，在臺創辦並經營以兒童為對象的《國語日報》，致力於推廣國語教育。母親曹端群為名書法家。

王正方就讀國立臺灣大學電機系。關於自己大學時代的政治意識，他說：「雖然算不上忠黨愛國，卻也不贊成顛覆政府，走向臺灣獨立，建立新國家的思想。」回顧當時，王正方表示：「雷震的《自由中國》和葉明勳的《文星》這兩本雜誌影響了我。雷震和殷海光在《自由中國》發表的文章帶給大學生莫大影響，連校園內的討論也往往受到雜誌的論調左右。臺灣當時處處受到美國影響，蔣介石政府也無法禁止該雜誌刊登受美國歡迎的言論。而我們這些自由主義者對國府的強權政治，自然是站在批判立場。」《自由中國》是一九五〇年代最具代表性的政論雜誌，標榜自由主義，探索民主發展；掀起東西文化論戰的《文星》雜誌則是一九六〇年代的代表性文學雜誌，兩本雜誌都對臺灣的思想界及年輕一輩有著深遠影響，這部分詳待後述。

一九六二年，王正方來到美國密蘇里大學攻讀碩士。取得碩士學位後先工作了三年，接著報考賓州大學繼續攻讀博士課程。誠如這些經歷所示，在從事「保釣」運動的學生當中，王正方算是比較年長的一位。「我父親以前是軍人，他雖然不是國府要人，但也被政府委任要職，沒有向共產黨傾斜。那時候在臺灣，左翼文獻是禁書，但家裡卻有唯一的一本《唯物辯證法》，那是家父年輕時在看的。小時候我曾不經意拿起來翻閱，結果，父親從背後走過來說『不准看』，就把書拿走了。我問他為什麼，他說：『因為看了會上癮。』」王正方笑憶過去這段往事。

來到美國後，王正方接觸到不同於在臺灣所學的資訊，像是世界局勢以及大陸的種種，在和美國同學一起參加反戰運動的過程中，王正方自然而然接觸到社會主義思想。反越戰運動對留美各國學生造成的影響之大，是值得大書特書的。懷想過往，王正方說：「美國的大學圖書館從民國時期的文獻，到共產中國的最新宣傳手冊應有盡有，只要是和左翼思想有關的書籍，不管是英文還是中文，我通通看過，只不過枯燥乏味的《唯物辯證法》讓我深感棘手。」

外國人筆下有關中國的報導，也刺激了王正方。其中，最讓他銘感五內的，是愛德加·史諾（Edgar Snow）的英語著作《紅星照耀中國》（今名《西行漫記》）。王正方笑著說：「那本書很有趣。史諾對毛澤東的描述充滿情感，引人入勝。共產黨的延安統治和幹部的清廉，打動了我的心。我之所以會上癮，都是史諾害的。」他還說：「當時的蘇聯還有東歐以及中國大陸的社會被吹捧成『沒有資本家榨取，工人成了國家的主人』的社會，吸引許多學生關注，也對它產生憧憬。我也對他們所揭櫫的理想——建設一個人人都能平等過活，沒有福祉之憂的社會，產生很大共鳴。」

由於在美國這個自由國度的所見所聞，與國府宣傳的內容大相逕庭，一部分臺灣留學生開始出現極端想法，認為「與國府的主張完全相反的，才是事實」。在這樣的氛圍與過程中，「保釣」運動在一九七〇年夏天之後，突然間鋪天蓋地而來。對《自由中國》雜誌揭櫫的自由主義感到心有戚戚的臺灣年輕人，在反越戰運動思潮中的反帝國主義及反殖民地主義媒介下，成了領土民族主義運動的先鋒。王正方這樣說明當時的心情：

「透過一九七一年一月和四月的大遊行，我深切體悟到要靠國府來保衛釣魚臺，無異是天方夜譚。當時，中共加入聯合國已進入倒數階段，國際社會也相當重視。因此，我當時有一種近乎一廂情願的想法，盼望中共能代替全世界的中國人向日美提出主張。」

據說與王正方同一時期赴美留學，比王正方大兩歲的哥哥王正中來到中共駐加拿大大使館，表達「想回『祖國』奉獻心力」的想法，大使卻勸告他，希望他「留在『美帝』學習科學技術」。王正中後來回到臺北，擔任中央研究院分子生物研究所所長等職。

「接納中共，排除國府」案終獲通過

因安娜堡會議而分裂的「保釣」團體左右兩派，於九月二十一日紐約遊行當天出現嚴重對峙。因為聯合國第二十六屆大會在這一天揭幕，由中共盟邦阿爾巴尼亞所提「接納中共，排除國府」一案獲得通過的可能性極高，因此左右兩派莫不極力動員。邵玉銘回顧當時表示，右派以華僑為主，大致動員了六千人（其中留學生約一千五百人），超過左派學生的參加人數六百人。另一方面，左派人數雖遠不及右派，卻有很多美國社會的少數群體加入造勢，像是領導黑人解放運動的激進派政治組織「黑豹黨」所屬波多黎各裔以及非洲裔成員等，規模達到兩千人左右。

關於當天的情形，王正方指出：「保釣運動本質上雖帶有批判國府的要素，但只要一天打著保釣的旗幟，就是一種愛國運動，當局也無法公然反對。不過，一旦釣運變成支持中共進入聯合國，那就是叛國，情況即大不相同。眼看事態嚴重遠超乎想像，國府砸下大把鈔票動員了好幾千人。」

左右兩派隔著一條街彼此叫囂對罵。王正方說：「還好有紐約市警察局騎警隊介入將雙方隔開，才避開了一場流血衝突，但雙方氣氛非常緊繃，一觸即發。」

左右兩派分裂後，彼此的關係變得尖銳對立，但這一天的插曲卻成了右派學生成立反共組織的契機。

一九七一年秋天，聯合國即將召開第二十六屆大會之際，美國研判已經無法阻止中共進入聯合國，為避免國府遭到驅逐，因而提出「反向重要事項指定決議案」，將排除國府視為重要問題；同時提出「雙重代表權」案，讓國共雙方都能在聯合國擁有席次。國府原本也打算默認此案，以保住在聯合國的席位，但美國這項提案在十月二十五日投票時遭到否決，國府被排除在聯合國之外已成定局。

當時的國府駐聯合國代表團首席代表，是與「保釣」學生緣分頗深的外交部長周書楷。在通過排除國府案之前，周書楷上臺要求發言：「中華民國參與締造聯合國，一貫遵守憲章，排除中華民國在聯合國合法地位之行為，為撕毀憲章之非法行為。」抗議完後便宣布退出聯合國。國府代表團悄然退席不久，美東時間十月二十五日晚上十一點九分，阿爾巴尼亞提案在七十六票贊成、三十五票反對下獲得通過。退出聯合國之後，國府在國際間益發孤立無援。邦交國數目從一九六九年最輝煌時期的六十七國驟減，到了一九七二年也就是退出聯合國的隔年，因與日本等十五國斷交，只剩下三十九個邦交國。

十一月十五日，由喬冠華領軍的北京代表團現身聯合國大會會場，他自然成為各國媒體的焦點。在被問到如願進入聯合國有何感想時，喬冠華仰頭呵呵大笑，後來人們便稱他這姿勢為「喬之大笑」（Qiao's Laugh）。這副勝利者的姿態，除了是當時中共與大陸居民心情的寫照，或許也代表了左派「保釣」學生的成就感。

不過，王正方目睹「中國代表權更迭」一幕，地點並不是在美國。因為他在參加完遊行後立刻離開紐約，在北京方面的邀請下，於九月下旬經由香港前往大陸。王正方表示：「北京方面透過加拿大的香港留學生，間接探問『要不要到大陸來看看』。由於機會難得，我毫不猶豫立刻答應。整個過程很倉促，從接到探詢到做出決定，不過一個禮拜的時間。」

訪問團的五位人選，除了在「保釣」活動的表現和聲望，出身背景似乎也經過一番考量。關於這五位的組合，王正方說：「陳恆次是臺灣本省人。陳治利父親是福建人，母親是本省

1971年10月25日，中華民國駐聯合國首席代表周書楷在通過決議前提出嚴正抗議，並宣布退出聯合國。（秦風提供）

1971年11月15日，中共外交部長喬冠華（左）率團參加聯合國大會，在被問到如願進入聯合國有何感想時，喬冠華仰頭呵呵大笑，後來人們便稱他這姿勢為「喬之大笑」。右為副團長黃華。（秦風提供）

人。我是北方出身，團長李我焱也是外省人，唯一的女性王春生是《臺灣新生報》社長王民的女兒。我聽說，王民後來因為王春生的大陸之行，遭到國府高層斥責。」

成員之一的陳治利在國史館的口述訪談錄中表示：「李我焱一問我要不要去，我和我太太商量，認為這也是一個機會，了不起就在中國不回來了，我們做了心理準備。」福建省福州出生，在臺灣長大的青年，對於要前往未知的大陸，顯然有些舉棋不定、忐忑不安。

一行人從廣州開始，一路來到上海、山西，也參訪了以「農業學大寨」聞名的大寨。一九七一年，文革業已告一段落，眾人造訪的，盡是局勢較為穩定平和的地方。

對幼年時期就搬到臺灣的王正方來說，這次是他睽違二十三年再次踏上大陸的土地。「在北京已經看不到城牆，有點失望。倒是逛了很多胡同，這些都是充滿孩提時代回憶的地方。文革造成的傷痕和禍害我們完全沒看到，放眼所及都是美麗景象。也因此，我對於他們宣傳的社會主義的精神還有純樸的社會留下深刻印象。」王正方說。

遊山玩水的旅行總是讓人愉悅的，只是一行人被禁止寫日記、作筆記，也不許拍照。當時，林彪事件剛發生不久。

與周恩來歡談六小時

沒多久，北京方面負責招待的人員對他們咬耳朵：「周恩來總理可能會接見你們，請千萬不要說出去。」十一月二十三日，一行人訪大陸時間快兩個月的這天晚上，接待人員通知他們：「等一下還有事，今晚先別就寢。」

過了晚上九點，大家被帶到人民大會堂。晚上十點鐘，帶著一群隨從的周恩來已經等在新疆廳門口。

王正方至今依然能詳細描述當天自己眼中的周恩來：「身高差不多一七二公分，穿著淡灰色的中山裝，胸前別著一枚毛澤東的徽章，上面寫著『為人民服務』字樣。」周恩來是個夜貓子，從晚上工作到天亮是他的生活模式，有關他和人徹夜長談的軼事多到不勝枚舉。

周恩來和興奮不已的學生們握手時力道強勁，他開口說的第一句話是：「我注意到你們都換了衣服了嘛！」從美國來到大陸，學生們的穿著打扮顯得過於標新立異，因此五個人都換上了在大陸新買的藏藍色中山裝。

周恩來與五位學生互動良好，大家談笑風生。關於談話內容，王正方說：「話題大多集中在臺灣局勢和中美關係，很少提到釣魚臺的事。對周恩來而言，我們是他第一次見到的『活生生的臺灣人』，那種感覺大概和遇到外星人差不多吧？他問了很多關於兩岸分隔二十年來的變化之類的問題。被問到『你們認為誰會是蔣介石的接班人』時，我們五個人異口同聲回答：『當然是蔣經國。』他立刻接著問：『老一輩的國民黨幹部會接受嗎？』大概就是這樣的互動情形。我們不過是一群普通的學生，來到美國才開始了解臺灣的真實狀況，經驗和知識也都有限，這樣的我們是否能夠滿足周恩來的好奇心，我還真是沒有把握。」

對於周恩來問學生：「怎樣才能解決臺灣問題？」王正方表示：「我們沒有一個人主張

用武力解決。我的回答是：『如果美國不跟臺灣繼續簽訂《中美共同防禦條約》，國府沒人撐腰，那時候應該就會和大陸談和了。』現在回想起來，這答案也太天真可笑。周恩來聽完笑笑說，臺灣問題的解決，我是見不到了，大概你們可以見到吧！」

學生們與周恩來前後談了六小時。「期間，周恩來去了一次廁所，護士也來送了三次藥。那時他已經罹患癌症。不過，他毫無倦容，精神看起來還不錯，我們一起吃餛飩當宵夜。那一輩的中國政治人物有種推崇領導人的文化，當天從頭到尾也只有周恩來一個人在說話。」周恩來身後有二十多位幹部陪同，除了後來成為駐美大使的北美司司長章文晉、外交部副部長馬文波、統戰部長羅青長等相關閣員外，一九七二年中共與日本進行邦交正常化談判時，擔任周恩來的日語口譯，後來站上對臺工作第一線的臺籍女幹部林麗韞也在場。由這點就可以看出，周恩來有多重視與五位學生的會談。隨行人員沒有說半句話，只在一旁傾聽周恩來與學生之間的細道家常。

席間，王正方問了周恩來一個他在美國聽到的，有關於林彪失勢的傳聞。「我們抵達廣州時，書店裡還有林彪的肖像，可是越往北走就越看不到，這究竟是怎麼回事？周恩來回答：『社會主義的路線鬥爭從不曾間斷，中共至今共經歷了十次鬥爭。』就這樣，周恩來從和陳獨秀的第一次鬥爭開始滔滔不絕講了起來。聽到了第六次鬥爭左右，我們已經開始有點不知所云，連自己原先問了什麼問題都忘了。」從這段插曲可以看出周恩來的厲害。

會談到了尾聲，有位學生對周恩來說：「希望總理為了世界革命多多保重身體。」只見周恩來輕聳右肩，自嘲似地仰頭自言自語：「世界革命？我為中國人民服務還做不完呢。」此時，時鐘指著清晨四點。

同樣是這天晚上，與周恩來晤談的陳治利在先前提到的口述訪談錄中提到：「（當時）每天看《人民日報》，每天都會刊登周總理一天的日程，周總理平日接見外賓，都是差不多從十點鐘開始接見，十一、十二點結束。外交部的人員說：『跟你們這一批會面，他特別興奮。』所以才會談到凌晨四點。」

第五章　邁向各自的「祖國」之路

風靡左派的「新中國」形貌

照理說，王正方等五位從事釣運的左派臺灣留學生前往中國大陸，是在極機密的狀況下進行的，然而，國府對這一行人的行動卻瞭若指掌。王正方說：「我們從香港進入大陸的第二天，《中央日報》就刊出我們的報導，說：『李××等五人投奔匪區，充當共匪文化特務。』當時，國民黨的特務在各地安插線民，進行監控。到現在我們還不知道到底是誰透露了消息，但絕不可能是保釣同志告的密，我猜應該是辦理機票的旅行社走漏了風聲。國府大概認為我們會就這樣留在大陸，便註銷了我們的護照。」

一位與王正方在同一時期到美國念研究所，七〇年代後半赴大陸定居的臺灣男性說到自己當時的經驗：英國殖民地時期的港英政府與國府會彼此交換有關中共的情資，而且，當地還有國民黨香港分部及救總（中國大陸災胞救濟總會）的據點，存在著遭國特（國府特務機關）綁架的風險。我在美國買了前往香港的機票，但旅行社的華裔職員告訴我：「你是臺灣人，如果香港是你的最後目的地，很可能被懷疑要前往大陸。我幫你開一張經香港往臺北的機票，假裝你要去臺北，到了香港你再取消臺北部分的行程。」就這樣，對方幫我準備了前往臺北的假機票。我從香港到大陸的時候，在啟德機場接機的大陸方面負責人也跟我說：「這裡有國特出沒，你要儘快前往羅湖（當時的中英邊境）。」本來想在香港逛逛的，可惜天不從人願。

身處與外界隔絕的大陸，據王正方的說法，他們一行人直到快要離開北京的時候，才知道自己的護照已經失效。

回想當時，王正方說：「不記得是哪一天了，在大陸的時候中共方面的負責人給我們看了《中央日報》的海外版說：『你們訪問祖國的事，臺灣也有報導。』接著要我們：『別擔心，我會安排你們平安回美國，你們都有美國綠卡吧？』還說：『香港是國特的巢穴，沒辦法保證你們的安全，回程時，我會送你們到一個國特鞭長莫及的城市。』就這樣，我們離開北京飛到了東巴基斯坦（現在的孟加拉）的達卡。」原本只打算待三十五天的這趟大陸行，結束時已經來到了六十天。

當時的達卡正醞釀著要從西巴基斯坦獨立出來，處於內亂狀態，沒多久便發生了第三次印巴戰爭。一行人後來經由喀拉蚩前往巴黎，回到美國已經十二月了。「一抵達美國，很多人迎面就說：『恭喜啊！見到了周恩來總理對不對？』中共不管做什麼都是秘密在進行，還一路要求我們要守口如瓶，沒想到自己卻拿我們大做政治宣傳。」王正方苦笑著回憶。

回到美國後，五個人受邀到全美各地演講，口沫橫飛地述說在大陸各地的所見所聞以及與周恩來會面的情形。林孝信說：「很多學生津津有味地聽著和自己同年代的五個人說故事，國府卻批評這五位是『中共的爪牙』，右派的學生也沒去聽講。在運動分裂之後來到美國的臺灣留學生當中，有些人也和他們刻意保持距離。」

一九七一年尼克森衝擊過後，以華裔學者身分首次獲得諾貝爾物理學獎的楊振寧，以及芝加哥大學的歷史學家何炳棣等知名學者紛紛以返鄉名義造訪大陸。他們回到美國後在各地進行演講，會場上擠滿了臺灣和香港的留學生，大家都對這第一手的大陸資訊興致勃勃，亟欲了解當時盛傳非常進步的新中國發展風貌。而王正方等五位的報告也給人一種親切感，因為彼此都生活在同一個年代，不難想像他們口中的新中國風靡了不少年輕人。

只不過上門找王正方的，並非全都是對新中國心有憧憬的學生，沒多久，美國聯邦調查局ＦＢＩ的幹員也頻頻登門造訪。王正方說：「當時，美國和中共之間沒有邦交，自己好像被當成了親共分子。一開始還會應付一下，但對方實在太過死纏爛打，讓人疲於應付，後來就交給律師去處理了。」王正方苦笑著說：「凡是好玩的事，都是要付出代價的。」

自從王正方等人踏上大陸土地之後，左派的臺灣留學生團體也陸續到大陸各地參訪。王正方說：「我們是秘密出訪的，但後來的人都是半公開，周恩來只要體力許可，好像也都會接見他們。」

「保釣」變質為「統運」

由以上敘述可以看出，從一九七一年底到隔年年初這段期間，原本應該是運動核心意義所在的尖閣群島問題已經不再是「保釣」人士關切的主要議題。對他們來說，這段期間最值得關心的，是一九七一年的美中關係升溫以及對於「新中國」——中共政權給予重新評價。

在這樣的時空背景下，一九七二年二月二十一日尼克森訪問大陸，五月十五日美國將沖繩行政管理權交還日本。六月十七日，在日本以親國府出名的首相佐藤榮作宣布辭職，繼任的田中角榮赴大陸訪問，九月二十九日日中兩國邦交正常化。與此同時，《日華和平條約》（臺方稱《中華民國與日本國間和平條約》，簡稱《中日和約》）宣告終止，國府宣布與日本斷交。日本、美國、中共以及沖繩與臺灣，這幾個和尖閣問題有直接關聯的國家及地區外在環境發生重大變化，尖閣的行政權也隨著沖繩，由美國一起交到日本手上。照理說，「保釣」運動在這段期間應該更為激烈才是，然而，支撐運動的能量卻因對「新中國」的不同評價漸漸分散，運動的方向也出現分歧。隨著「新中國」在國際社會抬頭，支持「新中國」的一派也開始在臺灣留學生之間占有一席之地。

當時，人在雪城念書的劉沅也參與了當地的「保釣」運動。他提到左派學生受到中共吸引的另一個重點，在於北京方面的文宣工作。「中共進入聯合國之後，宣傳大陸的電影、書籍、音樂卡帶大量流入美國的華人社區，有宣揚共產主義的、介紹新中國的、文藝性的以及中國醫學方面的，種類繁多，內容五花八門。」

劉沅一九四四年出生，湖南人，國立臺灣大學化工系畢業。他笑說：「自己一放假就跑去看電影，偶爾還蹺課去打籃球，是個平凡的學生。」然而，這樣的他卻會閱讀文化性雜誌《文星》，連反體制作家柏楊的作品也一本都沒漏掉。念完碩士服完兵役於一九六九年赴美，此時劉沅已經是有家室的人。在美國時，劉沅曾經擔任過臺灣留學生組織「中國同學會」會長，也因此，他對當時臺灣留學生的處境及思想狀況知之甚詳。來到美國以後，他開始清楚意識到國府的問題所在，也是在這個時候，劉沅第一次接觸到臺獨派的主張。

「基於好奇，我拿了一本東京臺獨組織發行的雜誌《臺灣青年》翻閱，裡面出現『臺灣不是中國，臺灣人不是中國人，臺灣應該獨立』之類的主張，我邊看心裡邊想：『怎麼有這麼奇怪的論調？』因為雜誌內容非我所能理解，雖不至於有反感，但也沒能引起我的共鳴或同理心。」話雖如此，劉沅說自己很尊重在美國認識的一位臺獨派學者王秋生：「王秋生凡事以人民的利益為優先考量，統獨還在其次，是個理性的獨派。我希望中國統一，他認為臺灣獨立比較好，但我們兩個都不想由中共來統治。現在想想，我們對於社會的看法並沒有相差太遠。」

一九七一年四月的華盛頓大遊行以及同年九月造成「保釣」運動分裂的安娜堡國是會議，劉沅都躬逢其盛。對於當時的局勢演變，他說：「保釣議題逐漸歸於沉寂，取而代之的，是許多有關新中國以及社會主義的探討。」劉沅表示，安娜堡會議之後，開始出現一些主要由左派留學生團體負責經營的電影欣賞社團，放映的都是大陸的宣傳電影。他本身也參與社團營運。

回顧當時電影放映會的情景，劉沅說：「觀眾主要以臺灣學生為主，每次大概都有幾十個人來參加。偶爾也會看到右派或獨派的身影。電影內容豐富多元。針灸麻醉的片子尤其讓我印象深刻，患者居然能一邊接受手術，一邊和身旁的人交談，這畫面讓我驚呆了。打赤腳的醫師也讓人感到震撼。在沒有醫生、沒有藥物的中國貧窮農村，赤腳醫生用草藥為病人治病，我看得很感動，覺得共產黨實在太厲害了。」

如今回想起來劉沅說：「有些地方雖然顯得滑稽可笑，但當時很佩服那樣的精神。不管是誰，只要對進步主義的理念稍有認同，要他不左傾是很難的。」這些針灸麻醉與赤腳醫師的故事，配合文革時期出土的考古學上的發現，被中共拿來向世界大肆宣傳。其中，針灸麻醉被宣揚成「中國醫學與西洋醫學的合璧」，吸引了各國的目光。影片則是向位在紐約的中共聯合國代表團借來的，透過左派「保釣」團體的聯絡網，於全美各地放映。

「中國夢」清醒時分

這許許多多的影像反映出的，是一個未知新中國的進步發展，吸引了眾多臺灣留學生的目光。不過劉沅表示：「並不是所有左派人士都加入了統運（統一運動），支持由中共統一中國，積極配合其步調的，只有少數幾個。」他說：「統運從承認『中華人民共和國為代表全中國的唯一合法政府』開始。但很多臺灣留學生無法接受這一點，包括我自己在內。站在統運的角度來看，除了自己以外，所有人都是臺獨派。安娜堡會議不只將保釣分裂成左右兩派，還造成對統運不感興趣的臺灣留學生逃離釣運的結果。」

他又進一步分析：「保釣被統運取而代之後群眾基礎縮小，結果步上『無法活動，也存在不了』的循環。至於統運後來也變了質，成為偶爾開開會、公布一下照片的『報紙上的保釣』。」

劉沅承認自己從「保釣」運動走到統一運動的心路歷程中，「內心對強大又豐饒的中國有一種憧憬，這些憧憬來自於年幼時期所培養的民族情感。」他引用過去曾在臺灣廣為流行的校園民歌〈龍的傳人〉其中的一句歌詞——「夢裡常神遊長江水」來形容自己的心路歷程：「透過小時候的教育，我們在夢裡面孕育了一個中國。長江和黃河都不是實際存在之物，我們是夢裡面的中國人。經歷了在美國的生活，以及保釣運動和統運，我們漸漸從夢中清醒過來。」

當時的國府主張，被趕出大陸的中華民國才是代表全中國的唯一合法政府，依據「大中華」的國家史觀來推行教育。很多臺灣留學生來到美國後，開始從這樣的夢境中醒來，重新審視自己與「中國」的關係。或許，這些臺灣留學生以現實為出發點，重新形塑了祖國的形象——中華民國已經失去對中國大陸的統治權，如今，其治權僅及於臺灣省以及福建省外海的島嶼；或是反過來看，今日的臺灣在中華民國政府的統治之下。也或許還有一些人，藉由統運或臺獨等理念，將自己置於別的夢中也未可知。

話說回來，一九七八年問世的〈龍的傳人〉和它的創作者一樣，都有著崎嶇坎坷的命運。這一年十二月十六日，美國宣布將於隔年一月一日與中共建交，也就是要和中華民國斷絕邦交。聽到這項消息，臺灣作曲家侯德健提筆寫下的，正是這首〈龍的傳人〉。

遙遠的東方有一條江，它的名字就叫長江。
遙遠的東方有一條河，它的名字就叫黃河。
雖不曾看見長江美，夢裡常神遊長江水，
雖不曾聽見黃河壯，澎湃洶湧在夢裡。

誠如歌詞所示，這首歌是在歌頌夢中的祖國中國。而美國是國府最大的後盾，在整個臺灣社會因為與美國斷交而陷入風雨飄搖之時，「中國人是龍的傳人」這首訴諸悲壯民族情懷的〈龍的傳人〉在當局的推波助瀾下，紅遍大街小巷。然而，侯德健在一九八三年不顧政府禁令前往大陸，連帶使得這首歌在臺灣一度成為禁歌。

後來，侯德健於一九八九年中國大陸爆發民主運動之際，與劉曉波等人一起絕食抗議聲援學生，因而在天安門事件後遭大陸驅逐出境回到臺灣。之後侯德健政治上變得極為低調，儘管至今沒有被公開證實，據他友人透露，侯德健已回去過大陸。他顛躓曲折的經歷，看起來就像反映出臺灣居民心中有著複雜國家認同一面的一個縮影。

筆者在二〇一四年初春時節採訪了劉沅。當時，所謂「太陽花學運」剛發生沒多久，一些學生團體為了反對海峽兩岸簽署服貿協議，約有三百位學生闖進臺北立法院，占據議場。劉沅在學生時代就投身「保釣」運動，對於他如何看待四十多年後發生在臺北的這場學生運動，筆者深感好奇。關於「太陽花學運」，有不少人以極為善意的觀點解讀，稱它是「學生的民主運動」；但也有人指出，太陽花運動打著「民主」的口號，實際上是在挑戰代議制，否定議會政治。對於筆者的疑問，劉沅以熱切的口吻回答：

「就算不認同學生的主張，但我支持他們為堅持理想而發聲的精神。我壓根不贊成他們帶有臺獨色彩的主張，也不認為他們占領議場的手段是對的。那些假裝認同學生，實則以花言巧語利用學生的政客，我也頗不以為然。但是，只要學生們沒有明顯犯罪，任何人都沒有權利否定他們的理想，不能一竿子打翻一船人，以為『學生都是膚淺的，沒有思想』。前不久，一位保釣運動的戰友說：『總有一天，學生也會開始認真思考。到那時候，告訴學生我們曾花了多少精神去思考、做了多少努力，這才是最重要的。』我很認同他這番話，也認為這是我們這些從事保釣運動人士的使命。有人說『太陽花運動的學生遭到民進黨和獨派人士利用』，這些批評我認為都是事實，但那又何妨？我們這一輩的，不也因為遭到中共和國府利用，大家才學會努力思考，至今依然持續不斷的，不是嗎？」

劉沅靦腆地笑著說：「我沒有忘記自己當初參加學生運動時候的心情，也無法忘懷。聽到大人們責難太陽花的學生，就覺得好像自己在挨罵一樣。」聽到劉沅這番話，筆者再次體會到「保釣」運動帶來的影響，並不只局限在領土認知和歷史觀，更對臺灣知識分子的精神世界，留下超乎想像的深遠影響。

支持國府的反共組織「愛盟」誕生

另一方面，在安娜堡會議第一天就與左派學生發生衝突並憤而離席的支持國府派，也就是右派的學生，對於運動向左傾既感到不滿，危機感也更深。九月二十一日安娜堡會議過後不久，這些右派學生舉辦「愛國座談」，確認對國府的支持，同時也訂下方針，計畫成立「反共愛國組織」。巧的是，這一天正好是聯合國第二十六屆大會開幕，中共盟邦提出「接納中共，排除國府」議案的日子。幾乎在同一時間，統運派臺灣留學生於全美各地成立「中國統一行動委員會」，表明支持由中共主導的中國統一。

十一月十一日，中共駐聯合國代表團開始在紐約辦公，他們大剌剌與統運派學生你來我往，看在國府眼裡，無異處於內憂外患之中。

危機感越來越深的國府派學生自十二月二十五日起，於華盛頓召開「全美反共愛國會議」，共有五百六十八人參加。二十八日召開最後一次會議，會中宣布成立「愛盟（全美中國同學反共愛國聯盟）」。根據任孝琦在〈保釣與愛盟　前傳（一九七一～一九九六）〉一文中的回憶，會場上揭櫫的標語包括：「拚我生命，流我鮮血」、「還我河山，還我自由」、「愛國必須反共，反共就是愛國」……等。

有些人質疑這種教條式反共口號，會議中紛紛提出反對意見，認為組織名稱不應強調「反共」，而是要以「民主、自由」為訴求，才能爭取更多的支持。最後以主張「應祭出鮮明反共旗幟」的一派占了上風，只是在向美國政府登記英文名稱時改為「Free China Association of

United States」。

臺灣在當時東西冷戰的氛圍下被納入美國的反共陣營。受此影響，聲嘶力竭喊著要反攻大陸的國府大力實施反共教育，反共等同於國家重大施政方針。

後來成為愛盟一員的邵玉銘說：「自己在臺灣的時候，受到洗腦教育的影響，原本不過是在觀念上反共，來到美國以後的經驗，讓我成了無可撼動的反共主義者。」他還談到自己在美國之音（VOA）中文部工作時的經驗：

「我採訪的兩位人物，他們深深影響了我。一位是一九六六年七月向美國申請政治庇護的中共駐敘利亞大使館商務專員繆真白，他詳細說明了三面紅旗（毛澤東總路線、人民公社、大躍進）運動的徹底失敗，導致許多人餓死的下場；另一位是中央音樂學院院長，也是名小提琴家馬思聰。文革發生後，他帶著妻小經由香港逃到美國，他指證歷歷說，文革號稱是『觸及人們靈魂的大革命』，實則是一場血腥的權力鬥爭。保釣運動剛開始向左傾時，對左翼思想及共產主義絲毫不抱任何幻想的我，從來沒有和他們站在同一陣營過。」

迫使國府革新的「保釣」

邵玉銘一九三九年出生，黑龍江省哈爾濱人，在滿洲國度過了童年歲月。「我家前面有一棟日本憲兵隊的高大建築，到現在我還記得那裡的刀光劍影。」站在被統治的一方，邵玉銘並不否認自己可能是基於對日本的反感，才投入「保釣」運動。

說個題外話，在筆者採訪的對象當中，像一九三九年出生的邵玉銘一樣，會提及自己和日本或是和日本人之間的親身經歷的人並不多。或許這和出生年代有關，但筆者認為，這種現象在思索「保釣」人士對日本抱持何種觀感時，不失為一項重要線索。

邵玉銘的父親是一名警察，一九四九年來到臺灣。對於自己學生時代的思想傾向，邵玉銘說：「讀到《自由中國》這本雜誌後，對殷海光和雷震所提倡的自由主義深感共鳴。我是信奉胡適思想的自由主義者，但是我反對魯迅的思想。」邵玉銘政治大學畢業後，通過外交官考試，後來就讀芝加哥大學歷史系，在入江昭門下攻讀博士課程，也是在此時參與了「保釣」運動。

因為「保釣」運動而向左傾的臺灣留學生，邵玉銘似乎不太欣賞。「外省人子弟很容易左傾，尤其是家長擔任國民黨的幹部或政府官員的外省子弟更是如此。」他指出：「魯迅、巴金、茅盾等左翼作家還有毛澤東，他們批評與國府有關的人是官僚資本主義。外省籍子弟赴美後，得知自己的家庭與官僚資本主義關係密切，體認到自己的家長屬於壓迫人民的一方後，幾乎都會產生一種想法，認為與國府沾上邊的人都是罪人。結果，比較極端一點的，為了站在『歷史正確的一邊』，便讓自己成了中共的同路人，走上革命來洗刷自己的罪業。」邵玉銘的分析聽起來雖然有點不懷好意，卻也點出了不光是從事「釣運」者，部分高喊改革人士也有自戀和別有居心的一面。

很多因「保釣」運動而左傾的學生都說很不滿國府對日美的軟弱態度。關於這一點，邵玉銘表示：「祖國的困境讓人心痛，老實說，我也不滿政府對美日兩國的怯懦姿態，另一方面卻又覺得無可奈何。」他不改一貫的批判態度表示：「我承認，國府的確是百病纏身。但是，當臺灣這個祖國面臨危機，當然要為祖國盡一份心力。然而，那些左傾的人卻認為臺灣已經完蛋了，而把未來託付給逐漸抬頭的中共，根本就是典型的見風轉舵。」

對於「保釣」運動的意義，邵玉銘做了這樣的總結：

「甲午戰爭戰敗後，發生戊戌政變，改革聲浪高漲，可惜以失敗告終。清朝也被辛亥革命給推翻。另一方面，中華民國被迫退出聯合國，在無法仰賴美國和日本的環境下，為了求生存勢必要從事政治經濟方面的改革與革新。左派的臺灣人在回歸大陸共產黨的前提下推展統運，我們則站在反對的立場，主張『革新保臺』。保釣運動讓下一任領導人蔣經國體認到改革的必要性。繼之而起的退出聯合國、上海聯合公報、對日斷交更加確立了『革新保臺』路線。」

蔣經國在一九七〇年代之後，推行大規模的基礎建設「十大建設」，藉此向海內外展示國府扎根臺灣的決心。同時大量提拔李登輝、林洋港等臺籍人士進入中央政府，面對美國和反對派壓力，按部就班推行民主，以維持政權穩定。對此，邵玉銘給予正面評價：「只要為政者選擇改革，反對者也只能從改革與革命兩個選項中做出抉擇，最後，不得不放棄革命。『革新保臺』避開了中共的統一攻勢，從內部維繫了中華民國政府的命脈。」

雖然邵玉銘指出「『革新保臺』是為了抗拒與中共統一」，然而，普遍被視為中國統一派的他們這些人在國家、民族以及土地的意識上，與從事統運的左派臺灣人縱有很多不同之處，卻讓人感覺他們與臺獨派的意識有些不謀而合之處。筆者認為，在思考所謂「華獨」之際，愛盟部分成員的相關論述，或可提供重要的線索。

說起愛盟，成員多半是國民黨員，這些人回國後投身政壇或官界，受到國府重用的人也不少，營運經費也幾乎都由國民黨在支付，因而被認為是「職業學生的團體」或「國民黨的分隊」，負面評價不少。不用說，愛盟成員對這樣的批評當然很反彈。

關於這一點，向來站在旁觀者的立場與愛盟保持一定距離的林孝信給予的評價是：「當時，在海外保釣學生的心中，國民黨已經聲望墜地，哪怕只是做做表面功夫，國民黨都需要一個與過去的國民黨不一樣的組織。愛盟的價值觀與國民黨非常接近，雖是不爭的事實，但的確也有非國民黨籍成員的存在，因此不能太過武斷，說愛盟就是國民黨的分隊或偽裝部隊。」愛盟是因為「保釣」運動而誕生，但在其成立階段，「保釣」運動已經過了高潮期。為此，愛盟活動的重點，並不在「保釣」，而是在美國國內從事反共宣傳和進行遊說。

第六章　「保釣」催生出民主伴跑員

「黑名單」阻斷歸鄉路

一九七二年，隨著沖繩回歸，日本開始接管尖閣諸島；以北美臺灣留學生為主體的「保釣」運動，也因為對國府和中共的不同評價，分裂為左右兩派，運動規模急遽縮減，一場盛會已然結束。照理說，學生們應該重回校園，恢復往日的正常作息才對。

然而，國府卻開始制裁那些公開表態支持中共或前往大陸的學生，不准他們回國。如前所述，與周恩來會面的王正方等五人經由香港一進到大陸，國府隨即註銷了他們的護照。

王正方在攻讀博士學位之前曾在ＩＢＭ工作過，當時就已經取得美國永久居留權，因此，在結束大陸之行回到美國後，依然能繼續在當地就學或就業。但因為護照失效，又被列入禁止或限制回國的「黑名單」，在一九八七年解嚴之前，王正方一直無緣踏上回臺的歸鄉路，連他的父親，著名的語言學家王壽康在一九七五年去世時，也沒能送父親最後一程。（而國府當時仍然堅持「沒有黑名單」的立場。對於國府的說法，《海外黑名單相關人物口述訪談錄》在〈迢迢歸鄉路——編序〉中寫道：「例如一九八八年二月，時任北美事務協調會駐美代表錢復

1970年代中葉，參觀河北省五七幹校的旅美臺籍留學生。上面有「熱烈歡迎臺灣省同胞」、在背後看到「我們一定要解放臺灣」的文字。（作者收藏）

表示，海外同鄉申請返臺，沒有所謂黑名單，只有人數約百人的『參考名單』，並表示協調會對於名單並無決定權，僅將參考名單上的人層轉國內核定，而後照辦。同年三月，入出境管理局長汪元仁也表示，入出境管理以『安全、便民兼籌並顧』為最高原則，為了維護國家安全與大眾利益，審核採『入境從嚴，出境從寬』的原則，其作業完全依法辦理。並強調，出入境管制名單都要輸入電腦，並無所謂『海外黑名單』。」）

筆者問王正方後不後悔？他回答：「以我的家庭背景、我所受的教育和我的個性，活在那個年代，在那個時間點碰上保釣運動，注定迴避不了這樣的結果。就像你在路上看到失火，一定會不假思索立刻通報消防隊，幫忙救火的道理一樣。」王正方接著表示：「美國在越戰時期對亞裔居民的差別待遇和充滿偏見的言論，如同家常便飯。對於生活在這種環境下的我們來說，投身保釣是必然的。反越戰運動是一切的濫觴。」

王正方的父親臥病在床時，由母親負責照護。為了貼補家計，王母將房子分租出去。多年後才發現，那位姓朱的房客其實是國府派來監視他們的線民。從這個例子可以看出，當時的臺灣社會瀰漫著伸手不見五指的黑暗勢力。王正方講笑話似地說了一段親身經歷。

「家母和人在美國的我互以書信往來或是打電話聯絡，這些朱大哥都一一回報給當局，但是到後來，他和家母變得像母子一樣親，照顧家母比我們這些親生兒子還要無微不至。」

電影《北京故事》誕生

王正方後來因為在香港雜誌《七十年代》數度發表批判中共的文章，與中共的關係產生齟齬。關於批評的內容，他說：「中共自稱是社會主義國家，卻不尊重人民，不尊重民主，幹部緊抓特權不放，不反省自己的缺點，還敢侈言是偉大光榮、正確的黨，簡直要笑掉人家的大牙。」

「我的本質是個自由主義者，但就某個意思來說，現在還是個左派。」王正方說。「在我眼中，資本主義是一種榨取窮人建立財富的制度。我在想，有沒有一種方法可以在追求財富時更符合人性，想著想著就開始關注起社會主義和共產主義。」而毛澤東的文革路線帶來的悲慘結果，衝擊了左派學生。

王正方並不掩飾自己的無力感，他說：「文革的嚴重挫敗，自不待言。鄧小平自以為將大陸帶向了改革開放，為此沾沾自喜，但說到他的作為，不過就是向掠奪貧民的資本主義投降罷了。誰敢阻撓，就用蠻力排除他，一九八九年的天安門事件就是這樣來的。標榜是個社會主義國家卻醜態畢露，到現在也還找不出一條資本主以外的道路。」

王正方大學念的是電機系，卻在一九七六年改行當電影導演，這一年也是毛澤東死去、四人幫被捕、文革告終的一年。公開推崇黑澤明的王正方說：「Kurosawa（黑澤）的作品我都看過。一九五〇年代的《Ikiru（生きる／生之欲）》雖然沒有引起世人多大關注，但我很喜歡。」對王正方來說，他的處女作是一部紀錄片《中華人民共和國出土文物展》，這項展覽自一九七四年十二月於華盛頓展出至隔年。在此之前，也曾於一九七三年六月在東京展出，這些文革時期出土的眾多文物，緩和了文革「破四舊（舊思想、舊文化、舊風俗、舊習慣）」造成的破壞性印象。

電影為王正方帶來了身為電影人的榮耀，也打開了他在香港雜誌上批評中共以來便已關閉的大陸之門。「一九七九年，為了拍攝以北京為題材的紀錄片電影，我踏上了睽違八年的中國大陸。」五年後的一九八四年，名為《北京故事》（*A Great Wall*）的文藝作品殺青問世。

這是一部溫馨小品，描述的是出生於北京，在美國住了三十幾年的華僑方立群因為華裔的身分在職場屢遭歧視，憤而辭去工作帶著家人回到北京，與住在四合院的姊姊夫妻之間發生的種種。故事凸顯出美中之間的文化隔閡，也呈現出改革開放初期北京的風情，是一部令人印象深刻的作品。

「我很慶幸當時有拍下這部電影。現在的北京街頭，中國人擁有的良善特質不復可見，值得拍的東西很少。它和保留許多古文物的日本京都狀況有所不同。」從這番話也可以看出，王正方對這部作品用情很深。

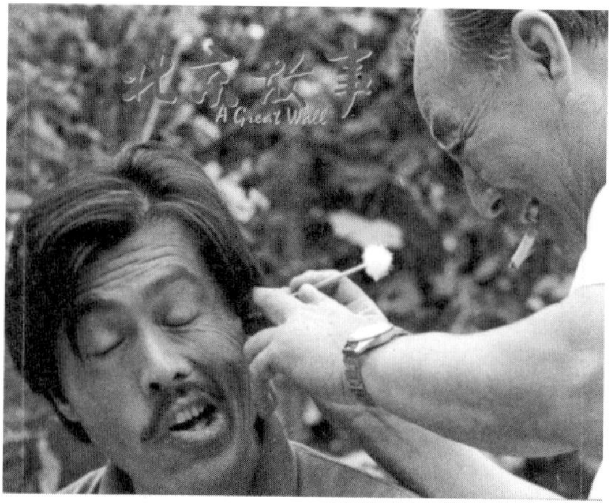

電影《北京故事》的宣傳照。（作者收藏）

「方立群是你本身的投影嗎？」筆者問。

「當然啊！不管是主角在美國的遭遇，還是對祖國的鄉愁或文化落差，裡面全都有我的影子。」王正方想也不想地回答。然後接著說：「我只會說自己的故事。美國雖然是移民大國，到現在還在奉行白人至上主義，在那裡生活的艱苦，我在電影裡也都做了交代。」

《北京故事》的成功，打開了王正方的歸鄉路。臺北的中央電影公司與他聯絡，希望請他來拍一部電影，在中央電影製片部經理趙琦彬以及總經理林登飛等人的協助下，王正方終於在蔣經國臨死前的一九八七年，返抵國門。北京出生，在臺北長大的王正方，赴美後雖曾與中共政權產生共鳴，但旋即對中共的弊政感到失望，有段時間，他在美國與海峽兩岸保持等距來往，現居於臺北近郊。當筆者問「您的祖國何在？」時，王正方俏皮地回答：「馬克思說過『工人無祖國』。」話聲剛落，他又接著說：

「我到現在還是對自己透過保釣，從事反國民黨運動感到很驕傲。後來，我轉而砲轟中共，也只是做了該做的事而已。對我來說，我的祖國就是中國的傳統文化。繼承豐富的傳統文化，把它發揚光大讓我感到有意義。對於國民黨、民進黨或是共產黨，我絲毫不抱任何期待，也完全無意透過他們來實現自我。那些人口中所說的國家，不過是個政權，也就是一個組織，不值得認同。」

敞開大門的聯合國職員之路

如前所述，參與「保釣」運動的臺灣留學生當中，部分向左傾斜的人士成了統運的核心人物，支持由中共主導的中國統一運動。國府對待這些住在海外的左派或臺獨派等所謂的反體制派，不是沒收就是註銷他們的護照，還把許多人列入「黑名單」，禁止或限制他們回國。

熟知當時留學生狀況的劉沅表示：「一九七〇年代，住在美國的獨派無論在規模還是人數方面，都不足以對國府構成威脅，名列『黑名單』的學生中，有一大半起先都是參與統運的左派。」

然而，並不是每一位失去有效護照的學生都像王正方那樣，擁有美國的永久居留權。有些人因為獎學金沒了著落，不得不放棄學業；因為找不到工作而束手無策的人也所在多有。就在這時候，突然出現了一個眾人意想不到的工作選項，那就是聯合國紐約本部的中文口譯職缺。

林孝信說：「聯合國秘書處在一九七一年中國代表權更迭之前，並不太重視中華民國這個常任理事國，中文明明是聯合國使用的五種官方語言（加上後來的阿拉伯文，官方工作語言達六種）之一，中文口譯人才卻不敷使用。但礙於對聯合國的顧忌，國府也不敢強烈要求增加中文口譯人員，連國府的駐聯合國代表發言時，使用的語言也是英語。不過，中共從一開始進入聯合國就一副盛氣凌人的模樣，聯合國方面也改變態度，緊急大量招募中文口譯。」

由於各種大大小小的委員會都在招兵買馬的關係，對中文口譯人才的需求至少達兩三百人之譜。而當時美中之間並沒有邦交，美國國內沒有來自大陸的留學生。加上大陸正如火如荼展開文化大革命，又爆發了林彪事件，內部陷入一片混亂，因此也沒有足夠的條件可以從北京派遣工作人員供聯合國運用。這一點，北京方面似乎也很清楚，陳治利在口述記錄中就曾提到，他們在和周恩來見面時，周恩來曾要他們：「你們盡量介紹你們的朋友，推薦到聯合國擔任翻譯。」

林孝信表示：「那時候有華僑和來自臺灣及香港的留學生，但是以標準國語為母語的，只有臺灣留學生。對中共而言可說占了人和之利，因為參加保釣運動的臺灣留學生，很多都是因為對國府感到失望而左傾，對中共政權抱持強烈期待及好感的人。於是中共便和這些臺灣留學生展開接觸，吸收他們。」雖然一切都是機緣巧合，但由於國府的制裁，許多臺灣留學生的回鄉之路受阻，也不知道明天在哪裡，內心忐忑不安的他們就在中共的推薦之下，獲得了在聯合國的穩定工作。

與王正方一起在北京見了周恩來，被國府註銷護照的五位左派留學生當中，包含團長李我焱在內，共有兩位進到了聯合國。林孝信回憶：「李我焱擔任一九七一年四月十日華盛頓大遊行的總指揮，是象徵當時保釣運動的一員大將。另一位陳恆次是臺灣本省人，因為在伊利諾大學讀法學，所以他不只當口譯，也是一名法律專家，可惜在前往非洲出差時，因飛機失事身亡。」

「回歸祖國」的人們

另外，從一九七〇年代後半起，開始有些住在美國或歐洲的臺灣留學生移居大陸。其中包括許多未被國府視為左派而緊盯不放的學生。綜合多位北京方面負責涉臺事務人員的說法，從「保釣」運動方興未艾的一九七一年到文革結束的一九七六年這段期間，原本在北美等地留學，後來赴大陸定居的臺灣人僅有十幾位，多半是一些專家學者。

但是到了一九七七年鄧小平正式重返政治舞臺，開始由國務院負責向住在海外，且擁有高學歷的臺灣專家招手，從一九七八年到一九八〇年，自北美、歐洲前往大陸的臺灣人約百餘人，其中大半都有從事「保釣」運動或統運的經驗。

這些臺灣人到了大陸之後，依照本人的專長與能力，被分派到各個不同領域。一九八〇年十月四日，來自臺灣及香港的留學生校友籌組「臺港同學會」，經相關單位向中共中央對臺工作領導小組請示，結果，周恩來的夫人鄧穎超認為「臺灣和香港情況不同」，基於她的考量，純粹由臺灣留學生組成的「臺灣同學會（Taiwan Scholar Association）」於一九八一年十一月三日正式成立，由林盛中（本名：林政雄）出任第一屆會長。林盛中一九四二年出生於臺北，一九七二年自留學地北美前往北京。曾兼任在輔助中共政權的民主黨派內占有一席之地的臺盟（臺灣民主自治同盟）主席，一直站在對臺工作的第一線，直到二〇一一年去世為止。

就北京的全國性臺灣同胞組織來說，「臺灣同學會」成立的時間僅次於臺盟。同年十二月二十二日，「中華全國臺灣同胞聯誼會」成立，林麗韞被推舉為會長，在臺灣出生的她曾在日中邦交正常化之際為周恩來擔任日語口譯。由上述可以看出，臺灣同學會的成員在中共推行改革開放路線上，不僅在技術層面有所貢獻，一九七九年美中建交，海峽兩岸關係出現新局，他們在中共對臺統戰工作上，也被寄予了厚望。

北京方面資料顯示，在「保釣」運動巔峰時期希望「回歸祖國」的臺灣留學生達一、兩千人之譜，但過了極盛期，大多數留學生已經成家立業，在落腳處打下社會基礎，希望「回國」的人數大幅減少。關於這一點，林孝信的看法是：「希望到大陸參訪的人是很多，但我不認為有那麼多人想在大陸定居。」

開啟左派學生訪問大陸先河的王正方則說：「我是個自由主義者，非常討厭政治學習和開會，從來沒動過要在大陸定居的念頭。」他還表示：「林盛中那些人擁有博士學位，也具備專業知識。可是他們到了大陸之後，除了在統戰場合露露臉，好像也沒做過什麼特別的事。這純粹是我個人的看法，我懷疑中共根本不知道該怎樣運用他們的專業能力，結果就這樣把人才晾在一邊了。」

提到自己在北京和自歐洲赴大陸的臺大時期同學重逢時的情形，王正方說：「他是一個很優秀的學者，可惜不太受到重視，在大陸生活也不是他的本意。他半開玩笑用漫畫來形容我們的關係——『兩個人一前一後走著，前面的人在地面挖了個洞之後繼續往前走，走在後面的人卻跳進了坑洞裡。』聽到他這番話，我心裡有一股難以言喻的酸楚。」

王正方苦笑著，臉上浮現苦澀的表情。

護照遭沒入，成為專業「保釣」人士

林孝信的護照被沒收，是在一九七一年暑假。這一年的一月和四月，全美各地發生大規模「保釣」遊行，遊行結束後沒多久，他的護照便遭到註銷。回顧當時的情形，林孝信說：「一九六七年，我帶著效期三年的護照赴美。在護照快到期的一九六九年，我去申請延長有效期，當場獲准延長一年。隔年也順利通過申請。但是到了一九七一年，中華民國駐芝加哥總領事館跟我說：『你的護照要送回臺北批准。』他們雖然沒有當場告知我要註銷，但不准我延期，我的護照也被沒收了。」

這道回國禁令，不光是公開支持中共的學生，連林孝信也身受其害，顯見國府是把所有

「保釣」運動的核心人物都列為制裁對象，其中包括加入統運的左派在內。林孝信說：「被列入『黑名單』的人很多，但護照被沒收的沒幾個。」

一旦名列「黑名單」，不僅本人回不了臺灣，連在臺灣的家人也會得到當局關愛的眼神。林孝信指出：「解嚴前後，立場接近獨派的立法委員因為『黑名單』問題吵吵鬧鬧，造成大家普遍有一種印象，以為『黑名單』上的人全部都是獨派，其實這並非事實。七〇年代之後，約幾百人，還有一種說法是有七、八百位參與保釣運動的學生被列入『黑名單』，但因為沒有任何人為他們發聲，成了被遺忘的一群。」

林孝信這樣形容自己護照被沒收之後的情形。「沒有美國永久居留權的人，就變成非法居留。我是合法進入美國，之後的居留也都合法，但從失去護照的那一刻起，我喪失了所有在美國的身分。」誠如林孝信所說，截至一九八八年中華民國政府重新發給護照為止，他一直過著漂無不定的日子。就算想申請美國籍，也因為沒有中華民國護照而無從申請。既無法離開美國，也沒辦回到臺灣。更因為失去合法身分，連博士課程也不得不中途放棄。

林孝信回憶：「放棄學業的結果，我成了一個專業的保釣人士。為了演講和開會，開始在全美各地走透透。」

那要怎麼籌措生活費？面對筆者詢問，林孝信說：「來到美國之後四年的時間，獎學金省吃儉用的，稍微有點積蓄，生活也很樸素，還不至於到走投無路的地步。」

有些同伴擔憂他的狀況，幫他查了一下後發現，當時美國國內大約有一百五十萬的非法居民，這些人幾乎都是以偷渡方式到美國非法就業，而美國也需要廉價勞力，對這些黑戶睜一隻眼閉一隻眼。

在和同伴們討論過後，他下了一個樂觀的結論：「要逮捕所有的非法移民是不可能的，就算不幸被抓，也不會馬上被強制遣送回國。」不過它有一項前提，就是不能非法就業。林孝信解釋：「如果只是非法居留被逮捕，還可以靠打官司爭取一點時間，若是非法就業被抓到，就會因為違反勞動法令，遭到強制遣返。」

關於生活費，林孝信有一段時間是靠著發表「保釣」演講所領到的車馬費或演講費勉強餬口。後來，大約有二十位同伴定期自掏腰包贊助他的生活支出。其中一位是劉沅，回顧當時，劉沅說：「大家都是拿死薪水的工程師，我們從微薄的薪資中湊出一點錢，大概持續了有十幾年吧？後來，我們一起分攤房租，讓林孝信有地方可住。他自己也靠著修理電腦什麼的賺點錢，勉強還可以過日子。」

劉沅幾句話就輕鬆帶過十幾年的付出，但是，長期從自己的口袋掏錢接濟一個跟自己非親非故的人，筆者認為，這份心意不是一般人做得到的。

回顧過往遭遇時，林孝信也只是雲淡風輕地描述，彷彿這一切與自己無關似的。沒有護照、沒有居留權，經濟又困頓不安，如此的異鄉生活，往往容易被當事人誇大渲染，說自己過得有多悽慘辛酸，然而，是因為林孝信有著堅韌意志的關係嗎？筆者感覺他似乎站在一個超越悲愴與怨天尤人的境界，凝視著人生，思考著未來。

一九八〇年，也就是林孝信護照遭沒收後的第九年，美國移民局找上了他。諷刺的是，林孝信是因為非法居留被發現，進入打官司階段，才獲得了半合法的身分，一九八四年訴訟獲勝，他終於拿到美國永久居留權。

一邊「保釣」一邊推動民主化

即便成了非法居民，過著顛沛流離的日子，林孝信依然以「保釣」人士之姿走訪全美各地，在這個過程中，他也開始關心起臺灣社會的各種問題。

「保釣運動在北美點燃火苗後，火勢向外蔓延，一九七一年前後，臺灣也發生了保釣運動。當時正值戒嚴時期，運動被局限在校園內進行，然而，臺大校園內的保釣運動後來出現了不同面貌，學生們開始追求校園內的民主。透過保釣運動，臺灣的年輕一輩漸漸關注起社會問題以及世界潮流，成了促使社會改變的一股力量。」林孝信如此說明當時的情況。

當時在臺灣，眾人都看好蔣經國，認為他最可能成為蔣中正的接班人。林孝信指出：「國民黨內部對此有一股反對勢力，為了與反對派抗衡，蔣經國需要爭取年輕人的支持。就這樣，年輕人要求參與社會的聲音與蔣經國的政治盤算結合之後，某種政治上的限制就被放寬了。」這些參與「保釣」運動的臺灣學生，後來開始參加勞工或是環保運動，也有一部分人士直接要求實施民主政治。關於這部分，會在後面詳加說明。

林孝信雖不曾公開表態支持中共，卻和渴望臺灣邁向民主化的左派留學生關係密切。同時，林孝信也看不慣對「保釣」運動漠不關心的臺獨主張，卻與立場接近臺獨派，但關心臺灣民主化等社會問題的臺灣人互有來往。

一九七九年美麗島事件過後，「黨外」逐漸在臺灣抬頭，林孝信自然而然也開始關心、支持起黨外運動。回顧當時的情形，林孝信說：「一開始，黨外提倡民主化，反對國民黨的壓迫，並未將臺獨主張擺在第一位，因此，我們也支持黨外運動，就這樣有了來往。」

一九七九年，林孝信在美國成立臺灣民主運動支援會，有五、六十位老友出席了成立大會。支援會成立不久，發生余登發事件，緊接著又發生桃園縣長許信良遭解職事件。臺灣民主運動支援會呼應這些事件，發動遊行抗議，聲援許信良等臺灣黨外人士。此外，他們也捐款給臺灣的黨外活動人士，或是舉行記者會抗議政治迫害，從美國聲援臺灣邁向民主。

林孝信說：「我和《夏潮》雜誌的成員聯絡頻繁，那是因為他們的理念最接近海外的保釣運動。我和獨派的陳玉璽（在日本留學時，因參與臺獨運動，一九六八年遭強制遣返回臺，被依妨害治安等罪名求處死刑。後來，在日本『臺灣青年獨立聯盟（臺灣獨立建國聯盟前身）』以及著名反越戰團體『還越南和平！市民聯盟（ベ平連）』等團體介入，向中華民國及日本政府抗議下，減為七年有期徒刑）也碰過面。陳玉璽對我詳述了陳明忠被秘密逮捕的來龍去脈，當時，當局除了畏懼陳明忠和黃順興、余登發與中共結合外，也對他們和康寧祥等黨外勢力在檯面下互通聲氣保持高度警戒。」此外他還自暴：「謝聰敏在美國的時候，（我）曾和他見過好幾次面。與郭雨新、許信良以及後來加入民進黨的陳菊、林正杰、邱義仁及張俊宏等人也都有所往來。」

一九六四年，還在大學念研究所的謝聰敏遭當局以涉嫌與臺大政治系教授彭明敏共同提出「臺灣自救運動宣言」，主張「一個臺灣，一個中國」為由逮捕入獄。一九七九年起，他開始在美國從事援助黨外和遊說活動，聲援臺灣走向政治民主，也就是在這段時間，他和林孝信彼此有了互動。

筆者詢問謝聰敏，他大方承認自己住在美國的時候的確和林孝信往來頻繁。「我是個左派，目標是民主化，沒參加過右派的臺獨運動。不管是誰，只要和我一樣都希望臺灣改革和民主化，我都願意和他們有所往來。所以，林孝信雖然是位保釣人士，但這樣的立場並不妨礙我們的交往。」

一九八八年謝聰敏為了回臺灣，曾在日本待過一段時間。當時，負責照應他的人，是前臺灣總督田健治郎的孫子田英夫。「田先生跟我說，『我之所以幫你，是為了幫祖父贖罪。』原來他也和我一樣，都是左派呢。」謝聰敏促狹地說。

｜第二部｜

1970－1990年代

臺灣

第七章 「保釣」運動點火人

臺灣漁船現蹤尖閣海域

一九七〇年代的「保釣」運動，是由一群受到反越戰運動影響的臺灣留學生，在言論和集會自由受到保障的美國點燃了烽火，而這把火延燒到了當時還在實施戒嚴的臺灣以及英國殖民地香港，越燒越旺，這部分詳待後述。

假使真的如筆者先前介紹過的林孝信等「保釣」人士所言，美國統治沖繩時代末期，臺灣漁船在尖閣附近遭到琉球當局驅離一事，是「保釣」運動的起火點所在，那麼，琉球當局為何要一改過去放牛吃草的態度，開始取締臺灣漁船？發生在一九七〇年九月二日的一件事，或許可以給個交代。臺灣省政府水產試驗所的試驗船「海憲號」在這一天入侵尖閣周邊海域，同行的臺灣報社《中國時報》記者還登上了尖閣。一行人登島插上中華民國國旗，並在峭壁上寫下「蔣總統萬歲」五個大字。從這點就可以看出，「海憲號」在入侵尖閣海域時，並沒有遭到琉球當局的妨礙或阻撓。但是後來，琉球當局開始嚴格驅離臺灣漁船，在平常作業的海域捕魚卻遭到取締，這件事帶給臺灣漁民莫大衝擊。

如前所述，當時國府正全力在處理聯合國的中國代表權問題。支持中共入聯的聯合國會員國提出「排除國府，接納中共」一案，每開一次會，贊成的票數就增加一些，國府於是加強與當時的邦交國日美兩國合作，企圖藉此度過國難。對於歸還沖繩問題以及尖閣的領土主權，蔣中正政府自始至終都盡可能保持不與日美挑起爭端的一貫態度。

在這種時期，而且是在國府持續實施戒嚴，箝制言論自由的狀況下，臺灣的記者究竟是抱持怎樣的心態前往尖閣諸島？九月二日那天登上尖閣的四位中國時報記者，分別是宇業熒、劉永寧、姚琢奇及蔡篤勝。筆者以電話方式成功採訪其中一位，他是現今定居於舊金山的劉永寧。

蔣中正婉拒「琉球群島」

劉永寧於一九四五年出生在汪精衛主政下的南京，祖籍湖北。父親曾當過報社記者，後成為中國民主社會黨立法委員。一九五一年，大陸淪陷後逃至香港，隔年來到臺灣。劉永寧說：「雖然只是短短的童年期間，不過，生活在遭赤化的社會，這種經驗大大影響了自己的人生。」臺北世界新聞專科學校（今世新大學）畢業後，一九六六年進入《中國時報》的前身《徵信新聞報》，擔任社會組記者。一九七四年赴美，任美國《中國時報周刊》記者，之後定居美國。

劉永寧表示自己之所以開始關注尖閣議題，與中時的競爭對手聯合報系《經濟日報》遭停刊事件有關。因為實施戒嚴的關係，臺灣報界受到「報禁」限制，既不能發行新報紙，已經

劉永寧，前中國時報社會部記者。（劉永寧提供）

發行的報紙也無法增加篇幅。在如此嚴峻的環境下，除了國民黨機關報《中央日報》之外，還有曾經擔任蔣中正侍衛長的王惕吾所創辦的《聯合報》、國民黨宣傳部出身的余紀忠創立的《中國時報》，以及臺南出身，歷任國民大會代表、臺北市長等職的吳三連等人所經營的《自立晚報》，彼此競爭激烈。尤其是《聯合報》和《中國時報》的創辦人後來均被選為國民黨中央常務委員，與國府的關係甚為密切，此外，兩集團也都經營財經報紙，跨足出版業，在許多方面都處於競爭關係。

一九六七年九月二十日，《經濟日報》頭版報導「立法院在聽完外交部次長沈錡對美國將把琉球行政管理權移交給日本的報告後，發表聲明表示，不承認日本對琉球的剩餘主權（residual sovereignty），中華民國的立場不變。」對此，總統府以「違反宣傳指導」為由，下令《經濟日報》停刊六天。劉永寧指出：「儘管當時實施戒嚴，但要求停止出報處分實屬空前絕後。」他還說：「立法院的聲明明明符合國府的利益，但《經濟日報》卻因為這則報導遭到前所未見的重罰。從《聯合報》創始人王惕吾與蔣中正的關係來看，《聯合報》對政府的忠誠無庸置疑，實在搞不懂到底是哪裡出了問題，於是我開始著手調查琉球問題。」

劉永寧透過父親向總統府文宣指導小組召集人，也是自己的同鄉陶希聖打聽，得知一項關於開羅會議的內幕。陶希聖從中共轉投國民黨，他在汪精衛政權成立之前，投奔重慶政府。據其透露，一九四三年十一月開羅會議召開期間，羅斯福曾兩度向蔣中正表示，要將琉球群島交給中華民國，蔣介石卻拒絕接受。後來，蔣中正心生後悔，便在十一月二十七日交代與自己一起來到開羅的國際法專家王寵惠絕對不能把這件事洩漏出去。如果這番話屬實，那可說是一項重要線索，有助於釐清當時美國與國府是如何看待沖繩。回到陪都重慶之後，王寵惠遭國府高層逼問，不得不承認羅斯福與蔣中正之間的對話確有其事，還強調：「（蔣）委員長很懊悔，希望大家不要再提這件事了。」而人在重慶的陶希聖，當時剛好也在座。也就是說，陶希聖認為《經濟日報》之所以會遭到停刊處分，是因為他們的報導踩到了蔣中正的痛處。

另外，在沖繩尚歸美軍管轄的一九五八年，國府為促進與沖繩之間的交流，成立「中琉文化經濟協會」，展開有別於和日本本土間的往來。該機構在一九七二年五月，美國將沖繩歸還日本後依然繼續存在。同年九月，隨著日華斷交，國府設置亞東關係協會作為對日民間交流的窗口，駐那霸代表部依然繼續沿用「中琉文化經濟協會駐琉球辦事處」的名稱。作為外交部直屬機關，該機構一直獨立運作於亞東關係協會之外，這情形一直持續到二〇〇六年陳水扁政府將其更名為止。整件事反映出中華民國政府對沖繩的微妙立場，頗耐人尋味。

劉永寧在細細玩味了最近公開的臺北與華盛頓的外交文件以及蔣中正的日記之後，提出了以下觀察，只不過他事先聲明自己「當時並沒有察覺」。劉永寧說：「佐藤榮作把收回沖繩作為自己畢生的政治目標，因此和蔣介石講好條件，只要國府不為了琉球歸屬問題吵吵鬧鬧，日本願意繼續視國府為代表中國的唯一合法政權，全力支持國府保住在聯合國的席位，兩人還口頭交換密約，由日本提供一億五千萬美金的低利貸款給國府。蔣介石之所以對《經濟日報》的報導如此敏感，可能是因為害怕密約敗露的關係。」

為釐清開羅會議的整個來龍去脈，劉永寧在一九六九年底至七〇年初春期間，曾嘗試閱讀官方資料並與相關人士接觸，但由於臺灣正實施戒嚴，言論與新聞自由均受到箝制，採訪作業困難重重。幸好皇天不負苦心人，在三番兩次走訪位於臺北的美國新聞處（USIS）後，劉永寧終於看到部分相關人士的回憶錄，得到一些線索。

劉永寧說：「花了將近半年時間，不分晝夜埋頭找資料的結果，下午例行的採訪會議我幾乎都沒出席，時間一久，終於被上司叫去約談。」提到當時內心的感觸，他表示：「一九七〇年三月的某一天，我和副總編兼採訪主任汪祖貽碰面，還把半年來蒐集到的資料詳加說明，說著說著連自己都激動起來。『中國內戰的苦果，我們還要不斷地嚥下去。』」

賭上報社前途的登島計畫

汪祖貽聽完後突然站起來說：「我知道了，原來你並沒有丟下工作不管。」接著又說了出人意表的話：「千萬別灰心，我們計畫上釣魚臺。從今天起，我全力支持你上島採訪。」

劉永寧大吃一驚地說：「《經濟日報》不過是報導琉球的行政管理權要移轉就遭到池魚之殃，就算我們真的登上了釣魚臺，實在難以想像可以全身而退。」對此，汪祖貽低聲表示：「老先生（蔣中正）現在已經後悔了。既然如此，上釣魚臺不但搶新聞先機，也有宣示我國對釣魚臺主權的意義，好處比壞處多。現在，釣魚臺的情勢也變了，我們就賭他一賭，但這計畫絕對要保密！」

為此，劉永寧說：「我先從距離釣魚臺比較近的基隆港著手，尋找願意幫忙的船東。同時，為了不被競爭對手《聯合報》以及可能阻撓出航的警總等治安單位、還有國內的親日本勢力察覺，在報社內也保密到家。」

他口中所說「國內的親日本勢力」指的是當時的總統府秘書長張群等人。曾經是國府的外交官，後來還擔任駐日代表的林金莖，他在生前接受筆者採訪時，曾這樣形容過張群：「（國府的）對日政策，基本上都是由張群先生先下判斷，再由蔣介石總統做最後決定。在對日關係上，張群先生比外交部長更有決定權，他的意見幾乎百分之百會被採納。」誠如林金莖所言，張群與蔣中正留學日本時即投身辛亥革命，作為日華關係下的利益分配者，他在國府的對日姿態上，具有莫大影響力。當國府在聯合國的席次陷入危急期間，蔣中正並不希望與日美關係節外生枝，這樣的態度更強化了張群在國府內部的立場。

劉永寧一開始先和基隆的船主接觸，卻沒有任何船家願意幫忙。他說明其中一個理由：「有漁民告訴我，釣魚臺中有一座島是日本黑社會走私毒品的中繼站，這些亡命之徒遠比海盜凶殘，而且神出鬼沒，危險至極。」

劉永寧的找船行動雖然徒勞無功，但沒多久，該報在基隆的記者蔡篤勝得到臺灣省政府水產試驗所的船隻「海憲號」首肯載他們出海，於是便以「採訪漁船在海上的捕撈作業實況，順便看看漁場附近的無人島嶼」為名，成功向警總提出出海申請。就這樣，《中國時報》社會組記者登陸尖閣的計畫準備就緒，並由董事長余紀忠親自挑選登島人選。

關於選人考量，劉永寧說明如下：「我是全報社研究琉球、釣魚臺最久的人，自然會被選上。宇業熒是抗日烈士遺孤，從小在華興育幼院長大，身分證上的父母欄位記載著，父：蔣中正、母：宋美齡，對蔣家絕對忠貞不渝。姚琢奇是攝影師，蔡篤勝是中時的基隆特派記者，各自有充分的理由同行。」

關於這份登島名單，同一時期任職《中國時報》的記者陸珍年二〇一一年十一月，曾在香港《星島日報》指出：「我是最早向余紀忠提議要登上釣魚臺的人，但報社卻以宇業熒取代了我。採訪組主任汪祖貽看出我心裡不服氣，約我去吃飯，向我解釋：『這次任務有兩個暗礁，一個是外交部，一個是警總。外交部嘴巴上雖然主張對釣魚臺的主權，卻不想得罪日本；警總則虎視眈眈緊盯著中共對我們的行動所做出的回應。如果對岸也響應了，我們就會被視為與中共互通聲氣，問題就麻煩了。余先生是為了保護你，才刻意挑選對政府的忠誠度無庸置疑的人。』」

除了剛剛介紹的宇業熒的背景，其他像劉永寧的父親是民社黨立委、姚琢奇與國民黨中央黨部秘書長張寶樹有私交、蔡篤勝也是國民黨員，最重要的是，他是搭乘「海憲號」時不可或缺的人物，因而雀屏中選。萬一登島計畫觸怒當局，在戒嚴時期的臺灣，即便是與國府高層有深交的余紀忠，想保護一個既非國民黨員，又沒有家庭背景的員工，恐怕也是無力回天。

劉永寧臨上船前拜託汪祖貽說：「家父不過是一介立委，萬一我不幸被逮，怕也使不上力。如果我被關了，希望你能幫忙帶換洗衣物和家書。」結果汪祖貽馬上回應：「你們進去了，我還會在外面嗎？我們是綁在一起的，做口供的時候通通推到我身上。」

登島的衝擊與影響

根據陸珍年回憶，「海憲號」當初原本預定九月一日上午起航。但這一天基隆港大雨滂沱，到了下午雨勢依然未歇，耽擱了出航時間。劉永寧也想起出航前的情景：「雨這樣下不停，萬一起不了航怎麼辦？風聲會不會走漏了？整個人簡直如坐針氈。」臨出發前，汪祖貽再三交代劉永寧「上了釣魚臺後，記得要插國旗。而且，務必設法在岩壁上寫下『蔣總統萬歲』五個大字，讓攝影師姚琢奇拍下來作為證據。」之所以挑中劉永寧寫下這幾個字，是因為他的個子比較高的關係。船上載著登島後要豎立起來的一大面青天白日滿地紅旗，以及幾桶寫字用的油漆和油漆刷子。等晚上雨停後，「海憲號」起錨，九月二日早上抵達尖閣附近海域，包含四位記者在內，船員們也都往島上推進。尖閣沒有碼頭，整座島都是岩礁，一行人直到上午九點左右，才終於踏上尖閣本島。

1970年9月2日，中國時報記者登陸尖閣諸島中的魚釣島，插中華民國國旗，還留了「蔣總統萬歲」的五個大字。左二為劉永寧。（秦風提供）

劉永寧一上岸便把手上的中華民國國旗插在島上，隨後立刻拿出紅色油漆，開始寫起「蔣總統萬歲」這幾個字。回顧當時的情形，他說：「寫字的任務雖然落在我這個高個子身上，但其實峭壁很高，有些地方還是站在同事的肩上才寫好的。」根據姚琢奇回憶，他們還在別的岩壁上寫下報社和記者們的名字。之後，大家拍團體照留念，在島內稍微逛逛後，就踏上了歸途。

「沒有遇到琉球或是美軍的阻撓和取締嗎？」面對筆者詢問，劉永寧回答說：「從我們抵達釣魚臺周邊海域到離開為止，根本連其他船隻都沒遇上，更別說什麼阻撓或取締了。」

九月三日「海憲號」回到基隆，幾位記者下船後立刻振筆疾書寫下這次的登島記。《中國時報》也在九月四日以頭版刊出這篇名為〈登臨釣魚臺列島，看祖先留下一片洪荒！〉的獨家報導。

劉永寧在〈釣魚臺列島奇觀〉專欄中，介紹了尖閣的地理環境及自然生態。回顧當時，他說：「報導引起讀者很大回響，不過，來自當局的壓力更大。」

壓力來源不出所料，正是那些負責對日外交以及治安相關單位。劉永寧表示，「總統府秘書長張群及外交部長沈昌煥果然在蔣中正面前告狀，說『《中國時報》衝過了頭，對日外交會有麻煩』，張群更是要求調查四位登島記者的思想背景及其與中共的關係。」聽著張群的話，映入蔣介石眼簾的是一份《中國時報》，上面刊登著劉永寧等人所寫的「蔣總統萬歲」，以及四位記者站在岩壁上的照片。

「他們也是為了愛國呀！」盯著報紙，蔣中正說出的這句話，讓記者們得以無罪赦免，余紀忠等《中國時報》高層也免受處分。然而，不管是他國還是本國領土，報社記者這樣登島塗鴉本身其實有違禮節，但無論如何，汪祖貽等人的政治判斷，確實解除了記者們的危機。站在獨家報導的觀點，《中國時報》這場豪賭算是賭贏了。

誰是真正的主謀？

臺灣報社的記者成功在大白天光明正大登上尖閣的行動，各報無不大幅報導，結果可想而知，此舉引起琉球當局以及日美兩國的戒心。追蹤事件後續發展，琉球警方於九月十五日拔除豎立在尖閣上的中華民國國旗。九月十七日琉球政府發表一份「關於尖閣列島領土主權」的聲明，國府則指出，在此之前已與美國海灣石油公司子公司於一九七〇年八月十日簽了約，擁有整個尖閣諸島的探勘權，並譴責日本「侵犯領土主權」。九月二十一日，琉球政府的巡邏艇在美軍同意之下，兩度驅離臺灣漁船。美聯社這篇報導引起留美臺灣學生群情激憤，如前所述，「保釣」運動正是由此而生。

另外，琉球警察撤下的中華民國國旗，在歷經一番波折後，回到了臺北《中國時報》總社。劉永寧表示：「國旗一開始被送到位在東京元麻布的中華民國大使館，但大使館拒收，因為收了國旗，就表示承認釣魚臺屬於日本所有。後來，日本將國旗送到治理琉球的美國琉球列島高等專員處，對方又將國旗轉送至華盛頓美國國務院，再由國務院交給中華民國駐華盛頓大使館，大使館以外交郵包寄到臺北外交部，最後由外交部次長錢復親手交給《中國時報》創辦人余紀忠。為了國家的主權與尊嚴，國旗經由美國回到了故鄉。」

四位《中國時報》記者登陸尖閣，惹來琉球、日本政府加強取締，成了日後「保釣」運動的導火線。就這點來看，這幾位登上尖閣的記者可說是點燃「保釣」火苗的首謀。一九九〇年代之後，為了吸引大眾目光，各方開始嘗試「一邊高呼愛國，一邊登上無人島伸張主權」的活動模式，說這幾位中時的記者正是這種擾民演出的先驅也不為過。

因為登陸尖閣這個突如其來的事件，進而引發的「保釣」運動，說穿了，其實也為國府帶來了外交上的新籌碼。二〇一四年七月二十四日東京公開的日本外交文件顯示，日本外相愛知揆一於一九七一年五月七日與國府駐美大使沈劍虹會談時表示，願與國府「緊密合作」以保住國府在聯合國的席位，但也要求國府要抑制臺灣方面關於尖閣的主張和輿論：「關於尖閣列島問題，希望你們能保持低調，不要刺激日本人。」當時沈劍虹對此表示感謝，承諾「（國府）會努力將問題降溫（cool off）」。

話說回來，在戒嚴時期的臺灣，蔣中正可說擁有無上權威，到底是誰讓余紀忠這位與執政黨擁有良好關係的《中國時報》創辦人做出登上尖閣如此大膽的決定？劉永寧說：「現在因為日記還沒有公開，沒有決定性的證據，不過，從操縱輿論手法之高超，政治判斷之敏銳還有不向日美或中共屈服的堅毅反骨精神，以及從余紀忠的人脈和各種間接證詞研判，我認為背後應該有蔣經國的影子。父親把釣魚臺幾乎丟掉，兒子又把釣魚臺幾乎保留。」

登島前一年，也就是一九六九年九月十六日，蔣中正在臺北近郊陽明山出車禍後，身體狀況大不如前，國府內部慢慢走向了蔣經國的時代。蔣經國在後蔣中正時代逐漸坐穩了寶座，說他在整個事件背後穿針引線，這真是個充滿吸引力的假設性說法。附帶一提，一九七二年九月二十八日，周恩來在與田中角榮及大平正芳進行日中邦交正常化談判時，曾形容蔣經國是一個「會耍小手段的人」。

第八章　戒嚴令下的蠢動

孕育出「保釣」運動的文章

受到一九七〇年九月二日臺灣報社《中國時報》記者登陸尖閣影響，琉球當局開始加強取締臺灣漁船，此舉頓時升高了尖閣周遭的緊張情勢。過去，臺灣漁船視尖閣海域為自己的地盤，常在當地捕魚，現在卻遭到驅離，漁民們於是當著海內外媒體面前，把心中對琉球當局的取締，以及對隱身其後的日美兩國的不滿，一股腦地宣洩出來。

漁民捕魚遭阻撓引起留美臺灣學生的關注，大家開始批評日美兩國政府。而筆者在一次次採訪「保釣」人士的過程中確認到一件事，那就是臺灣留學生的共同情感之所以轉化成「保釣」運動，有一篇文章發揮了關鍵性的作用。

這篇文章名為〈保衛釣魚臺〉，由當時的臺灣大學哲學研究所研究生王曉波（筆名茅漢）與念政治研究所的王順聯名發表，一九七〇年十一月刊登在由臺北發行的第八十八期《中華雜誌》上。該篇文章將尖閣事件與二十世紀初列強侵略中國看成同一件事，一開頭就引用了一九一九年「五四運動」之際學生喊出的口號：「中國的土地，可以征服，而不可以斷送。中國的人民，可以殺戮，而不可以低頭。」

文中除介紹尖閣的地理、歷史以及美國歸還沖繩前後這段期間，日美兩國與國府就尖閣問題所展現的言行外，還以「弱國無外交乎？」來譴責國府的昏庸無能，並且強調：

我們的上一代用「五四」運動來答覆日本帝國主義侵略山東的企圖，並且喚醒了我們中華民族的國魂，使得日本帝國主義不得不暴露其侵略的猙獰面目。難道五十年後的這一代中國青年，真的就要眼睜睜的看著我們的國土讓列強們由「聲明」、「密約」而斷送嗎？我們雖弱，但是我們是有國格的國民。我們的上一代用鮮血和頭顱所爭回來的釣魚臺群島，難道真要由我們的手中斷送出去嗎？「不！不！不！」我們要用力量和行動來證明，這一代的青年同樣具有保衛國土的能力和決心！

這篇強烈譴責日美，敦促眾人要對保衛領土有所覺醒與自覺的文章，由於措辭激烈，發表後沒多久立刻受到國內外高度重視。王曉波的學弟，大學時期曾參與「保釣」運動的作家鄭鴻生說：「那篇文章靠著激烈的內容鼓動了輿論，但它整理了釣魚臺問題的前因後果，而且是第一篇有系統論述保釣必要性的文章，就這點來說也是很重要的。」

《中華雜誌》由湖北省籍的立法委員胡秋原所創辦，曾留學早稻田大學的胡秋原也是一位評論家。一九六〇年代曾經和《文星》雜誌的李敖等人就中西文化論展開激烈的言詞交鋒，也在後來的鄉土文學論戰（待後敘）中有過一番辯論。不過，胡秋的言行常也引人非議，例如他曾在一九八八年九月赴北京，與周恩來的夫人鄧穎超就兩岸和平統一交換意見，結果遭到國民黨開除黨籍等。而刊載於《中華雜誌》上的〈保衛釣魚臺〉一文，不只在臺灣，也在海外華人社會廣獲支持，尤其在日益關注尖閣問題的留美臺灣學生之間更是引起很大回響。鄭鴻生說：「胡秋原的兒子胡卜凱臺灣大學物理系畢業後，與同窗林孝信、劉源俊一前一後赴美，擔任過《科學月刊》編輯。當他在《科學月刊》的工作通報上介紹王曉波那篇登在父親雜誌上的文章時，燎原之火就這樣蔓延開來。」

被遺忘的「自覺運動」

穿著唐裝上衣的王曉波，騎著腳踏車準時出現在與筆者約定的地點。王曉波一九四三年出生於山西省，父親是憲兵中校營長王建文。一九四九年，在父親帶領下與妹妹一起搬到臺灣臺中。留在上海的母親章麗曼任職新華通訊社（新華社），後加入中國共產黨，成為臺灣省工作委員會一員。章麗曼透過丈夫的關係，於一九五〇年經香港來到臺灣，但遭當時已被國府逮捕的中共臺灣省工作委員會成員蔡孝乾供出，憲兵隊以匪諜罪名逮捕她，一九五三年八月十八日，章麗曼被依叛亂罪槍決，時年二十九歲。王曉波的父親也因知匪不報罪名，繫獄七年。不到十歲的王曉波與兩個妹妹由外婆一手帶大。一個外省籍女性在人生地不熟的臺灣，也沒有任何生活援助下，咬牙苦撐全家生計，王曉波在學校裡也遭羞辱是「匪諜的小孩」。附近鄰居對

王曉波，臺大哲學系教授，〈保衛釣魚臺〉的作者。（作者提供）

他們避之惟恐不及，一家人生活窮困潦倒。這種三餐不繼的日子一直持續到父親出獄為止。

進入臺大哲學系後，王曉波於一九七一年取得碩士學位，開始在學校擔任講師。在此之前，他先發表了〈保衛釣魚臺〉一文。筆者請王曉波回顧一下當時執筆的情形，他說：「在說明臺大當年的特殊狀況之前，我想先請你簡單了解一下當時的經過。」於是談起了一九六三年發生在臺灣大學的學生自覺運動。

「一九四七年，臺灣光復後沒多久發生了二二八事件，緊接著又有白色恐怖以及《自由中國》雜誌負責人雷震的新黨運動失敗，這些都讓知識分子陷入很深的挫折感當中。大家心裡很明白，插手國家社會問題的結果，只會落得悲慘的下場，因此學生們對任何事都冷漠以待，絲毫提不起勁。當時的臺灣社會窮困貧乏，整個社會氛圍讓人快喘不過氣，也沒有任何出路可言，誠如『來來來，來臺大，去去去，去美國』這句順口溜所示，大家唯一的出路就是去美國留學。但是，一九六三年的自覺運動，讓包含臺大在內的許多臺灣學生振奮起來。自覺運動是一種自我批判的運動。」王曉波這樣說。

那時，有位在臺大留學的美國學生投書媒體，發表了一篇名為〈人情味與公德心〉的文章，批評當時的臺灣社會充滿冷漠、自私和腐敗，引起許多大學生共鳴。就讀臺大及政大的學生代表決定成立「中國青年自覺運動推行會」，以「不要讓歷史批判我們是頹廢自私的一代」為號召，運動規模越來越大。然而，正當眾人成立「統中會（統一事業基金會）」，朝著服務社會的方向摸索前進時，卻引來當局警戒，國防部以及警總、調查局、警政署等單位開始調查並打壓統中會。一九六九年，統中會幹部遭到逮捕，自覺運動也跟著落幕。

「自覺運動」的「遺物」

過去，在談論臺灣近代史時，很少會聚焦在這項叫做「自覺運動」的青年運動上。然而，就像王曉波所說，這項運動不只對大學生，也對正要升大學的高中生帶來很大影響，他說：「這項運動剛開始時，我還是個正要考大學的高中生。在臺中就讀高中的我，對這個運動產生共鳴，考上臺大之後，立刻去拜訪自覺運動機關刊物《新希望》（一九六三年六月創刊）的出版人。」沒多久，王曉波也開始參與《新希望》的編輯，透過雜誌認識許多撰稿人，大家每天熱烈討論社會改革、教育問題甚至於國家民族的前途。

王曉波在這裡認識的學生當中，包括後來赴美成了「保釣」運動核心人物的林孝信及劉源俊等人。王曉波表示，林孝信被大家暱稱為「和尚」，他當時正在《臺灣新生報》企劃連載以少年為對象的科學知識讀物，非常關心青少年的科學教育，也充滿熱情。

從王曉波此時的夥伴赴美留學後，創辦了《科學月刊》，不久更成了北美「保釣」運動的原動力可以看出，運動的背後有著年輕人對改革社會的熱情，而這份熱情，在受到戒嚴令箝制的臺灣，有如地下水脈般汩汩不斷。

回想當年，王曉波說：「蔣介石一撤退到臺灣，就打出反攻大陸牌，持續高喊『一年準備、二年反攻、三年掃蕩、五年成功』的響亮口號，但是到了一九六〇年代，整個社會充滿反攻大陸無望的氛圍。」在大陸因大躍進失敗而疲憊不堪的一九六二年，蔣中正研擬「國光計畫」，有意對大陸進行軍事反攻，但因美國反對未能付諸實行。一九六六年，中共首次進行核武試射，一九六七年又成功引爆氫彈，當時雖處於文革的混亂時期，中共還是擁有了核武攻擊能力。國府雖不曾公開表態要放棄反攻大陸，卻心知肚明自己沒有那樣的客觀條件。

王曉波投注熱情，廣獲改革派青年支持的《新希望》雜誌，沒多久因為當局取締，於一九六五年五月發行「停刊號」之後便不再出刊。臺大校園內的言論舞臺，改由《大學新聞》（一九五七年創刊）、《大學論壇》（一九六〇年創刊）、《臺大法言》等刊物擔綱。王曉波後來也參與《大學論壇》編輯，許多《新希望》的編輯和作者也開始參與《大學論壇》運作。他們大多還參加了各種活動，其中包含稍後會提到的「保釣」座談會。連先前介紹過的《科學月刊》在內，自覺運動撒下的種子，已經在臺灣內外開出了「保釣」運動的花朵，結了纍纍的果實。

自美國沖來的「保釣」浪潮

對於〈保衛釣魚臺〉這篇文章，身為執筆人之一的王曉波說：「我不過是把那個階段發生的事件按照時間先後做個整理，並不是什麼值得大書特書的內容。真要說的話，就是文章一開始引用了五四運動的口號，震撼了讀者的心。」至於執筆的動機，他說是受到《中國時報》記者登陸尖閣那場騷動影響。

《中國時報》的記者們留在尖閣島上的那面中華民國國旗，後來循外交管道回到了國府手上，但聽說國旗右上方有破損。而王曉波也看到了臺灣漁民被驅離時遭到毆打的報導。

王曉波表示：「對於這些報導，臺大的薩孟武教授曾感嘆：『二十年前的戰敗國（日本），遇到二十年後的戰勝國（中華民國），未經一戰，而態度軟弱如此，實出乎全國國民意料之外。』而我們既對日美的蠻橫無理怒不可抑，也對國府的怯懦無能感到失望。於是就和友人王順上圖書館找報紙，抄資料，寫就了〈釣魚臺不容斷送〉一文，為了強調保衛國土的決心，開頭還引述了幾句五四運動的宣言。」

王曉波與王順當初原本將文章投到校外定期刊物《大學雜誌》，但遭退稿，於是打電話給《中華雜誌》發行人胡秋原，表達想投稿的意願。胡秋原看完原稿之後說：「可以刊出，但題目要改。」他認為，原來的標題帶有指責政府「斷送釣魚臺」的意味，有人可能會惱羞成怒，故題目可以改成〈保衛釣魚臺〉，鼓勵政府「保釣」總是應當的。

順從胡秋原建議，改標題為〈保衛釣魚臺〉後，由王曉波與王順聯名刊在《中華雜誌》的這篇文章，成了驅策臺灣留美學生掀起「保釣」運動的引爆劑。

王曉波說：「結果，這篇文章激起的驚滔駭浪，造就出一九七一年一月底全美各地首度舉辦的保釣遊行。」他還表示：「我接到一封參加遊行的大學同學來信，上面寫著：『在臺灣冰封了的愛國熱情，居然在異國的冰天雪地裡融化了』，看到這裡，內心湧起的感動，再難壓抑。」

該篇文章的影響力還不只這樣。追憶當年，王曉波說：「一九七〇年十二月四日，中共透過新華社首次發表『釣魚臺列嶼屬於中國臺灣省』的聲明。受此影響，有人給我們貼上荒謬絕倫的標籤，說我們『與匪唱和』、『為匪統戰』。」

一九七〇年底到一九七一年初，臺灣留學生在美國以「保釣」為訴求，進行了大規模示威遊行，這段時間臺灣正處於戒嚴時期，學生們並沒有採取什麼明顯的動作。根據王曉波及鄭鴻生等人回憶，當時只有部分外電會報導海外的「保釣」示威遊行，臺灣媒體對此幾乎都沒有詳加報導，無法透過主流媒體俯瞰在美國所發生的事件全貌。即便如此，臺灣學生還是突破國府的重重限制，接觸到席捲臺灣留美學生的「保釣」運動第一手資訊。作家鄭鴻生回憶：「從一九七〇年底到一九七一年期間，由美國的臺灣學生組織發行的《戰報》等保釣運動刊物，陸陸續續傳回臺灣校園內。國府一開始似乎沒有掌握到正確事態，大量的刊物因而躲過了審查網，來到臺灣學生手中。」

國府當時對臺灣百姓接觸海外資訊抱持高度警戒，尤其是從海外寄回臺灣的書信和刊物都要經過嚴格審查。穿過這些檢查網寄回來的刊物和傳單，幾乎都是手抄油印版。鄭鴻生說這些刊物後來之所以發揮了莫大影響力，是因為：「刊物內容震撼人心，引人入勝自不待言，最重要的是，它們讓人覺得無法置身事外。留美學生有些是自己或同學的兄姊，或是很熟悉的學長，對臺灣的學生來說，關係並沒有那麼遙遠。國民黨黨報《中央日報》偶爾心血來潮時，雖然會報導美國的保釣運動或示威遊行，但提到負責指揮的留學生姓名時，會採取『劉×任』、『王×柏』等方式，將他們視為中共的同路人。不過，我們一看就知道那是在指誰。心中景仰的學長或尊敬的長輩又沒有犯任何過錯，卻在不知不覺間被當成匪類，這對我們的心理造成很大影響。」

「保釣」組織的刊物有如雪片紛飛般，自全美各地寄到了臺大等全臺各大學學生手上。過不久，《大學論壇》雜誌開始有系統介紹臺灣留美學生的一舉一動，漸漸地，臺灣本地學生也受到了海外留學生的影響。當時的總編輯是就讀臺大哲學系的錢永祥，他和王曉波及鄭鴻生等人彼此熟識。

鄭鴻生回憶：「我們本來就和王曉波很熟，透過他，我們開始關心保釣議題，不過，在美國的行動發揮了關鍵性的作用。我們這個團體主要是以錢永祥為窗口，透過他和留美學生互通訊息，但是一九七一年一月底的農曆年前後，我們得知在美國念書的學長們挺身而出舉行了保釣示威遊行。何時、何地、在怎樣的情況下進行示威、規模如何、喊出了什麼口號，隨著這些答案逐漸明朗化，大家開始坐也不是站也不是，於是，我們這些臺灣的學生也要來做點什麼的想法就出來了。」

王曉波也說：「受到臺灣留美學生示威遊行的刺激，一九七一年農曆年假期結束後，錢永祥等人表示有意要在臺大舉辦以釣魚臺為主題的座談會，他們知道我為了幫《中華雜誌》寫文章，曾經整理過釣魚臺的相關資料，便也找上我。記得我們在臺大靠近汀州路的一家咖啡館，討論了一整晚。」

經過這一天的討論，大致確定將於四月份召開由大學論壇社主辦的座談會。後來卻發現，各校僑生已經著手進行示威計畫。由於僑生這個變數的出現，事態一下子變得難以掌握。

華僑是革命之母？

據王曉波表示，僑生很早就對美國的「保釣」運動產生共鳴，在討論舉辦座談會之前，就讀國立政治大學的香港僑生邱立本曾到宿舍來找過他，表明想在當時位於北門的美國大使館前靜坐抗議。

關於那天的情形，王曉波說：「受到臺灣留學生在美國的示威行動刺激，邱立本等人計畫到美國大使館前靜坐抗議。幾個人分騎兩臺機車到美國大使館附近勘查地形，發現大使館門前太過寬敞，幾個人坐下去也不會有人理，才打消靜坐抗議的念頭。」臺灣在戒嚴時期，禁止公開的政治集會及示威遊行，幾乎沒有人預料得到僑生會在此時打頭陣，成為「保釣」運動的先鋒。

什麼是僑生？一九五八年，國府經由行政院僑務委員會制定「僑生回國就學及輔導辦法」，每年招收大量僑生。根據該項法律，僑生的定義是：「居留海外六年以上，並取得僑居地永久或長期居留證件回國就學之華裔學生。」加上國府默認雙重國籍，因此，視時間及情況而定，有時華人也包含在內。只要是旅居海外人士的子弟都算僑生，範圍很廣，並不限於歸國子女或華僑。

在冷戰體制之下，臺灣與北京雙方莫不以華僑對鄉土及對國家的愛為訴求，極力爭取華僑前來投資，同時為了爭奪主導權，以彰顯自己才是代表分裂國家的正統政權，也對旅居世界各地的華僑子弟提供教育方面的優惠措施，積極接納僑生。

誠如中華民國國父孫中山所說：「華僑為革命之母。」國民革命與華僑之間有著密不可分的歷史淵源。一九四九年大陸淪陷以來，許多華僑與國府實際統治的臺灣並沒有直接的地緣或血緣關係，但基於精神及政治方面的理由，他們支持國府，將子弟送到臺灣來求學。另一方面，對國府在臺灣實施的苛政感到失望，倒向支持中共的海外臺籍人士也不少。

說來，東南亞的「排華」風潮以及厭惡韓國社會對華僑的歧視，希望子弟在安穩的環境中接受中國人的教育等，這些也都是華僑選擇將子弟送來臺灣求學的背後原因。何況國府和中共各自提供的優惠措施也的確非常吸引人。這些複雜的因素加總起來，使得部分僑生比本地生有著更濃烈的中華意識，不少人從愛國意識當中找出自己的價值，受到所謂「遠距民族主義」（遠程民族主義）的影響很大。最具代表性的就是韓國僑生，他們的祖先有一大半來自朝鮮半島對岸的山東省或大陸東北，基於臺灣與南韓同樣反共，又都是分裂國家，韓國僑生除了國府臺灣外，別無其他選擇。

一九七一年前後這段時間，究竟有多少僑生在全臺生活，這雖然沒有一個確切的數字，不過，歸納邱立本等僑生所言，光是就讀臺北市內的國公立以及私立大專院校的僑生，人數加起來至少就有幾千人。僑生在臺灣完成學業後出路很多，有些回到了出生地，有些則前往歐美或日本繼續深造或就業。選擇留在臺灣的人也不少。他們在各自的領域，將自己的僑居地與臺灣聯繫起來，對於在國際間日益孤立的國府來說，僑生的存在毋寧是非常珍貴的。

臺灣留美學生發起的「保釣」運動餘波，一直盪漾到戒嚴時期的臺灣，而僑生這個來自臺灣內部的異議分子的出現，一方面刺激著臺灣學生，也引來當局關愛的眼神。

第九章　突破

踏上「祖國」的僑生們

臺灣在戒嚴時期社會封閉，留美臺灣學生發起的「保釣」運動成了一股外在壓力，同時，就讀全臺各大專院校的僑生則自內部形成壓力，驅使臺灣學生走向「保釣」運動。當時，邱立本以僑生身分站在「保釣」的第一線，筆者向他提出採訪請求。

邱立本一九五〇年出生於香港，一九六七年來臺，就讀國立政治大學經濟系，在大四那年參加了「保釣」運動。畢業後在臺灣《中國時報》以及《大學雜誌》擔任編輯，一九七三年赴美，一邊攻讀碩士一邊任職《星島日報》、《美洲中國時報》等多家中文媒體。一九九〇年返港，現任明報集團旗下綜合性雜誌《亞洲週刊》總編輯。

筆者請教邱立本當初怎麼會想到要來臺灣念大學，他說：「大陸在一九六六年開始文化大革命，內部混亂到了極點。受此影響，不少人選擇來臺灣升學。」邱立本所說的這番來臺就學經過，點出了港人來臺念書與否，取決於香港或海外華僑社會當時的氛圍與條件。

據邱立本表示，在香港除了繼續念香港大學或香港中文大學等當地最高學府外，也有人前往香港當時的宗主國英國或其他歐美各國留學。此外，各自宣稱自己才是「代表中國唯一合法政權」的臺北和北京當局，也為了爭取港澳以及旅居海外的華僑及華人的支持，無不積極接納他們的子弟回「祖國」求學。

歸納邱立本等多位香港僑生所說的話將會發現，在曾經是英國殖民地的香港，有一定比例的家長希望讓自己的小孩在中國式的環境下學習。舉凡學習能力、財力、血緣、地緣乃至於本人及家人的價值觀或政治立場等，都是左右港人子弟就學地點的諸多因素。香港居民有很多都是因為厭惡中共統治，才從大陸避走到當地。在距離中共奪取政權不過十幾年時間的一九六〇年代，逃到香港的居民在大陸淪陷前後這段時間，對中共抱持的恐懼感依然歷歷在目，有相當比例的居民支持的還是國民黨政府。邱立本回憶說：「當時，每年有一兩千名香港學生為了升學來到臺灣。」

關於當時香港居民的歸屬感，邱立本指出：「五〇年代到六〇年代這段期間，不管是親國民黨還是共產黨，香港人對於身為中國人都有一種既明確又強烈的認同感。」這裡所說的「中國」，邱立本是這樣分析的：「或許可以說是一種超越國府和中共政治體制的中華民族意識吧。我覺得它和所謂的『國族認同』稍有不同。你問那個時代的香港人『你是哪國人？』相信幾乎所有人都會回答『中國人』。那時候大家都認為，所謂的香港人，就是住在香港的中國人。」

的確，在英國殖民統治時代，相較於臺灣因為實施戒嚴，經濟建設方面還有待加強；大陸則因文革等權力鬥爭，社會處於民不聊生的困頓時期，很多香港人面對其他華人社會的居民，並不掩飾其生活在英國統治之下的優越感。然而，當面對西歐統治者時，香港人卻又緊抱大中華意識不放，藉此謀求精神上的平衡。這種優越感與自卑感的層層交錯，反映出殖民地社會複雜的心理狀況。

不過，在香港回歸一段時日之後，過去香港向大陸誇耀的許多優勢不復存在，大陸又以更甚於過去的高壓方式對待香港，時間一久，彼此的摩擦越來越激烈，不光是對中共，有些香港人甚至開始對整個中國出現排斥反應。這種變化與其說是香港人根深柢固的民族意識起了變化，不如說是對現實政治環境做出選擇的結果，在觀察社會環境、經濟條件與自我認同變遷之間的關聯性時，這不失為一個好例子。

《自由中國》播下的種子

邱立本和臺灣既沒有血緣關係也沒有地緣關係，但在香港的時候他經常涉獵臺灣出版的刊物。

「我喜歡臺灣的當代文學，國中到高中這段期間，我常看余光中、鄭愁予以及洛夫的詩，還有白先勇、於梨華和王文興等人的小說。」邱立本笑說：「高中一、二年級的時候，曾有一段時間，我在香港舊書店到處搜購過期的臺灣雜誌《自由中國》，沉迷在雷震、殷海光、夏道平的文章裡。雜誌發行人是自由主義者胡適，他和國府保守勢力之間的唇槍舌戰讓人看得津津有味。多虧有這本雜誌，我在香港的時候就對臺灣的政治有基本認識，來到臺灣和同學聊起政治話題的時候，大家都很訝異，一個連標準國語都講不好的香港年輕小夥子，居然可以對臺灣的政治侃侃而談。」

筆者過去也介紹過《自由中國》在許多參與釣運的臺灣學生受到自由主義的啟蒙與鼓吹過程中所扮演的角色。邱立本這番證言更顯示，在臺灣之外的香港等華人圈、華僑社會，《自由中國》也擁有廣大讀者，具有一定的影響力。

《自由中國》是一九五〇年代最具代表性的政論雜誌，標榜自由主義，探索民主主義。不管是它對戰後臺灣社會帶來的影響，還是以總編輯雷震為主的新黨運動，在探討戰後臺灣的進程時，這些都是不能忽視的重要事項，容筆者詳加介紹。

《自由中國》於大陸淪陷前後的一九四九年十一月二十日創刊於臺北。負責社務的雷震曾在一九四七年的張群內閣以及隔年的翁文灝內閣中擔任政務委員，有過入閣經驗，雜誌創刊當時也與蔣中正關係良好。主要撰稿人包括自由主義派的哲學家殷海光以及經濟學家夏道平，作家聶華苓負責文藝欄。與雷震交情深厚的前每日新聞臺北支局長若菜正義生前曾對筆者說過，雷震戰前曾留學日本，畢業於京都帝國大學法學院，是一位懂日文的知日派。

誠如《自由中國》這個反映著濃濃冷戰時代思維的名稱所示，雜誌創刊當初主要是以批判共產主義，鼓吹自由主義為基調。但因為與中共這個原本的批判對象實際上有些距離，使得揭櫫「自由」的《自由中國》將矛頭轉向自由主義的枷鎖——國府的一黨專政體制，這種轉變或可說是一種宿命。不久，《自由中國》開始發文反對蔣中正尋求三度連任總統（中華民國憲法規定總統只能連任一次。當時因為動員戡亂時期臨時條款之故，正常憲政體制無法運作），同時要求讓效忠國民黨的軍隊成為「國家的軍隊」。國府也因為韓戰的關係在美國的心目中地位提升，因而慢慢改變先前為改善與美國的關係而重用自由主義者的態度。這也是導致國府與雷震之間的關係出現裂痕的重要因素之一。一九五四年，國民黨開除雷震黨籍，雙方的關係終於惡化到無可挽回的地步。

一九五六年，蔣中正在雙十國慶這天表示：「本人今年七十歲（虛歲）了，鑑於國難當前不要盛大慶賀，希望各界向國家、總統進言以代替祝禱。」於是《自由中國》便出版了批評國府與蔣中正的「祝壽專號」。這一期「祝壽專號」不斷再版，若菜正義稱它「受許多市民喝采，一時之間洛陽紙貴」。

在這樣的危險平衡下，《自由中國》與國府間的緊張關係依然持續著。後來，雷震與投入一九五七年地方選舉的當選人郭國基、吳三連、郭雨新、李萬居等臺灣省籍議員於一九五八年成立「中國地方自治研究會」，希望在這個班底下籌組新政黨「中國民主黨」，因此遭國府於一九六〇年九月以「知匪不報，煽動叛亂」罪嫌逮捕。失去核心人物後，這項籌組新政黨計畫胎死腹中，《自由中國》也在同年九月五日刊出最後一期後，遭到停刊處分，終至解散。此即為「自由中國事件（雷震事件）」。

自美國返臺的胡適請求蔣中正寬容對待雷震未果，雷震被判處十年有期徒刑。雷震遭逮捕以及《自由中國》停刊事件除對自由主義一派帶來重大打擊，也讓政治民主化大大向後倒退。

被釋放的雷震。後排左為陳鼓應，右為張俊宏。（陳鼓應提供）

此後，臺灣的言論空間進入寒冬時代，直到一九八六年民進黨成立，才有新政黨誕生，這一蹉跎就過了差不多四分之一個世紀。無論是「保釣」運動還是先前介紹過的自覺運動或一九七九年發生的美麗島事件，這些要求政治改革聲浪的背後，都存在著雷震領導的《自由中國》所留下的自由與民主的精神，這點有必要認識清楚。

臺灣「保釣」運動的先鋒——僑生

回顧自己從事「保釣」運動的原委，邱立本說：「臺灣的學生之所以得知釣魚臺問題，開始關心保釣運動，是因為接觸到《戰報》的關係。它是臺灣留美學生的保釣組織發行的刊物。在我周遭，不管是本地生還是僑生，大家都很關心保釣，也積極加入行動。大部分臺灣學生在看完這些刊物後，開始討論『我們年輕人也要展現中國民間的力量』，看到他們這樣，我想我們僑生也必須有所行動才行，就這樣一頭栽了進來。」由此可見，在美國的「保釣」運動資訊傳入臺灣校園的過程中，不只在地的臺灣學生和僑生都會受到影響，有時，本地生與僑生之間也會彼此影響。

邱立本還表示：「僑生是保釣運動的先鋒。」他舉出其中一個理由：「戒嚴時期，在臺灣若是因為政治事件遭檢舉是會被問罪的，搞不好還有鋃鐺入獄的可能。因此，在臺灣出生長大的本地生對於與政治有所牽扯的事物感到極度恐懼。相對於此，僑生雖然也不是完全不害怕國府的特務，但就算是最壞的下場，頂多也只是被強制離開臺灣罷了，因此大家敢於發言，勇於行動。」

他還說：「很多僑生雖然擁有強烈的愛國心，但大多數僑生在來到臺灣之前，就已經對國府和蔣介石的負面消息有所耳聞，也知道臺灣不允許在公開場合談論某些話題，因此已經有了免疫力，不少人對臺灣周遭情勢冷眼旁觀。也因為這樣，僑生就算得知國府在聯合國的席次風雨飄搖，美國這個盟友因反越戰運動而態度搖擺不定，受衝擊的程度也比較輕。」

邱立本明白表示：「暑假或過年回香港，假期結束要回臺北時，會偷帶各種香港的雜誌或是被臺灣當局視為禁書的香港版回來。那時候，越是被禁的書看起來越有魅力。看完以後就轉給臺灣同學看。」原來，在比臺灣更自由的社會出生長大的僑生，還扮演著窗口的功能，將遭國府禁止的資訊偷偷傳入臺灣。

就讀臺大時曾參與「保釣」運動的洪三雄也在其著作《烽火杜鵑城：七〇年代臺大學生運動》一書中寫道：

來臺求學的僑生基本上便不同於本地生，他們沒有政治層面的歷史包袱和生存顧慮，而且獲知海外的訊息也比本地生來得快和廣。更重要的是，他們也是寄身海外的中國青年，自然與在美國的中國留學生（筆者注：指臺灣留學生）有相似的親情、鄉愁。這些人憂國傷時、保土護疆的民族情感，更易於雀動難抑。因此，他們搶著本地生之前，義憤填膺、滿腔熱血，率先舉起保釣大旗。這也就是為什麼臺大「保釣運動」會由僑生揭竿而起的原因。

所謂「遠距民族主義」，往往包含眾多虛擬因素，然而，考量到「遠距民族主義」的激烈程度有時往往凌駕本國的民族主義，筆者認為洪三雄的分析極具說服力。

邱立本說：「僑生當中，又以韓國僑生為急先鋒。」關於其背景，他指出：「韓國原本就有一種激烈的學生運動傳統，深諳這些運動模式的韓國僑生無論是在集會或活動場合，自始至終都居於領導地位。」的確，一九六〇年三月，迫使當時的韓國總統李承晚下臺的四月革命就是一個例子，顯示出韓國政局出現動盪時，往往容易引發劇烈的學生運動，生長在具有如此歷史風土的國度，難怪韓國僑生經常扮演發號施令的角色，指導臺灣學生或其他僑生如何進行示威遊行或是集會、呼口號等。

邱立本指出，在釣運風起雲湧的一九七一年四月初，為了舉辦「保釣」示威活動，學生團體代表與校方展開談判。回憶當時的情況，他說：「校方千方百計想阻止學生進行示威抗議，後來有韓國僑生出面說：『如果學校阻撓遊行，隔天就要在校園內自焚抗議。』當場嚇壞所有人。」邱立本笑著講道：「那位韓國僑生接著臉不紅氣不喘地補了一句：『自焚在韓國的群眾運動是司空見慣的事。』又把大家驚到不行。」看來，僑生還扮演著媒介角色，將僑居地的風俗民情、傳統與思維帶進了臺灣。

「不只是臺灣學生，保釣運動對我們這些僑生來說，也是一種累積新的經驗與知識的場域。」邱立本補充。

突破中央限制，僑生示威遊行全校沸騰

而臺灣本地生之間也開始醞釀要在一九七一年農曆年過後，舉辦以「保釣」為主題的相關活動。到了四月，臺大學生刊物《大學論壇》幾位編輯，包括哲學系的錢永祥、鄭鴻生以及研究生王曉波等開始籌備，由大學論壇社在校內主辦以釣魚臺為主題的座談會。

留美臺灣學生四月十日在華盛頓等全美四大城舉辦以「保釣」為訴求的大規模示威遊行，參加人數達數千人，這項消息也傳回了臺灣。四月十二日，香港一家以親國府聞名的高中、德明中學畢業生組織「香港德明校友會」開始在臺大校門入口處貼出大字報，上面寫著：「釣魚臺是我們的，我們堅決的抗議日本無理的要求、美國荒謬的聲明。我們永遠支持政府」。此後，校園內開始出現大量出自臺大僑生社與港澳同學會等僑生組織的抗議日美海報及標語。

翌日十三日，臺大代聯會（學生代表聯合會）也貼出了「我們嚴正聲明」的大海報批評日美，同時表態「我們堅決支持政府對釣魚臺的堅定立場」。代聯會的幹部幾乎清一色都是國民黨員，與國府關係非常密切，私底下被稱為「校方的傀儡」。連原本態度消極的代聯會也表態支持，可以想見源自美國的「保釣」運動，對臺灣學生造成的衝擊有多大。

同一天，大學論壇社在校園內掛起一對布條，上面寫的是一九一九年五四運動發生時學生們的一段宣傳口號：「中國的土地可以征服，而不可以斷送；中國的人民可以殺戮，而不可以低頭。」同樣在這一天，臺南成功大學學生也在校園內示威遊行，抗議日美兩國。作家鄭鴻生這樣形容當時的氣氛：「不分科系不分年級，大家都在談論保釣的話題。對心情激動的學生們來說，要不要採取行動已經不是問題，何時、在何地、該做什麼成了討論的重點。」

四月十四日上午，首次的街頭示威終於在僑生的行動下付諸實現。在臺大就讀的這些僑生有些來自香港，也有從東南亞各國來的，一行約百餘人朝著中山北路上的日本大使館出發。遊行隊伍舉著孫中山及蔣中正的肖像，除呼喊抗議口號，還一邊高唱〈領袖萬歲歌〉。到了日本大使館，宣讀完譴責「日本侵犯領土」的抗議書後，便將抗議書遞交日本使館人員。至此，「學生活動不准走出校園」的禁忌已被打破。雖然沒有發生大規模混亂或衝突場面，但王曉波說：「僑生的行動讓整個校園興奮異常，我們也大大受到刺激。」

為了讓本地生也能繼僑生之後參加抗議活動或舉辦座談會，王曉波在同一天下午與同在臺大念書的王杏慶（南方朔）及賀陳白一起到臺大訓導處找總教官張德溥。張剛好不在，過了一

（上圖）1971年4月，臺大校園裡出現「美國荒謬」、「日本無理」的標語。後面還可見五四運動時的口號。（林孝信提供）

（下圖）臺大代聯會貼出「我們嚴正聲明」的海報表態支持政府。（林孝信提供）

會兒才見到他一身戎裝走了進來。總教官張德溥官拜陸軍少將，是中華民國第一個飛彈營營長，在蔣經國授意之下，自一九七〇年開始來到臺大擔任總教官。據鄭鴻生表示，張德溥是位優秀的職業軍人，開明又沒有官架子，深受學生愛戴。只是在這裡也出現了蔣經國的影子，實堪玩味。王曉波表明來意後，張德溥告訴他：「今天早上，調查局才來查問關於你的事。」王曉波說：「我不過是寫了訴求保釣的文章，和僑生也沒關係，但當局好像認為是我在幕後教唆僑生抗議的。」

張德溥之所以穿軍服外出，是為了處理當天上午發生的僑生請願事件。他向在示威現場警戒的警總便衣人員講明「臺灣大學的學生由我來負責」，也對學生表示「我會保護你們的安全」，順利平息了抗議活動的紛爭。「張德溥官拜陸軍少將，他的官階比警總那些小咖高多了，看準了這點他故意穿軍服外出，結果，警總那些人果然不敢輕舉妄動。」王曉波對張德溥的精確判斷讚譽有加。

王曉波等人要求張德溥同意讓學生舉辦座談會討論「保釣」議題，張德溥未置可否，這件事當下暫告一段落，也沒任何結論。不過，當天晚上王曉波被張德溥找去，兩人在半夜十二點左右一起來到臺大僑生宿舍。據王曉波表示：「張德溥得到消息，各大學僑生預計在十五日前往美國大使館進行示威抗議。但因為當天友邦元首要來臺北進行正式訪問，當局希望學生不要有抗議行動。而我大概是因為寫過保釣的文章，被當成是保釣問題的專家了吧？才會被找去一起和學生談判。」協商一直進行到凌晨五點，張德溥表示，只要僑生願意改期舉行，會給同學示威遊行的機會，也答應讓大家舉辦全校性的「保釣大會」。

然而，就算成功讓住宿的僑生聽從指示，也無法一一聯絡到住在校外的僑生。原本希望學生延後示威行動的張德溥在了解到指示難以貫徹後，只好打電話交代各相關部門：「學生的事我會負起全責，在抗議過程中不可逮捕或驅趕學生。」

四月十五日上午，來自臺大、臺師大以及政大等近千名左右的僑生朝當時位在北門的美國大使館出發，抗議美國在歸還沖繩時，將尖閣諸島的行政管理權一併交給了日本。僑生這場初生之犢不怕虎的示威抗議，成了一掃戒嚴時期陰霾氣氛的重要開端。

第十章　臺大保釣會的興亡

急轉直下的「保釣會」成立

臺灣在戒嚴時期因為國府嚴格管控新聞報導，使得這兩次示威遊行無法對輿論形成太大的影響力，但臺大學生個個都感到興奮莫名，因為他們打破了「學生活動不准逾越校園」的禁令，也加快了要在校內摸索下個行動的腳步。

四月十五日下午，臺大代聯會發起「支持政府及抗議美國荒謬舉止」的簽名活動，截至傍晚的短短半天時間，就有兩千五百名學生共襄盛舉。如前所述，代聯會向來由國民黨籍的學生擔任幹部，私底下被嘲諷為「校方的傀儡」。照理說，代聯會應該顧慮與日美的關係，遵循國府的意旨，對「保釣」採取消極作為，但連它都出面發動「保釣」連署，不難想像「保釣」運動對當局帶來的壓力有多大，同時也讓人感到國府有意透過代聯會，將「保釣」運動盡可能掌控在手中的企圖。

隔天十六日上午，十位學生代表帶著前一天的學生簽名及抗議書來到美國大使館，大使馬康衛親自接見了代聯會主席李大維以及校內報《大學新聞》社社長張晉城。《大學新聞》指出，馬康衛表示「釣魚臺主權美國未明確表示歸日」，並承諾學生會將抗議書轉達美國政府。之後，學生代表轉往日本大使館。

晚上七點，臺大各院系代表與社團負責人在臺大體育館召開了「保衛釣魚臺座談會」。這個籌備良久，全校學生莫不引頸企盼而且是首度獲得校方認可的「保釣」活動，終於成功開辦。座談會由代聯會主席李大維主持，與會者除了開明派總教官張德溥外，還有多位校方人員出席。當天以法學院學生代表會主席身分出席的洪三雄，在先前曾提過的著作《烽火杜鵑城——七〇年代臺大學生運動》中形容這場在言論自由受到嚴格限制下突如其來召開的座談會是「千載難逢的機會」，大家輪番上陣，慷慨陳詞。

1971年4月，臺大校園展開「保釣」連署。（林孝信提供）

會中，眾人討論了尖閣諸島的國際情勢以及愛國運動應有的模式，漸漸地，在校內設置常設機構以便推動釣運，已經成了眾人討論的焦點。經過一番熱烈討論，當場內氣氛達到最高潮時，哲學研究所研究生王曉波走上發言臺，單手拿著麥克風，高舉拳頭吶喊：「臺大保衛釣魚臺委員會（保釣會）即時成立，贊成的人請鼓掌！」頓時掌聲如雷，全場歡聲雷動。

這一刻，王曉波歷歷在目。

「戒嚴時期，不管是示威遊行還是集會結社通通不被允許，常設委員會的設置也與法規牴觸。因為國府在大陸淪陷之際，深覺是學生和工人的群眾運動將自己逼到走投無路的地步，因而對學生集體討論的行動尤其高度警覺。然而這一天，當局還是扼殺不了學生的滿腔熱情。」王曉波這樣回憶。

獲得當局首肯的座談會卻出現意外發展，主辦單位顯得有些灰頭土臉。洪三雄在他的書中寫道：「主持人李大維頻頻轉身與訓導長和總教官接頭，幾分鐘後，他終於站起來，鄭重宣布：『臺大保衛釣魚臺委員會（保釣會）正式成立！』」從這番描述不難看出，校方對學生的熱情感到束手無策的景況。繼保釣會確定成立之後，會中還選出包含代聯會主席在內的第一次會議召集人。在響徹雲霄的歡呼聲中，座談會終於落幕，當時已經過了晚上十一點。距離留美臺灣學生於四月十日發起的第二次大規模示威遊行不過一個禮拜時間，整個臺大校園就被「保釣」狂潮激盪得沸沸揚揚。

《歸還沖繩協定》引發六一七示威抗議

保釣會成立大會四月二十日晚上七點於臺大體育館召開，接著舉行「釣魚臺問題座談會」。與會者除了外交部發言人魏煜孫及教育部國際文教處長姚舜等政府官員外，還包括立法委員胡秋原及其他學者。席間，魏煜孫強調「政府會透過外交管道，依照國際法和平解決爭端」，還呼籲學生要「了解政府、信賴政府」。

曾在美國試圖說服臺灣留學生的姚舜對學生運動雖表示肯定，但也不忘提醒學子們「別讓愛國運動變質以免遭人利用，成為反政府的工具」。隔天四月二十一日晚上，剛從駐美大使轉任外交部長的周書楷，應保釣會之邀前來，就政府對尖閣問題的外交方針為題發表演說，他再次強調政府不會對主權問題做出讓步，將謀求和平解決問題的方法。學生們雖然不是打從內心認同這些官員們的官腔官調，但對行政部門的高官願意親自蒞臨最高學府說明政府對重要問題的立場，還是給予正面評價，認為是很大的轉變。

六月十二日，媒體報導日美兩國擬於六月十七日簽署《歸還沖繩協定》，再度掀起學生「保釣」聲浪。保釣會於十五日召開緊急會議，決議要在十七日發動大規模示威遊行。

相對於學生團體的蓄勢待發，校方卻只是一味閃躲，雙方僵持不下。後來在總教官張德溥出面斡旋下才打破僵局。張刻意強調「學生的愛國心」，闡明「不能壓抑學生的愛國熱情，更不能阻止學生的愛國行動」。據王曉波表示，當局原本不允許示威，還曾一度恐嚇「誰主張上街遊行就逮捕誰」，氣氛陷入劍拔弩張狀態。後來還是張德溥直接和蔣經國溝通才弭平爭端。

談判結果，終於在「人數越少越好，活動及路線越短越好，時間越快越好」的原則下，臺大學生獲准示威遊行。

王曉波苦笑著說：「多年以後，陳水扁信口雌黃說這場示威抗議『根本是官方策畫的』，其實這是學生和當局妥協到最底線的結果，主要是為了準備巴士，以縮短移動時間。」十五日下午，校內到處貼有十七日要上街遊行的動員海報，臺灣大學的象徵「傅鐘」被指定為集合地點。

六月十七日，傅鐘前聚集了上千位預計參加遊行的學生，上午九點鐘，學生按原定計畫準時出發。眾人分乘十五臺巴士，朝向第一個目的地美國大使館。學生們高喊：「釣魚臺是我們的！」「不坐視雅爾達密約重演！」「中國人站起來了！」接著由學生代表宣讀〈致美國政府抗議書〉。王曉波以筆名「茅漢」發表於《大學雜誌》上的文章〈六一七學生示威紀實〉提到，現場有警察對同學說：「我願意脫下制服參加你們的行列。我穿著制服，願意以生命來保護你們的安全！」

遊行隊伍一邊高唱愛國歌曲一邊走上重要街道，朝日本大使館前進。學生高喊「打倒帝國主義！」「日本鬼滾出去！」等口號，宣讀完〈致日本政府抗議書〉後，學生代表進入大使館內遞交抗議書。當時大使板垣修因公外出，由參事代為收下後，允諾會將抗議書轉呈給日本政府。隨後，學生們再度分乘巴士回到臺大。

參加了這次遊行的鄭鴻生回顧說：「示威帶來了高昂的激情，但另一方面又擔心臺灣的未

1971年6月17日，臺大學生於美國駐華大使館前對尖閣主權問題提出抗議，高喊擁護政府。（秦風提供）

來會變怎樣？自己可以做些什麼？周遭的氣氛有些詭異，讓人說不上到底是期待還是不安。」當局只批准臺灣大學學生上街抗議，根據洪三雄的著作，臺北臺灣師範大學及臺南成功大學僅能在校園內進行示威；臺北政治大學與淡江大學、基隆海洋學院、臺中逢甲大學則只能以書面表達抗議。雖只是上午的短時間、短距離示威遊行，卻是當局在戒嚴時期首次點頭答應讓學生走上街頭，成了眾人記憶中一個劃時代的創舉。

就在這場示威抗議結束的隔天，美國國務院針對簽署《歸還沖繩協定》發表正式聲明表示：「沖繩的歸還日本，不致影響到中華民國對尖閣諸島的合法權利。」美國國務院發言人布瑞同時指出：「美國只是把對沖繩的行政權交還給日本，因此，有關尖閣諸島的主權問題，乃是有待日本與中華民國來謀求解決的事。」美國採取的「施政權與主權分離」姿態雖讓日方難以接受，但對於因為「保釣」運動而熱情如火的臺灣學生以及因內憂外患而動彈不得的國府而言，無疑是灑進黑暗中的一道微光。

馬英九與「保釣」運動

話說回來，關於馬英九與「保釣」運動的關係，有一種說法是，當時就讀臺大的馬英九這一天也走在遊行隊伍的最前面，呼喊著「保釣」口號。由於馬英九留學哈佛時，博士論文是以研究日中因尖閣的海底油田對峙為主題，再加上他後來加入了因為美國「保釣」運動而成立的右派組織「愛盟」，因此有些人形容馬英九是熱心「保釣」運動的民族主義者。巧合的是，曾接受筆者採訪的多位受訪人都和馬英九有所往來或是打過照面，因此，筆者試著透過他們的證言，一探馬英九與「保釣」運動之間的關聯。

一九五〇年大陸淪陷後沒多久，馬英九於香港出生，祖籍湖南。一九五一年，馬英九全家搬到臺灣，父親馬鶴凌是國民黨中堅幹部。馬英九本身也在高中畢業的一九六八年加入國民黨，就讀國立臺灣大學法律系時曾擔任代聯會秘書長等職，很早就被視為是國民黨的明日之星。關於馬英九在「保釣」運動當時的言行，曾一豪在其著作《馬英九前傳》以及《少年馬英九》中曾有這樣的記述：「雖非領袖，卻是走在遊行隊伍最前面的健將。」

鄭鴻生則這樣形容當時的馬英九：「他既不是什麼組織或團體的代表，對保釣也沒有說特別熱心。當時曾在校園內見過他好幾次，但都不是在保釣場合。何況他還是對保釣很消極的代聯會秘書長。就算馬英九曾關心過保釣，但並沒有站在遊行隊伍最前面的立場，他也不是那種角色。」

邱立本回顧說：「當時，我和王曉波、王杏慶分租一間位在臺北市興隆路三段的公寓，馬英九住在附近的興隆路二段，晚上偶爾會帶些米酒和豆乾來串門子。他的雙親對他管教很嚴，在家裡馬英九很少抽菸喝酒，不過，跟我們在一起的時候他兩樣都來。」邱立本還說：「我和馬英九同年，也都阮囊羞澀，大家坐在地板上拿著缺角的碗喝酒小酌，整個晚上都在聊國家大事。印象中，除了退出聯合國那段期間馬英九顯得有些激動外，其他時間都很溫文儒雅。」而王曉波對當時的馬英九，印象也和邱立本差不多。

馬英九和「保釣」運動的關聯，可以追溯到「保釣」在臺灣鋪天蓋地席捲而來前的一九七一年初。

當時，在美國參加「保釣」運動的邵玉銘說：「馬英九在念大三的一九七一年一月開始，就已經是前途看好的學生領袖訪美計畫的一員，那時候訪問團約花了兩個月時間走訪全美，馬英九好像在一月底目睹了某個城市的保釣大遊行。」馬英九大學畢業後被分發到海軍服役，一九七四年赴美留學，也加入愛盟。

也是愛盟成員的邵玉銘說：「美國的保釣運動在一九七二年開始退燒，到馬英九留學的時候，運動已經結束。當時愛盟主要的活動，是針對中美邦交危機進行政治遊說，馬英九和我從事的都是和促成制定《臺灣關係法》有關的部分。」他還回顧說：「馬英九讀哈佛的時候，曾從愛盟機關刊物《波士頓通訊》的第一任總編輯關中手裡接下主編一職，不過，他的文章主要都是在討論美中邦交問題和批判中共或反對臺獨。」

馬英九的博士論文重點也不在論證尖閣的主權問題，而是從國際法的觀點探討主權和海底劃界的關係。一九九六年，馬英九出了一本著作《釣魚臺列嶼主權爭議——回顧與展望》，他在結論部分雖還是堅持主權，但仍不忘祭出應與日本協商的立場。

包含筆者對馬英九的專訪在內，根據筆者過去與馬接觸時的觀察，馬英九在承自父親的中華民族主義、反共主義、抗日親美反中共史觀以及中華民國法統史觀所構成的民族意識與國家觀基礎之下，已經把當時國府的教育體系所提供的價值觀內化在心中。再歸納先前介紹的證言可以看出身為國民黨幹部子弟的馬英九一路走來的軌跡——有著與自己的出身以及時代背景相稱的民族意識與國家觀，雖然參與「保釣」示威，卻不特別激烈；留學美國時，雖以法律學者身分評論尖閣問題，卻沒有機會參與「保釣」活動等。對於那些形容馬英九是個熱心「保釣」人物的說詞，筆者倒認為不管是基於期待還是詛咒，那都只是一種被高估的虛妄假象，拙劣地反映出評論者片面的好惡之情或渴想盼望。

面臨退出聯合國，「保釣」失焦

九月，是臺灣新學年的開始。暑假通常從六月下旬開始。過完將近三個月的暑假，等在學生面前的，是因季辛吉的秘密訪中造成劇變的新局。美國公布了尼克森隔年五月前的訪中計畫，同時提出「兩個中國」方案，以解決聯合國的中國代表權問題。然而「中華民國是代表中國唯一合法政權」的假象，顯而易見的，正逐步崩解中。

臺灣留美學生的「保釣」運動，後來分裂成支持由中共統一中國的左派，以及支持國府的右派，兩者後來對峙激烈，臺灣學生關注的焦點，自然也轉向海內外針對聯合國席次問題所採取的行動，再也無暇「保釣」。在當局的認可支持下，臺灣各地發起一連串反對中共進入聯合國的宣傳活動，臺大也在九月二十七日，由代聯會以「反對共匪混入聯合國」為題舉辦座談會。

洪三雄在他的著作中指出：「一九七一年九月以後『保釣』不再是臺大校園內的熱門話題，這點是無庸置疑的。」然而「保釣」運動的成員並未就此偃旗息鼓，他們在「保釣」的包裝下所進行的挑戰威權體制正邁向了新的階段。鄭鴻生說：「那時候，國府面對劇烈變動的國際局勢卻沒有半點作為，包含我在內，許多學生都認為再不迫使國府改變體制，恐怕毫無希望可言。」他還回顧說：「暑假以後，『黨外』學生經過幾次會商後確認，新學期要選舉代聯會主席時，將推出『黨外』候選人。」

主席選舉時間訂在九月三十日，面對國民黨推出法律系司法組二年級的傅崑成，「黨外」

學生推選醫學系三年級的王復蘇為候選人。此外還有一位政治系二年級的謝復生加入戰局，三人角逐主席寶座。但因為大多數班代表與學生團體都支持「黨外」候選人，因此王復蘇最後以一百五十票的壓倒性票數擊敗了傅崑成（三十七票）和謝復生（九票）。校內的「政權輪替」就這樣輕而易舉且和平地實現了。

對於王復蘇的選舉策略，鄭鴻生在其著作《青春之歌》中是這樣評介的：「相對於國民黨只會向各班代表運作的傳統組織戰手法，王復蘇以海報引人注意，讓人留下深刻印象，政見訴求令人耳目一新。（中略）他宣揚學生參與社會，回饋社會的理念，於寒假期間組織了『社會服務團』，到窮鄉僻壤去進行社會調查與服務。這些活動除了順應校園內『到民間去』的風潮外，也充滿現代化的政治技巧。」雖然只是臺大校園內的動向，這段插曲卻讓人感受到國府威權體制的動搖以及大眾政治時代的即將來臨。

要求改革聲浪與突然解散

代聯會新體制成立前後這段期間，臺大校園內出現各種試圖推廣「校園民主」的嘗試。十月十五日晚上的「言論自由在臺大」座談會上，錢永祥、洪三雄、盧正邦、陳玲玉等學生意見領袖要求校內言論自由，獲得王曉波、陳鼓應、王文興等幾位教師的支持。會場擠了四百多位學生，盛況空前。借用陳鼓應的話來說，這是「過去二十多年來首見」。

十月二十五日，就在座談會結束後沒幾天國府宣布退出聯合國。面對一九四九年大陸淪陷以來最大的國難，整個臺灣籠罩在愁雲慘霧中，空氣裡還瀰漫著一種緊張氣氛。話雖如此，十一月二十五日晚上舉辦的「民主生活在臺大」座談會上，除陳鼓應外，還有林正弘、洪成完兩位講師、政治系教授胡佛、政治系客座副教授黃默、馬英九的父親，當時的國民黨知識青年黨部書記長馬鶴凌以及代理訓導長張德溥等七人應邀參加。林正弘引用岸信介的話指出「臺灣人有被統治慾」，力促公民意識覺醒，黃默疾呼：「學生應在校外從事政治活動。」陳鼓應一番「我主張開放學生運動！」的談話則讓全場沸騰。兩次座談會名稱都刻意加上「在臺大」字樣，將範圍限縮在校園內，主辦單位的小心翼翼，讓活動得以在歷經一番波折後仍能順利進行。

「保釣」運動衍生出的餘波慢慢轉變成要求政治改革的聲浪。十二月七日，一場名為「中央民意代表是否應全面改選」的辯論會在臺大體育館舉行，吸引了超過兩千名聽眾到場。臺灣在當時有兩個中央民意機關並存，一是主掌憲法增修及選舉、罷免正副總統的國民大會，另一是擁有一般法案及預算審議決議權的立法院。然而，有鑑於國共內戰激烈，國府以「共產黨內亂」為由將憲法束之高閣，兩個民意機關也自大陸淪陷前的一九四八年舉行選舉後，再也未曾改選過。這些未改選的民意代表大多配合奉行國民黨的一黨專政，被老百姓譏稱為「萬年國代」、「萬年國會」。雖說僅局限於大學校園內，但眾人在戒嚴時期，堂而皇之探討與國民黨一黨專政關係密切的中央民意代表全面改選問題，沒多久，不光是臺大校內刊物，連校外的政論雜誌《大學》也開始刊出相關報導，引起國府加強戒備。

到了一九七二年五月十五日，美國將沖繩歸還日本，尖閣諸島的行政管理權也移交到日本手上。國府雖透過外交部於五月九日發表聲明「絕不放棄釣魚臺的領土主權」，但已於事無補。臺大保釣會在五月十五日沖繩歸還日本當天，發表了〈忠告美國青年書〉，這是該會自前一年六月十七日第一次示威遊行以來，首次的公開聲明。奇特的是，這封聲明並非保釣會成員商議後寫成的公開信，而是透過中央通訊社（中央社）發布到各家報紙。五月二十日，臺大校內刊物《大學新聞》與《代聯會訊》刊出以下啟事：

本會成立迄今，除去年「六一七」抗議事件外，無所作為，實有負全校同學之期望。現本會委員，任期已屆滿。留此名存實亡，無所作為之機構，實問心有愧。故本會鄭重宣布，自即日起宣布解散。一年來，國運愈顯艱難，釣魚臺列嶼的主權尚未爭得，「國步維艱，政宜含垢」，雖然，我們解散了這個委員會，但是，我們永遠不放棄「讀書不忘救國」的信念。同學們！讓我們緊密的把手攜起來，在未來更艱苦的道路上，共同為多難的中國奮鬥吧！

面對突如其來的解散，學生們啞口無言。「保釣」的季節結束，波動的季節正要開始。

第十一章 從「鄉土」到「本土」

「保釣」運動中的左派思潮

臺大保釣會無疾而終，象徵著震撼臺灣各地校園的「保釣」運動已經明顯地退燒。加上「保釣」運動核心人物斷斷續續也受到當局騷擾，像是學生錢永祥以及教員陳鼓應、王曉波等人遭警總約談等。從一九七三年到一九七四年還發生了「臺大哲學系事件」，陳鼓應及王曉波等幾位臺大哲學系教師相繼被解聘。

當局感到懼怕的，首推臺灣留學生在美國推動「保釣」時也曾出現的左傾現象。在美國的釣運後來分成左、右及中間三派，左派支持由中共主導的中國統一，是統運的中堅分子；右派支持國府；中間派則與左右兩派都保持距離，但關心臺灣的民主化發展。就這一點來看，臺灣的「保釣」運動可以說是走上了一條不一樣的道路。

王曉波回憶：「為了在戒嚴時期的社會推動保釣，眾人刻意凸顯『支持政府』的一面，後來卻被在美國幫統運撐腰的一票人罵成『國民黨的走狗』。其實，臺灣當時根本不存在支持中共主導的統運這個選項。」他還說：「誠如『弱國無外交』這句話所形容的一樣，美國將釣魚臺行政管理權隨著琉球一起移交給日本時，國府居然一籌莫展。許多學生雖感到欲振乏力，卻也只能重整心情告訴自己，人民是國家的主體，愛國就是愛民，自我鼓舞一番。」就這樣，以愛國主義及民族主義為出發點的意識覺醒，在釣運終結後逐漸轉向關注社會問題。

作家鄭鴻生指出：「在保釣運動階段，臺灣的民族主義有著濃濃的反帝國主義色彩。」臺大保釣會於一九七一年六月十七日遊行當天發表了〈告全國同胞書〉，這份聲明中寫著：

> 八年抗戰，我們付出了無數軍民的生命；五十年臺澎占領，我們受盡了日本鐵蹄的蹂躪。然而我們都原諒他們了，今天他們竟再度將侵略的魔掌伸向我們的釣魚臺列嶼。是可忍，孰不可忍？一百二十年來，帝國主義對中國的侵略，已使我們欲哭無淚。我們也知道這不是該哭的時候，我們必須忍著淚把所有的侵略者擊敗，光復大陸，重整山河，才是我們哭祭黃陵的時候！

誠如執筆人王曉波所承認，這篇聲明是「模仿五四運動宣言」而來，內容清楚可見反帝國主義字樣。鄭鴻生甚至指出，民族情感與愛國主義是驅使學生走向「保釣」的原動力之一，而反帝意識正是這些民族情感與愛國主義的核心所在。在國民黨式的民族精神教育下，這些反帝意識以「反帝國主義」及「抗日」的形式顯露出來。鄭鴻生分析：「國民黨將日本視為與西方列強共同侵略中國，逼迫中國簽訂不平等條約的帝國主義勢力，收割八年對日抗戰勝利的果實。」他還說：「國民黨式的民族主義，是中國近代化運動下的複雜產物，難以一口咬定它就是右派。」

按照這些說法，臺灣的「保釣」運動本就蘊含許多與左派相通的意識思想，國民黨擔心運動向左傾斜，也不全然是杞人憂天。何況，很早以前就有人指出，國民黨奉為圭臬的孫中山遺訓「三民主義」，擁有與共產主義相當雷同的思想。若再考量國民黨曾自認是革命政黨的歷史淵源，將會發現越是內化國民黨式愛國教育的精神，左傾的可能性就越高，這難道不是國民黨進退兩難的最佳寫照？

關於左派思想的蔓延，王曉波指出：「美國統運團體寄回來的刊物，在檯面下流通著，部分夥伴還偷偷從海外訂購馬列主義書籍在看。除了美國的反越戰運動，日本和德國的左翼運動也有影響。只不過在臺灣無法大剌剌主張左翼思想，才會藉由援助社會弱勢和環保運動的形式出現。」

有過釣運經驗的學生開始加入援助孤兒或身障者的團體，關心礦工的健康或他們的權益等問題。由於臺灣此時正邁向高度開發時期，環境汙染嚴重，因此也有不少人致力於環保或生態保育活動。王曉波語重心長地說：「早期國府的白色恐怖統治，使得左派在臺灣遭到徹底打壓，而保釣卻在反帝國主義的包裝下，讓左派思潮重新復甦。這和中共並無關聯，是臺灣內部自身的力量促使它甦醒的。」

聯經出版公司發行人林載爵曾說：「一九七〇年之後，回顧臺灣發生的變化，保釣可說是一切的開端。」對此，錢永祥回應：

「保釣本身或許沒有很大的意義，但過去對政治議題反應冷漠的學生，經由保釣運動開始展現熱情，致力於政治改革等議題。包括一九七九年的美麗島事件、一九八〇年代民進黨的誕生以及一九九〇年代的學生運動都是保釣精神的延伸。或許民進黨周遭的人並不以為然，但在提到臺灣今天的民主化時，一九七〇年代的保釣運動是個很重要的契機，就像文藝復興一樣。更進一步說，保釣之前還有雷震、殷海光等人的《自由中國》撒下的種子。今天，有人故意模糊或看輕這個事實，有時還想掠奪它，甚至一逮到機會就忽視它，這些都是非常不誠實的態度。」

「保釣」運動與省籍

在此，筆者詢問王曉波一個埋在心裡已久的疑問：「有些臺獨派人士說，保釣運動是『外省人的運動，與臺灣本省人無關』，真實情況究竟如何？」

例如先前曾提過的羅福全，他在另一本回憶錄《羅福全與臺日外交》一書中曾這樣描述自己在安娜堡與「保釣」人士來往的情形，他說：「與會者近兩千名，他們都是因釣魚臺事件而向中國傾斜的外省籍臺灣人。」這種說法給人一種印象，好像本省籍臺灣學生都沒有參與的樣子。

對於筆者的問題，王曉波是這樣回答的：「印象中，我沒見過有關一九七〇年代，北美和臺灣保釣學生在省籍方面的正確統計，不過俯瞰參加學生的背景，本省籍學生絕非少數，說它是『外省人的運動』，這與事實並不相符。」

在美國從事「保釣」運動的林孝信指出：「會把保釣運動硬拗成是外省人運動的，通常只有獨派，這是他們慣用的伎倆，總想獨占所有反國府運動的解釋權。」回顧過往，林孝信說：「臺灣留美學生當中，外省人子弟所占的比例，比臺灣島內的實際人口還要高，因而給人外省籍學生比較多的印象，其實包含我在內，參加遊行的本省籍人士並不在少數。特別是運動剛開始到最巔峰的那一段期間，本省籍學生少說也占了一半。臺灣這邊也一樣，就我從參加遊行的學生那裡聽到或看到的相關資料，即便保守估計，早期參加釣運的學生中至少有一半是本省籍。我們剛開始在美國推動保釣的時候，並沒有省籍衝突的問題，在我的印象中，當保釣熱潮衰退，接踵而來的是一九七一年的尼克森衝擊、退出聯合國、隔年與日本斷交等，隨著國府在國際間越來越孤立，省籍情結的問題才逐漸浮出檯面。那時候在美國，獨派規模雖然有限，但因為有組織在運作，讓他們有空間可以吸納本省籍學生。」

關於當時臺灣留美學生的省籍背景，林孝信分析說：「不同的時間點，多少會有一些誤差，平均來說的話，留美臺灣學生的省籍比例，就算保守估計，印象中也差不多是五五波。至少，外省人占多數，本省人屬於少數這種說法與事實並不相符。以當時臺灣的人口結構來看，本省人占了百分之八十以上，外省人還不到百分之二十，不過，外省人當中很多都是政府官員或是國民黨黨營事業的幹部，經濟方面相對來說比較寬裕，上大學的比例也比較高。而上大學的人和臺灣的人口結構比並沒有成正比，本省人念大學的比例約六成，外省人大概四成左右。再考量有能力出國留學的學生家庭條件，在在都對在經濟和人際方面占有優勢的外省族群較為有利。」從這些數據和條件大致估算的結果，林孝信說：「臺灣留美學生的外省籍和本省籍比例，至少是平分秋色。」

他還指出：「我家的經濟狀況並不是那麼好，但留學生不分省籍，很多都來自經濟狀況良好的家庭。」林孝信這樣分析：「本省籍有錢人以地主居多，但是因為一九五一年到一九五三年全臺實施土地改革，許多地主的土地在一九五三年被政府收購，地主的土地雖然變少了，手上卻多多少少有一筆現金。只是，很多地主對於土地被搶走一事懷恨在心，再加上二二八事件等的影響，使得本省籍資產階級對國民黨強烈不滿。雖然土地變少了，但他們的經濟狀況比起其他人還算是好的。這些家庭的子弟上大學時，儘管對國民黨心有不滿，但也受到國府反共教育的影響，加上本身屬於資產階級，因而對中共有一股強烈的恐懼感。這些都是造成他們來到美國後，比較容易向臺獨派靠攏的背後原因。」

林孝信這番分析讓人了解到，因遭強行土地改革而對國府抱持強烈反感的沒落地主以及他們的後代，之所以會在兩岸分裂成定局後，成為臺灣反對運動要角的整個前因後果。據林孝信表示，臺獨運動在一九五〇年代是以日本為重心，後來重點逐漸挪往美國，到了一九六〇年代，獨派在美國才開始具體成形。只不過，「在保釣運動排山倒海而來的一九七〇年代初期，獨派的勢力並沒有那麼強大」。

另一位文學家陳若曦也指出，不光是省籍之別，整個世代和社會階層問題也不能忽略。陳若曦本名陳秀美，日據時期一九三八年出生在一個木工家庭，臺北人。國立臺灣大學外文系畢業後赴美留學，於一九六六年文革時期偕同夫婿前往中國大陸，被分配到南京華東水利學院擔任教師。一九七三年搬到香港，之後旅居加拿大和美國，一九九五年再度回到臺北定居。

她的代表作〈尹縣長〉及〈耿爾在北京〉，以描述文革時期的大陸真實面貌為人所熟知。短篇小說〈值夜〉則是描繪一位出生在臺灣花蓮的年輕人柳向東的故事。

柳向東在美國讀書時曾參加「保釣」運動，後來移居中國大陸。內容鋪排大致是主角受釣運影響思想左傾而自稱「向東」，他決心「獻身社會主義祖國」，於是放棄了即將到手的博士學位，一九七三年移居中國大陸以後，柳向東被分發到南京的大學，參加江蘇北部農場的勞動。主角遠眺農場夜景，回想起留學美國時的情景，以及搬到大陸之後的種種。在美國的時候，他經常埋首案前，徹夜沉浸在毛澤東和列寧的著作中，滿腔愛國熱血，與人高談闊論。但是當他開始在大陸生活，透過學習毛澤東思想和批判林彪的場子，柳向東漸漸看清一件事實，原來，來參加勞動的人根本就是嘴巴說一套，做出來的又是另一套。他不禁疑惑起來，到底有多少大陸人信仰馬列主義和毛澤東思想。

有一次，他向一位大學同事問起有關「釣魚臺」的領土問題，發現對方根本連「釣魚臺」是怎回事都不知道，從此便絕口不提了。政治學習的時候，他越講越陶醉，結果被同事揶揄說是個「演說家」；當他努力工作的時候，就笑他幹嘛那麼愛工作。柳向東越了解大陸的現況，就越感到失望，到後來他開始懷疑自己是犯了「左傾幼稚病」，才會在留學美國那段時間對建設祖國懷抱滿腔的熱情。小說裡靜靜描繪著柳向東心中那股筆墨難以形容，卻有增無減的無力感，搬到大陸不過一年光景，身在江蘇一處農村的他已經開始想念起自己的故鄉花蓮。

陳若曦雖沒有參加「保釣」運動的經驗，但曾參與由美國民權鬥士馬丁．路德．金恩牧師在一九六三年發起的華盛頓大遊行，也曾和反越戰運動產生共鳴，擁有許多和「保釣」人士類似的經歷，離開大陸後長住在北美地區，也讓她和「保釣」運動人士關係匪淺。問陳若曦寫〈值夜〉這部作品時，是不是有參考什麼特定人物，她說，她在寫作的時候並沒有以什麼特定人物為藍圖，自己只是想把那時候生活在大陸的臺灣人的想法和遭遇如實披露出來罷了。被夢中的「祖國」背叛，這種歸鄉人的悲哀，大概也只有陳若曦才寫得出來吧？滿懷理想遷居大陸的她，放眼望去卻只看到與理想相去甚遠的文革時期的大陸。

陳若曦就讀臺大時，常和外省籍作家白先勇等人一起探討文學，她以白先勇為例指出：「自己在一九七〇年代從大陸來到北美，接觸到一些比自己年輕的外省籍留學生，這些記憶中沒有大陸的存在，或是在臺灣出生長大的外省年輕人，他們的世界觀和自己在大陸出生長大的父母輩並不相同。」她還分析說：「和我同世代的白先勇雖然是外省人，但我想，他和父親白崇禧將軍那一世代的自我認同感應該也不太一樣吧？先夫也是那樣，他也是外省人，我們在美國結婚。我想這是因為他們本身在臺灣的記憶和親身體驗，與父母親那一代不同所引起。」

關於出生在戰時或戰後臺灣本省人的歸屬感，她是這樣說的：

「大概是因為我父母是生活在日據時代社會基層的平民百姓，所以和那些在權力中樞底下工作或是功成名就的臺灣人有點不一樣，我父親他們對日本沒有抱持特別的憧憬或親切感。日本戰敗後沒多久，好幾次我聽到大人們說：『那些抱著日本大腿到處作威作福，橫行霸道的壞蛋終於嘗到苦頭了。』臉上盡是痛快的神情。那些嘗到苦果的，大多是和日本有合作關係的臺灣人。或許也是基於對日本人統治的反感吧？但我想，最根本的原因還是在於大家對日本人以及向日本人鞠躬哈腰，從旁協助的臺灣人主導下的不平等社會心有不滿所致。總而言之，我認為受日本教育的父母這一代，和戰後受中國教育的我們這一代，各有些微差異或顯著不同之處。雖然大家都是臺灣本省人，但每個人的歸屬感卻可能隨世代而異，而不同的社會階層，也讓每個家庭有著不一樣的認同感。」

針對戰後國府在臺灣實施的教育影響力，鄭鴻生指出：「年輕的一輩或許不太一樣，但對我們這些戰後出生的世代來說，中華民族精神教育就是我們的『初戀』。不管後來你想怎樣蛻變，都難以徹底擺脫初戀的影響。」

一九五一年，鄭鴻生出生在一個臺灣本省人家庭，臺南人。一九六九年考上臺大。不管是林孝信、陳若曦還是鄭鴻生，他們都是戰後在國府體制下接受高等教育的臺灣本省人，腦中先有了這樣的概念後，再來檢視他們的說詞將發現，不管是臺灣本省人還是外省人，在臺灣光復二十多年後的一九七〇年代，大家都各自在摸索著自我的認同感。

從「保釣」到社會改革

對於王曉波所說「保釣在反帝國主義的包裝下，促成左派思潮復甦」，鄭鴻生是這樣評介的：「臺灣的保釣運動，激發出學生追求校內民主與自治的聲浪，成了後來要求政治改革的力量，像是要求國會全面改選等等。學生們開始關心社會，發展出一條走出校園的路線。」一九七二年十二月，在國府實際所統治的地區有一項增額立法委員選舉，當時康寧祥以無黨籍身分參選，鄭鴻生也參與了他的競選活動。

被視為統派的陳鼓應，當時也和陳菊、許信良、姚嘉文、邱連輝等人共同從事政治活動。鄭鴻生指出：「當時，反國民黨的無黨籍人士並沒有公開表態支持臺獨，只要他們以改革為訴求，就和左派擁有共同的目標。」鄭鴻生這番見地，非常有助於了解當時的反國民黨一派，後來之所以形成黨外勢力的整個運作機制。

話說回來，當時究竟有多少人意識到左派思潮的復甦？關於臺灣的左派，鄭鴻生是這樣說明的：「日據時代，左派在臺灣遭到徹底打壓，再加上國府的全面赤色整肅，左派在一九五〇年代已經完全根絕，無從形成一股公開勢力。因此，在臺灣，左派的力量向來很薄弱，才會有『臺灣缺了一隻左眼』這樣的說法。」

鄭鴻生還表示：「像我這種在保釣運動階段，就已經意識到自己是個左派的學生不多。包含留美臺灣學生在內，很多嚮往自由主義的學生都是因為在美國接觸到相關資訊，得到啟發之後才開始向左傾。因為大家都是透過這些訊息，才知道了國府隱匿的史實，也經由反越戰運動報導，使得許多學生和我一樣體悟到，美國並非如想像中，是個『重視自由與正義的國家』。」

在這裡，鄭鴻生舉了三個訊息傳播的管道。一是USIS（美國新聞處）旗下的今日世界出版社出版的書籍雜誌。從一九五〇年代到一九八〇年代，舉凡翻譯成中文的現代化理論及美國文學作品，在臺灣都獲得廣泛流傳。另外一個管道，是可以在美國駐臺北大使館內閱讀的英文刊物，或是可以在大學附近書店買到的各式英文書籍。很多人透過《LIFE》之類的畫報，了解到越戰戰況以及反戰運動浪潮。鄭鴻生回憶，臺灣實施戒嚴時期，對中文刊物訂下種種嚴格限制，相形之下，對英文刊物的設限就寬鬆許多：「與費正清相關的中間偏左派英文書籍隨處可見。他們視中共為民族主義者，而非共產主義者的集團。班傑明．史華慈的《中國共產黨史》，還有周策縱的《五四運動史》這些書的英文版我都看過。」

第三個管道則是AFNT（駐華美軍廣播電臺：American Forces Network Taiwan／今ICRT）。「除了巴布．狄倫和瓊．拜雅以外，電臺也常播放我最愛的披頭四的歌。但國府好像沒有搞清楚這些歌曲所具備的叛逆性，偏偏年輕人對流行非常敏感，對他們來說，AFNT的影響力是非常大的。」鄭鴻生笑著這樣說，臉上是懷念的表情。

人們說，一九六八年是很政治的一年。西德出現大規模反體制運動，法國有五月風暴，美國則發生了反越戰運動。世界各國的年輕人走上街頭，訴求改革。像是當時的捷克開始嘗試建設「帶有人性面孔的社會主義」等。臺灣青年雖然生活在戒嚴時期，但他們也透過來自美國的訊息以及美軍電臺播放的西洋音樂，在多年後與世界各國的年輕人接軌，共同生活在一個「叛逆的時代」裡。

鄭鴻生表示：「說我們這些嚮往美國的自由和民主的人，是經由保釣才對左派思潮有所覺醒，那就有點諷刺了。」他指出：「當時在臺灣，對左派思潮產生共鳴的人，走的是一條以第三世界式的民族主義，為國家和民族重新定義的道路。意思就是說，那些人認為臺灣和中國大陸一樣，都是第三世界的一分子，正在推行一場未完成的民族解放運動，他們是基於這樣的世界觀在思考的。」鄭鴻生還說：「誠如萬隆會議所象徵的意義，中共在第三世界居於領導地位。第三世界史觀的確立與中共式理論的相互包容，自然地建構了彼此的相互關係。」「在思考臺灣與第三世界的關聯性時，陳映真與鄉土文學論戰以及《夏潮》雜誌是絕對不容閃躲的。」

陳映真應該可以說是臺灣戰後最具代表性的左派作家。他的代表作包括《將軍族》和《山路》等。一九三七年，當時還是日據時代，陳映真出生於新竹州竹南郡竹南街中港（今苗栗縣竹南鎮），在臺北鶯歌長大。淡江文理學院畢業後，曾於高中任教，後進入製藥廠工作，還一邊從事創作。一九六八年當局懷疑他與左翼讀書會「民主臺灣聯盟」有關將其逮捕，被判處十年有期徒刑。一九七五年，蔣中正死後獲得特赦出獄，一九七九年又遭警總以涉嫌叛亂為由拘留，幸好在反體制人士及文人作家抗議下，於三十六小時後獲釋。經歷《夏潮》、《文學季刊》等雜誌編務後，一九八五年創辦以報導文學為主體的《人間》雜誌（一九八九年停刊），雜誌宗旨在於「關懷社會弱勢」。

陳映真始終堅持反帝國主義，主張中國統一。一九八八年成立「中國統一聯盟」，擔任首屆主席，一九九〇年代之後，頻繁往返臺灣與大陸兩地。二〇〇六年之後移居北京，此後一直到二〇一六年死去為止，都未曾踏上臺灣的土地。作為臺灣的統派知識分子代表，陳映真曾獲江澤民接見，備受矚目。基於本身的政治立場，陳映真對於中共當時面臨的諸多問題態度低調，因此遭到批評，可說是具體反映出臺灣傳統左派困境的代表人物。說個題外話，一九九〇年代，筆者還在中廣任職，公司位於臺北市仁愛路三段。有段時間，筆者常利用工作之餘來到當時陳映真開在潮州街的人間出版社去聽他談文學、聊歷史。陳映真的日語講得相當流利，一般對話幾乎難不倒他。

左翼臺籍人士在北京聚會。由左二起為林書揚、吳克泰、陳映真，右三為郭平坦，前中華人民共和國大阪領事。（郭平坦提供）

對於陳映真，鄭鴻生的看法是這樣的：「在思量臺灣的本土政治意識，尤其是左派思潮的時候，陳映真是一位非常重要的作家。他的出發點在於人權意識，一種對於社會基層的人道關懷。為人理性，作品又富有真實感，不光是左派，也擄獲其他許多讀者的心，對臺灣戰後的文學影響深遠。」一九七七年，臺灣掀起一場鄉土文學論戰，陳映真正是核心人物之一。

日本殖民時代的臺灣史記憶復甦

鄉土文學論戰是臺灣戰後最激烈的文學論戰。概略來說，論戰肇始於親國府的作家批判尉天驄、王拓及陳映真等鄉土文學作家為「左翼文學」，而受批判的一方對此加以回擊而起。大部分的鄉土文學作品，都是以人文主義的觀點和寫實的手法，去描繪生活在臺灣社會基層的人物或事件之作，社會改革是這些作品最根本的主題。詩人余光中曾批評鄉土文學與毛澤東的「延安文藝講話」相唱和，是以階級鬥爭為目的的「工農兵文藝」。從這點不難理解，論戰初期的焦點所在。

關於這場論戰，以鑽研臺灣文學著稱的林載爵指出：「這和保釣運動前後發生的一連串事件，動搖了臺灣百姓的自我認同感有密切關聯。」林載爵一九五一年出生，臺灣臺東人。與鄭鴻生是高中同屆同學，臺中東海大學歷史系畢業。沒有直接參與「保釣」運動經驗，畢業後擔任《夏潮》雜誌編輯，之後任教母校。

林載爵表示，「保釣」運動發生之前，一般的臺灣年輕人很少正面質疑國府「臺灣等於中國，自由中國．臺灣才是正統的中國」如此的思想教育。然而，隨著國府退出聯合國，日華又因為日中邦交正常化而斷交，上述的思維模式開始瓦解。林載爵說：「看到理應是正統中國的國府被趕出聯合國，接著中共以中國代表之姿進入聯合國，當下，自己的內心開始浮現一些疑問，過去自己所認為的中國是什麼？自己又是什麼人？同時，也意識到有必要認識臺灣這塊自己的土地，自然而然地就愈來愈關心臺灣的歷史。」

而林載爵最關注的，是一八九五年到一九四五年日據時代的臺灣史。他說：「國府雖未公開禁止研究臺灣史，但也沒有特別鼓勵，研究的人也少。」還表示：「當時的教科書只是幾句話簡單交代『清朝將臺灣割讓給日本後，各地武裝抗日蜂起』，關於五十年殖民地時代的記錄呈現一片空白。於是我們決心把這片空白填起來。那時候，像是楊逵等幾位日據時代赫赫有名的作家文人都還健在。」

林載爵提到的楊逵，是臺灣最具代表性的左翼作家，一九〇六年出生，臺南人。赴日苦學過程中接觸到左翼思想，創作出〈送報伕〉等作品。戰後白色恐怖時代身繫囹圄，出獄後一邊務農一邊從事創作（一九八五年逝世）。

回顧自己與楊逵的邂逅，林載爵說：「當時我還是大四學生，聽到人家說大學附近住著一位日據時代很重要的作家，就登門去拜訪。透過與楊逵的交流，我看到他許多精采的作品和他保存的眾多資料。在了解到日據時代有著豐富精采的臺灣文學後，我開始寫文章介紹楊逵，刊登在臺大外文系《中外文學》雜誌上。我想，這恐怕是臺灣戰後最早有系統介紹楊逵的文章。」

他還說：「開始從事有關日據時代臺灣文學發展的寫作後，得知臺灣曾經發生無數的社會運動和農民運動，例如蔣渭水的民族運動，《臺灣民報》及《新民報》的言論，以及文化協會的活動等等。我把『日據時代五十年』的空白填滿後，終於掌握了臺灣史的脈絡。」林載爵表示：「保釣運動喚起大家對日據時代臺灣史的關心，也讓大家注意到了日據時代左派及抗日派的存在。」

王曉波說：「日據時代的臺灣，有很多左派和被視為民族主義者的抗日派。他們大多受到日本的臺灣總督府壓迫，光復後成為國府白色恐怖下的犧牲者，僥倖存活下來的也被迫保持緘默。」其結果就是，臺灣土生土長的抗日派被一掃而空。

順道一提，據說臺灣光復後，國府為求能順利統治臺灣，對於部分在日據時代聽從日本指揮，結交日本權貴的買辦之類，就算被當成漢奸論罪也不足為奇的臺灣人，中途網開一面，並未予以嚴加追究。因此，在探討臺灣戰後的對日情感淵源時，有一點需要特別注意，那就是許多土生土長的抗日派被當成左派論罪判刑，而與日本採取合作姿態的，有很多最後都保住了一條命。如果真如林載爵及王曉波所說，「保釣」運動過後，臺灣的反帝國主義意識抬頭，在這個過程中，從戰前延續到戰後的臺灣土生土長的左派受到了關注，那麼，「保釣」除了讓日中戰爭（八年抗戰）下的大陸，以及日據時代的臺灣，兩者各自存在的「抗日」要素自然浮現外，它也可說是重新認識臺灣的一個重要契機。林載爵表示，在後「保釣」這段重新發現臺灣的過程中發生的論戰，正是鄉土文學論戰。

鄉土文學論戰與「偏安」

關於鄉土文學論戰的來龍去脈，林載爵整理如下：「論戰始自一九七七年。一開始，鄉土文學遭親國府媒體嚴批成左派文學，在論戰接近尾聲時，『本土派』加入戰局，批評鄉土文學為統派文學。在訴求臺灣的民主化及本土化時，本土派認為鄉土派的思維是站在大陸的那一方。」也就是說，當初鄉土文學論戰是從左派與右派的爭論中揭開序幕，到後來卻演變成統獨論戰。「鄉土」與「本土」之間的不同，林載爵是這樣說明的：

「『鄉土』的出發點在於對臺灣這塊土地的理解與愛憐，試圖去了解臺灣的歷史。同時認為近代臺灣的處境，是中國遭西洋列強壓迫的結果，體認到中國大陸與臺灣同屬第三世界，同樣受到壓迫與掠奪，兩者有著共同命運。《夏潮》雜誌從第三世界史觀的視角自我啟蒙，重新定義自我。因此，鄉土文學會談到有關階級意識及經濟殖民主義的榨取與剝奪等左派概念；關於『本土』方面，則和黨外的政治運動關係密切。黨外的發展，時間上比鄉土文學運動稍晚，比起階級意識更重視省籍及血統等民族性。由於他們將兩岸關係解讀為『臺灣與中國的關係』，作為一種政治運動，本土化會走上追求臺灣獨立自主的路線也是很自然。」

有些原屬於地主階級的人物，因為國府的土地改革而失去土地，凋零落魄，這些人後來成了民進黨等本土派的骨幹。從這個事實來看，也可以了解「鄉土」與「本土」在最本質的部分，彼此是互不相容的。林載爵這樣說明論戰結束後的情形：「在民主化的包裝下，鄉土文學運動被本土化運動所取代，鄉土文學作家也另尋不同領域的活動場域。陳映真創辦《人間》雜誌；王拓改走本土路線，後來成為民進黨立委。本土化隨著黨外運動一起躍上了檯面。」

原本的左右兩派論戰，後來成了統獨論戰，從這場鄉土文學論戰的來龍去脈，筆者再次強烈感受到臺灣是塊「偏安之地」。

所謂「偏安」是指統治者失去原本統治的國土，而偏處苟安於僅存的部分領土。回首中國歷史，南宋及明鄭時期的臺灣即屬偏安。屬於分裂國家其中一邊的國府，從退出聯合國前後這段時間的孤立無援狀態，認識到自己在國際社會的地位與影響力，與中共之間的差距已經大到無法逆轉，從此注定了國府與其周遭外省人集團的「偏安」心態。

就筆者一連串的訪談心得來說，當時國府內部瀰漫著一種與沒落貴族相通的無力感及失敗主義心態，而它和今天的臺獨派在很多方面非常酷似，包括：一邊以充滿悲壯的言論強調自己的正統性，另一方面卻又在美日的保護傘下一味謀求自保，同一時間又擔心內部出現與敵營（中共）互相唱和的人，受害者意識有增無減等等。

或許，在鄉土文學論戰發生之際，國府與本土派都意識到在鄉土派「海峽兩岸同屬第三世界」這個思維的前方，有著中共的身影吧。「偏安」，是弱者的心之所向，一種很現實的機會主義。從這些上下文來看應該能夠了解，當今很多臺灣老百姓為了求生存之便，而有投機傾向。筆者感覺，鄉土文學論戰因為左派為了畫一幅超出臺灣框架的自畫像，而自成對照組，使得原本不可能同時出現的國府式「偏安」和本省人集團的地域情感（地方主義）一起浮出了檯面。

更進一步說，孕育出臺獨派的臺灣本省人，在此階段其內心還強化了「避秦」的要素。筆者認為，「偏安」同時帶有逃亡者承繼過往曾經統治中原記憶的自尊；「避秦」則對中原的記憶或想望稀薄，或者說幾乎不存在，主要是一種為求自保，而迴避外來強權的本能。「偏安」是對政權狀態的形容，「避秦」出自詩人陶淵明的〈桃花源記〉，形容老百姓自亂世中逃離，兩個詞彙各有自己的時代背景，但為了論述上的方便，容筆者借用一下這兩個詞。

臺灣本省人之間所存在自明鄭以來的「中原記憶」，在大清帝國的統治下，久而久之已經逐漸淡薄。然而，一八九五年之後，經過大日本帝國長達五十年的殖民統治，中國大陸變成了「外國」，在這樣的現實狀況下，臺灣與日本同化的程度雖然越來越高，但當被迫體認到與日本有所不同時，臺灣人時而會帶著一種文化上的優越感，再度意識到中原的存在，將其視為自己傳統文化的依歸，或是在與日本對抗時當成精神上的「祖國」。不過，在臺灣光復，國府撤退到臺灣之後，中原文化頻頻南渡，加上國府復古式的教育及臺灣漢族社會所留下濃濃的保守特性，種種因素糾結纏繞的結果，即便是在臺灣本省人之間，不也慢慢恢復了「類偏安」式的特殊地域情感？

臺灣光復後，許多臺灣本省人一度期待、熱烈歡迎國府，後來又對它的顢頇腐敗及內部混亂感到灰心失望；大陸淪陷後，臺灣不得不面對中共的軍事威脅，本省人這一方雖有著世代與社會階級上的不同，但與「避秦」相通的迴避心理卻有增無減。事實上，國府在後蔣經國時代，貌似逐漸脫離「偏安」狀態，開始進入與「避秦」相通的心態，但因為臺獨派強化了其「避秦」心態，兩者的權力關係並不對稱，加上分棲共存的結果，還是免不了得維持「偏安」姿態。

正如二〇一四年春天，發生在臺北的所謂「太陽花學運」所示，面對大陸崛起和膨脹，當臺灣的無力感加深，兼具受害人意識與自我憐憫的「避秦」心理就會增強，對大陸中國的逃避心態也可能加劇。

兩個「鄉愁」

新的變革不只出現在文學領域，也在各個藝術天地開始萌芽，流行歌方面也在美國民謠的影響下，「校園民歌」風靡一世。

由作家三毛作詞，臺灣原住民音樂家李泰祥作曲，歌手齊豫演唱的〈橄欖樹〉，其中的一段歌詞：「不要問我從哪裡來，我的故鄉在遠方／為什麼流浪，流浪遠方，流浪／為了天空飛翔的小鳥，為了山間輕流的小溪／為了那寬闊的草原，流浪遠方，流浪／還有還有，為了夢中的橄欖樹，橄欖樹」，被認為是嚮往自由的表徵，在商業媒體的推波助瀾下大紅大紫。

同一時期的一九七七年，還有兩首未經廣播及唱片流通，只在轉角的民歌西餐廳傳唱的經典歌曲誕生。一首是由菲律賓僑生李雙澤將蔣勳的詩加以改編譜曲的〈少年中國〉；另一首是改編自陳秀喜的詩，由李雙澤譜曲的〈美麗島〉。美麗島指的是臺灣。

〈少年中國〉中有一段歌詞是：「古老的中國沒有鄉愁，鄉愁是給沒有家的人；少年的中國也不要鄉愁，鄉愁是給不回家的人（中略）。古老的中國沒有哀歌，哀歌是給沒有家的人。少年的中國也不要哀歌，哀歌是給不回家的人」。這段歌詞讓人想起一九〇〇年清朝末期，以「少年中國說」呼籲改革的梁啟超的精神。「少年的中國沒有學校，她的學校是大地的山川／少年的中國也沒有老師，她的老師是大地的人民。」歌詞中法國式毛主義的餘韻裊裊，這或許是一九七〇年代前期，蔣勳在巴黎留學時內心的感觸吧。

至於另外一首歌〈美麗島〉，它誠實地唱出了漢族移民對臺灣的思念之情，其部分歌詞是這樣的：「我們搖籃的美麗島，是母親溫暖的懷抱」、「我們這裡有勇敢的人民，篳路藍縷，以啟山林／我們這裡有無窮的生命，水牛、稻米、香蕉、玉蘭花」。從這些歌詞讓人聯想到的，是連橫《臺灣通史》序言的敘述：「婆娑之洋，美麗之島，我先王先民之景命，實式憑之」。後來，〈少年中國〉被視為過於親中共，送審未過，一九七九年美麗島事件發生後，歌曲〈美麗島〉也被認為有臺獨意味而遭禁播。

唱了這兩首歌的楊祖珺表示，「一樣是李雙澤的作品，竟然一首被判為『統』，一首被定為『獨』之歌，實在讓人覺得很諷刺。」至於這兩首歌的共同點，楊祖珺說，是「鄉愁」。〈少年中國〉訴求中國的重建與革新；〈美麗島〉充滿對臺灣的愛，這個時期的臺灣，兩種鄉愁微妙共存。

第十二章　以登島為目標

支持黨外的「保釣」學生

退出聯合國、「保釣」運動、日華斷交、蔣中正去世、美華斷交、美麗島事件。自一九七〇年代以來，一直孤立於國際社會的國府體認到，臺灣內部的民主化聲浪已漸不可擋，也開始面對文革亂局結束之後的中共。

一九八六年，蔣經國政府默許第一個真正的在野黨、民主進步黨的成立，隔年一九八七年七月十五日宣布廢除實施長達三十八年的戒嚴令。同年秋天之後，陸續開放臺灣居民赴中國大陸探親，並解除報禁，帶領臺灣走向開放與民主。

在臺灣局勢劇烈變動的一九八〇年代，日中臺三方並沒有因為尖閣而做出什麼明顯動作，尖閣周遭也是一片寧靜。如前所述，一九七〇年代初期，在北美及臺灣盛極一時的「保釣」運動，由於日中邦交正常化而失去活動重心，大多數支持臺灣「保釣」的學生開始投身援助社會弱勢及要求政治改革等活動。

還有一部分留美人士雖然與左右兩派保持距離，但因介入釣運過深，想回臺定居卻屢遭阻撓，有些人甚至被註銷護照，阻斷了回國之路。他們在美國伺機尋找回臺機會，另一方面又關心臺灣的民主化，毫不吝惜出手相助。其中很多人還和渴望臺灣改革的人士氣脈相通，適時提供必要援助，彼此互助合作。

一九七〇年代留學美國，在雪城參與「保釣」的劉沅回顧這段過往說：「為了找工作，曾在解嚴前後這段時間回國好幾次，好不容易走到面試階段，最後還是吃了閉門羹。心裡實在很納悶，就請親戚打聽原因，結果反遭質疑『你在美國做了什麼？』後來才想起，自己在保釣運動過程中，有段時間曾辦過與中共相關的電影放映會，因此被懷疑和中共有所瓜葛。」當時，名列「黑名單」的臺灣人，護照被註銷，回臺無門。劉沅開玩笑說，像自己這種雖然可以回國，卻被列為監視對象，難以在臺定居的人，是處於灰色地帶的「灰名單」。

劉沅承認自己「原本就反對臺獨，但對黨外倒是抱持好感」。回顧當年他說：「蔣經國快過世之前，自己買了幾本黨外人士的書想帶回美國，結果出國的時候卻被刁難。我抗議：『這又不是禁書，為什麼要沒收？』可惜抗議無效，書全部被沒入。」路邊攤可以光明正大販售反體制的書刊，到了海關卻遭取締——當時的臺灣處於開放前的渾沌狀態。

許多被禁止入境的反體制人士都在一九九〇年代之後，陸陸續續回到臺灣定居。劉沅懷念地說：「那時候我們也對黨外有所期待，雙方對於臺灣的未來有著共同的藍圖，是一段很棒的歲月。」話雖如此，他也不掩飾內心的憂慮：「民進黨後來把不服從臺獨理念的人掃地出門，刻意忽視與陳鼓應等非獨派人士的合作關係，還企圖隱匿。如果現在不把當時發生的事記錄下來，過不久，真相恐怕會被埋沒在被獨派隨便捏造的修正史觀中，消失無蹤。」

「偏安」與統獨密教化

自一九七〇年代蔣經國掌握實權以來，蔣中正時代喊出的「反攻大陸，消滅共匪」、「反共抗俄，殺朱拔毛」等激烈的口號已經銷聲匿跡，代之而起的，是比較平穩的「光復大陸，反共復國」，到了美華斷交前後時期，再變成「三民主義統一中國」。這意味著國府已經放棄以武力奪回大陸，表面上雖強調要以三民主義統一中國，實則是要轉換路線，以建設復興基地臺灣為第一優先。

蔣經國在位時，大量起用臺灣本省籍菁英，傾全力進行「本土化（臺灣化）」，以便國府能夠在臺灣扎根續命。當然，這樣的舉動也影響了臺灣的社會心理。

另一方面，誠如陳水扁在總統任期內接受電視節目訪問時所說，黨外在一九八六年成立新政黨之前，曾經考慮過採用「中國民主黨」等，帶有「中國、中華」等概念的黨名。此外，從黨外到民進黨建黨階段的在野勢力，是一個溫和的反國民黨人士的聯合體系，組成人物包含費希平、傅正、林正杰等多數外省籍政治人物，以及高雄余登發家族與朱高正等不贊同臺獨的本省籍政治人物。此時的在野勢力雖然有著與臺獨相通的濃厚臺灣本土主義色彩，但對於激進尖銳的臺獨主張，態度卻是保守的，這點值得注意。

國府表面上講「統一中國」，骨子裡其實是想維持兩岸的分裂狀態，將之固定化；黨外勢力雖標榜「臺灣獨立」的理想，背地裡卻在摸索如何在既有的體制內生存。結果，便出現了一般所稱「維持現狀」的緩衝性社會心理。

如前所述，筆者認為，在鄉土文學論戰末期，透過「保釣」運動隱隱甦醒的左派思潮，經由第三世界史觀而有了超出臺灣框架的自畫像後，隨之浮現出來的是兩種心態。一是國府式的「偏安」，也就是對大陸心懷恐懼、充滿受害者意識；一是支配獨派潛意識的地域情感。其中，臺獨派還動不動就會出現「避秦」的逃避思想。這種國府風格的「偏安」，與夾雜「避秦」心態的臺灣本省人的地域情感彼此相結合的現象，不正是出現在蔣經國時代末期到李登輝時代中期這段時間？

一九八八年一月十三日蔣經國驟逝，副總統李登輝就任總統。就任前，李登輝在電視鏡頭前語帶哽咽表示：「個人能力有限，經驗不足。各先進同志依憲法推薦本人繼任總統。」對李登輝而言，其最大的後盾，是他身為蔣經國繼承人的立場以及渴望開放與民主的臺灣民意。

後來，國府在李登輝主政下，於一九九一年五月一日宣布廢除《動員戡亂時期臨時條款》，單方面宣布結束與中共的敵對狀態，並進行百姓口中譏稱為「萬年國會」的國會全面改選，讓臺灣的國府一步步走向在地化（民主化）。國府走下內戰舞臺，也意味著不再與中共爭奪代表中國的正統性。

外省人集團的「偏安」，代表的是國府的價值觀；地域情感則把獨派與在野黨支持者這些本省人集團的「避秦」心態涵蓋在內。兩者透過「蔣經國的繼承人，同時也是第一位本省人總統」李登輝這號特殊人物，在民主化這個冠冕堂皇的口號下，巧妙地連結、融合在一起，維持著一種絕妙的危險平衡。筆者認為，這股由「偏安」與地域情感結合而成的思潮，至今依然主宰著臺灣的主流民意。

一九九〇年代以來，臺灣社會開始出現「臺灣認同」、「臺灣意識」之類的詞彙，呈現出一種在蔣經國與李登輝時代交融在一起的「偏安」意識。在這種意識的最底層，橫亙著一種既務實又投機的思想：為了現實利益與生存安全考量，圖謀迴避海峽兩岸之間的對立；在面對中共或大陸時，又有一種身為弱者的受害人心態，以及來自於自我憐憫的恐怖、厭惡與輕蔑等各種情感（它同時也是自己道德正義的擔保）。筆者認為，漢族的潛意識受到傳統的優越感與保守特質所主宰，這些外省人與本省人相通的精神狀態，也有助於雙方潛意識的融合。

李登輝政府在一九九〇年成立超黨派的「國家統一委員會」，表面上再三強調，統一中國是無可動搖的終極目標；另一方面卻在一九九五年非正式訪美，為此而惱火的中共於是在一九九六年，國府實施首屆總統直接民選期間，於臺灣海峽附近進行飛彈試射演習，以致兩岸關係惡化。李登輝在總統選舉之際，提出「經營大臺灣，建立新中原」口號，使用的是「中華民國在臺灣」的稱呼，在在顯示出其本意在於維持以臺灣為主體的現狀。這正是一九九六年五月，總統當選人李登輝在就職演說中提及的「民之所欲，常在我心」，換句話說，它是多數臺灣老百姓的心之所向。

由於「偏安」的本質就是一種機會主義，因此，在面對統獨問題時，始終必須以曖昧態度處之。結果，由於統獨雙方的激進派政治立場鮮明，使得比較世俗、穩健的一派，因為政治利益考量不能確切表明立場，好比密宗傳承時的心態和模式，只能關起門來分享彼此的政治信仰。

九〇年代「釣運」再起

原本一片寧靜的尖閣周遭，在一九九〇年左右，曾一度有過騷動。一九八九年夏天，日本右翼政治團體「日本青年社」向海上保安廳提出申請，希望可以讓魚釣島上的燈塔作為航路標識使用，國府為此提出抗議。一九九〇年九月，當媒體報導申請可能獲准後，立刻引發臺灣方面的抗議聲浪，該年十月登場的高雄區運動會在點燃開幕聖火後，甚至將聖火傳遞至尖閣以示臺灣擁有尖閣的主權。載著聖火的船隻於十月二十一日，在尖閣附近海域遭到日本海上保安廳巡防艦艇攔阻，雙方出現嚴重對峙。此時還發生多次抗議日本的示威遊行，只是事態都沒有發展到很嚴重的地步。

尖閣出現新動靜，是在一九九六年的時候。「日本青年社」於一九九六年七月十四日，在尖閣的北小島蓋燈塔，還向石垣海上保安部提出申請，要把燈塔用作航路標識。巧的是，日本在同年六月批准了聯合國海洋法公約，這段期間正為了專屬經濟水域的劃界問題，與周邊國家進行漁業談判。

對此，北京方面雖在七月十八日透過外交部的例行記者會表示，日本此舉「是對中國領土

金介壽，前立法委員。（作者提供）

主權的重大侵犯」，但也表明「中國一貫主張透過友好協商解決，雙方都應自制」，態度不失冷靜。

另一方面，臺北駐日代表處七月十七日向日本表達嚴正抗議，外交部繼內政部二十二日表態後，也於二十四日發表正式聲明，表示「不同意日本在釣魚臺列嶼周圍海域設立專屬經濟海域」。這一連串抗議聲明的背後，無不是在表態保護臺灣漁船在尖閣附近海域作業的權益。到這裡，可說是當局與當局之間的立場確認，也就是所謂的「外交儀式」。

然而，進入九月之後，事態卻往出人意表的方向發展。原來，臺灣的在野黨、新黨所屬的臺北縣議會議員金介壽提出了登陸尖閣的計畫。

新黨是由一群反對李登輝路線的國民黨年輕立委組成的「新國民黨連線」為班底，於一九九三年所成立的政黨，主張反臺獨，普遍獲得都會區外省籍選民的支持。金介壽一九五一年出生於臺中，祖籍安徽。私立淡江大學水利系畢業後，曾任永和市市民代表，後當選臺北縣議員

（二〇一〇年起為新北市議員），任期至二〇一四年為止。新黨成立後不久，即退出國民黨轉入新黨（後加入親民黨，最後又重回國民黨）。

二〇一七年夏天，筆者為與金介壽見面，來到他的地盤新北市永和區。金介壽雖然落選，但畢竟曾經長期擔任議員，人面很廣，他一邊頻頻與路過的老百姓打招呼，一邊接受筆者採訪。

據金介壽表示，他之所以參與「保釣」，可以回溯到新黨經營的地下電臺「新黨之聲」八月三十日晚上播出節目時，聽眾打進來的一通電話。那位聽眾說：「香港都在保釣了，新黨什麼動作都沒有嗎？」原來，時任日本外相的池田行彥在稍早之前的八月二十八日訪問香港，他的隨從發言指出「尖閣諸島是日本領土的一部分」，惹來香港工會聯合會發起抗議遊行。聽眾打電話到電臺時，剛好金介壽被臨時找來代班救火，人也在現場。在節目中允諾「會展開保釣行動」的金介壽隨即著手計畫，打算在十月二十五日臺灣光復節當天前往尖閣。

金介壽表示，他在九月一日召開記者會宣布要前往尖閣，但是臺灣媒體幾乎沒有任何反應。不過，有位臺灣記者將這則新聞稿轉給香港《蘋果日報》，該報也登出了這則消息，香港立法局議員劉千石看到後主動表示要協助金介壽。於是金介壽成立「臺灣保釣行動小組」，租了一艘漁船於九月六日和香港及臺灣記者一起前往尖閣，卻遭日本海上保安廳的巡邏艇攔截，首次的登島行動鎩羽而歸。

目標小島，開始「保釣」

根據金介壽的著作《日本滾出釣魚臺》，香港方面對這次行動立刻有了反應。香港立法局議員，也是當時香港保釣行動委員會召集人何俊仁邀請金介壽參加在香港舉行的「九一五港島保釣大遊行」，商討再度登島事宜。何俊仁在九月二十二日飛抵臺北，和金介壽搭乘租來的三艘船往尖閣方向駛去。同一天，還有載著「保釣」人士的貨船「保釣號」從香港航向尖閣。這艘船上坐著「全球華人保釣大聯盟」發起人兼「保釣號」總指揮陳毓祥。九月二十三日一早，載著金介壽和何俊仁的船隊眼看就要抵達尖閣附近時，遭遇海上保安廳巡邏艇攔截；香港的貨船也在距離尖閣外海十海里處被日方阻攔，陳毓祥等四位「保釣」人士跳入海中，結果陳毓祥溺斃，另外一位受傷送醫。由於傷亡事件的發生，在死者的故鄉香港，關於「保釣」活動的報導傳得沸沸揚揚，在臺灣以及其他華人社會，「保釣」話題也連日登上媒體版面。

為求打鐵趁熱，金介壽與何俊仁各自準備十五艘船，另外再加上十艘，預計成立由四十艘船隻組成的船隊，展開下個行動。根據金介壽的著作以及當時的報紙報導，十月六日傍晚，在出海點之一的臺北縣瑞芳鎮（今新北市瑞芳區）深澳漁港聚集了近三百位來自臺灣各地以及香港的「保釣」人士和「保釣」支持者，近百位的記者、攝影師將他們團團圍住。當時的乘客名單包含金介壽在內共有三百六十一位，其中，香港演員黃秋生的名字也赫然在列。黃秋生對中共統治香港向來持批判態度，他在香港回歸前一年出現在「保釣」活動場合，這在思考香港的「保釣」運動特質時，頗值得玩味。

十月六日晚上，名為「保釣艦隊」的二十九艘漁船各自從深澳漁港及臺北縣萬里漁港出海。一般來說，從臺灣本島東北部到尖閣要花十幾個小時。七日清晨，臺灣漁船陸續出現在尖閣周遭海域。

與金介壽同搭乘「自立六號」的黃錫麟這樣回顧當時的情形：「以船隻性能來說，海上保安廳遠比我們強多了，不過，當天我們以超乎想像的漁船數目大舉壓境，讓日本疲於應付。」

黃錫麟，中華保釣協會秘書長。（作者提供）

黃錫麟一九六二年出生，是所謂的外省人第二代，父親是來自江蘇省的「流亡學生」，於國共內戰時期逃到臺灣；母親是臺灣本省人，故鄉在中部彰化，由於黃錫麟是在母親的故鄉長大，因此會說一口流利的閩南語。東南技術學院畢業後，曾在職業學校機械科擔任實習教師，後代表新黨參選臺北縣永和市市民代表，當了三屆市民代表。在筆者執筆階段，黃錫麟擔任「中華保釣協會」秘書長。

七日上午六點十四分，在四艘漁船掩護下，手拿中華民國國旗的金介壽和帶著中華人民共和國國旗的香港「保釣」人士陳裕南從「自立六號」非法登上尖閣。黃錫麟以及當時的香港立法會議員曾健成（阿牛）則留在船上。十五分鐘後，搭乘「全家福號」的四名人士自距離尖閣十五公尺處跳入海中，以游泳方式終於抵達島上。在一片混亂的情況下，臺灣與香港「保釣」人士非法登上了尖閣。

據黃錫麟表示，完成登島目的後，金介壽下命船隊撤退，結果「隨後抵達的船隻怨聲載道：『你自己登島就好了嗎？』『太自私了吧？』」他還說：「當天日本方面也亂了陣腳，如果沒有下令撤退，應該有更多人可以登陸才是。」但因為已經有六位「保釣」人士成功登島，船隊因此開始返航回臺灣。高喊愛國，手拿國旗登陸的金介壽就這樣成了新一波「保釣」運動的核心人物。

1996年10月7日，金介壽（左）和香港「保釣」人士陳裕南非法登陸釣魚島。（黃錫麟提供）

對於金介壽的行動，臺北和北京當局雙方始終都以低調方式處理。此後，一九九七年五月二十六日，臺灣和香港「保釣」人士雖也曾計畫登島，但都遭到日方在尖閣周邊海域攔截成功，「保釣」運動規模也迅速縮小。

偶然與必然

單純鳥瞰一九九六年夏秋之際，發生在臺北、香港以及尖閣附近海域的事件，會發現有好幾個偶然的巧合重疊在一起。其中又以香港「保釣」人士陳毓祥的意外身故最受矚目，因為港臺媒體的悲劇性報導，讓整個活動聲勢高漲了起來。黃錫麟說自己「完全沒有想到一九九六年秋天的行動，會在後來引起這麼大的回響」。他這番感言，很可能是當時「保釣」人士的真心話。

然而，就在李登輝以過半的票數拿下總統寶座後的一九九六年秋天，「保釣」運動再度躍上舞臺，卻未必全屬偶然。一九七一年的北美、臺灣以及香港的「保釣」運動雖是以學生為主體，到了一九九六年，主角卻成了金介壽等戰後出生的新黨所屬議員及其支持者。

新黨黨員及支持者多半是外省人，從這點可以看出，堅持老國府式價值的新黨人士，在李登輝的新體制之下，強化了原有的疏離感，這群人擔心或者說是厭惡李登輝口中的「本土化」，走的是一條臺獨的道路。過去國府實施的傳統中華民族主義教育，將八年抗戰勝利界定為自己的榮耀，由此不難想像尖閣引起的對日敵對狀態，會激發這些人的同仇敵愾與自尊心。

何況李登輝被視為親日派，要展現與李登輝的對決姿態，尖閣問題正好是最佳舞臺。

新黨自二〇一二年以來，在國會雖不占有任何席次，但在一九九五年的立法委員選舉中，獲得近十三％的得票率，是一股不容忽略的勢力。一九九六年的總統選舉，讓新黨重新認識到李登輝擁有的強大群眾基礎。在這樣的條件下，中華民國對尖閣，或是說臺灣對尖閣的領土主權，這麼一個臺灣的主流民意也反對不起的議題，無疑是再適合不過的切入點。

當時，與金介壽等人一起參與「保釣」，後來成為「臺灣釣魚臺光復會」發起人的殷必雄證實：「很多外省人都擔心李登輝所謂的本土化，到最後其實是要搞臺獨。我本來就對國民黨很感冒，對李登輝也不抱任何期待，不過，就算是國民黨的支持者，也有很多人心存警覺，認為李登輝不可靠。那時候的保釣運動，有一部分是因為對李登輝和李登輝路線感到擔憂與不安而起的，這點不容否認。」

殷必雄一九五七年生於臺北，父親來自江西，是一位軍官。從小加入空軍幼校的殷必雄畢業後，進入空軍軍官學校，但他說自己後來遭到除籍。除了「保釣」運動，近來也常出現在要求改善勞動條件及保護外籍勞工權益的場合。採訪途中，他的手機響起，設定的來電答鈴是〈國際歌〉的中文大合唱版本。

黃錫麟指出，「保釣」運動的根本在於反臺獨以及批評李登輝路線：「臺灣本土化是民主化的必然，我也並不否認李登輝在政治改革過程中所做的貢獻。但是海峽兩岸只有維持現狀一條路可走，而李登輝走的，卻是要改變現狀的臺獨路線，所以我反對李登輝。而且，釣魚臺是中華民國的領土，是臺灣省的一部分，保釣運動就是基於這樣的想法而來，它成了表達愛國與反臺獨意見的場域。」

更進一步說，筆者認為這些政治人物之所以熱衷於「保釣」，是基於現實盤算，畢竟「保釣可以換來選票」。

當筆者詢問金介壽是否曾經期待或盤算過「保釣」對選情有利時，他不僅承認「因為站在保釣的第一線，而知名度大增」，還苦笑著說：「有民眾為我加油打氣，說：『我支持你喔！』這樣的人雖然增加了，但對方未必是自己的選民。地方議員就算知名度再高，一到選舉，你和地方保持多密切的關係，為選民做了多少事，這些都會被拿出來檢視，在媒體前的曝光度增加，是否就足以成為左右一個人能否當選的關鍵因素，這還是個疑問咧！」

金介壽以及當時的新黨支持者，雖然揮舞著蔣經國時代以及之前的法統中華民國史觀大旗，作為自己正統性的依歸，然而事實上，他們口中的世界觀，讓人感覺是將背離兩岸現況的舊時代理念，以及從中共壓倒國府臺灣的現狀中找出對自己有利的妥協點後，兩相混合的結果。

從尖閣的主權問題，也可以看出他們這種傾向；一方面站在傳統的國府思維之上，同時也包容香港及其背後大陸的立場。那麼，金介壽及新黨支持者是否就是獨派口中所稱的統派？事情恐怕沒有那麼單純。誠如新黨黨歌〈大地一聲雷〉歌詞中「讓我民主的臺灣照耀中華到永遠」所示，新黨所描繪的自畫像，其本質部分是以臺灣為立足點。從反臺獨的脈絡來看，他們雖是統派，但核心部分還是忠實的國府式「偏安」繼承人。當時新黨支持者周遭的「偏安」意向，在思考後來「保釣」運動分裂的背景上，是一大重點。

「中華保釣協會」誕生

一九九〇年代中期，在臺灣「保釣」運動打頭陣的金介壽到了本世紀，也逐漸和保釣保持距離，登陸尖閣計畫的重點人物，逐漸轉移到黃錫麟等人身上。黃錫麟在二〇〇八年十一月九日向臺北內政部登記成立「中華保釣協會」，成為政府立案的社會團體。協會與一九七〇年代留學北美時曾參與過「保釣」運動的人士之間也有互動，曾有一段時間，還請來劉源俊擔任理事長。此外，黃錫麟表示曾邀金介壽加入協會被拒絕，金介壽則主張是遭黃錫麟等人排除在「保釣」運動之外。

鳥瞰以黃錫麟為主的「中華保釣協會」這十幾年來的活動，會發現他們除了在臺灣島內從事抗議活動及宣傳外，與香港、中國大陸甚至北美等海外「保釣」人士攜手合作似乎也是重點所在。會員人數約百人左右，主要以住在黃錫麟的地盤新北市永和區附近的支持者為主，會員年紀多在中年以上，黃錫麟感嘆：「不到四十歲的年輕世代少得可憐。」

筆者曾數度實際參觀過由協會主辦的論壇或集會，發現他們的成員年紀的確都在中年以上，出席者幾乎也是那幾個固定的老面孔。倒是本省籍成員人數超過筆者想像，從他們也積極參加地方媽祖廟的活動可看出，協會具有一定程度的在地性。筆者問黃錫麟，他的家人如何看待「保釣」？他略帶尷尬地說：「父親和妻子一開始都很反對我『沉迷在賺不了錢的活動』，但現在他們已經懶得理我了。平常受僱在妻子經營的旅行社，這一點讓我在他們面前抬不起頭來。」

問到協會和臺北當局的關係。「別指望他們會援助或幫忙，他們只會阻撓。臺灣的政府不管誰來當家都一樣沒用，對日本只想息事寧人不敢挑起紛爭，從頭到尾只會限制漁民到釣魚臺海域捕魚，打壓保釣團體。」黃錫麟面露不悅地說。他還說，不只臺北當局，北京方面也曾打壓過「保釣」團體。

黃錫麟表示，「（中共）嘴巴上說釣魚臺是中國的領土，卻無意對該島的周遭情勢負責。不只如此，他們不想破壞和日本的關係，就轉而壓迫我們。有時我們想和大陸的保釣團體聚會討論，大陸方面的成員就會被公安強行帶走，不然就是我們的臺胞證被沒收，弄得我們進退不得。」黃錫麟說，受到日本政府將尖閣國有化的影響，二〇一二年以來日中關係一觸即發，北京當局對他們這些「保釣」人士的取締雖然稍有緩和，「但還是持續跟蹤和監視」。

然而，黃錫麟接下來所提到有關協會的姿態，似乎反映了臺灣內部的歸屬感與領土認知錯綜複雜的現況：

「就算是政治立場或國家觀不一樣的團體，只要保釣目標一致，就有合作的可能。『中華保釣協會』採取的立場是『釣魚臺由臺灣省宜蘭縣頭城鎮管轄』，因此，我們既可以和主張『臺灣是中國的一部分，釣魚臺屬於臺灣。所以說釣魚臺是中國的領土』的統派團體合作，也可以和雖不接受『臺灣是中國的一部分』之主張，但認同『釣魚臺屬於臺灣』的近獨派團體合作。因為臺灣內部有很多關於『中國』的定義，既然如此，以釣魚臺屬於臺灣這一點作為共識，就可以為有關「中國」的定義或是海峽兩岸的關係，留下可以保留各自主張的餘地。這不只是臺灣內部，也是我們和大陸或是港澳乃至於全球的華僑、華人攜手合作的關鍵。」

黃錫麟等人除主張對於尖閣的主權，也把維護臺灣漁民在尖閣附近海域作業的權利擺在第一位，但由於二〇一三年四月，日本與臺北當局簽署了民間層級的漁業協定，而不得不重新檢視「保釣」活動的方向。關於這部分會在後面詳述。

｜第三部｜

1970－2010年代

香港、中國大陸、華人世界

第十三章　殖民地與特區之間

動盪不安的六〇年代

一九七一年臺灣留美學生點燃的「保釣」運動，火勢不僅延燒到主張擁有尖閣諸島主權的國府臺灣，飛散的火星還飄降到了香港。筆者採訪了當時以大學生身分參與香港「保釣」運動的作家陳冠中，請他談談整件事的來龍去脈，陳冠中先回溯到一九六〇年代後半發生的兩件事——天星小輪漲價事件和六七暴動，藉此說明整個香港社會當時的氛圍。

陳冠中一九五二年出生，香港大學社會系畢業後，進入美國波士頓大學修讀新聞學。曾當過報社記者，後創辦《號外》雜誌，也參與電影、音樂及NGO綠色和平組織等相關活動。二〇〇〇年起定居北京，專注於小說創作。

根據史料記載，一九六六年，穿梭在香港島中環碼頭以及九龍尖沙嘴之間，也是老百姓代步工具的天星小輪提高收費，成為引發騷亂的原因之一。四月四日，年輕人開始絕食抗議，獲得許多青年勞工聲援。集體示威與遊行持續了兩個晚上，到了四月六日，由於部分參與者的行動越來越暴力，到處放火搶劫，當局因此宣布實施宵禁，不准居民夜間外出。整個事件造成一人死亡、十八人受傷、一千八百多人被捕，對香港社會造成很大衝擊。就在天星小輪漲價事件隔年，發生了六七暴動。

所謂的六七暴動指的是部分親中共的香港居民，因為受到一九六六年五月發生在中國大陸的文化大革命影響，起而對抗港英政府的暴動。這場騷動造成包含二百一十二位警務人員在內的八百零二人受傷、五十一人死亡、近二千名左派人士鋃鐺入獄，規模之大僅次於一九五六年

旅京香港作家陳冠中1971年在香港參加過「保釣」運動。（作者提供）

十月十日發生的雙十暴動（六十人死亡、三百餘人受傷、一千多人被捕）。當時，大陸民兵自深圳越界而來，一度遭遇英軍反擊，也和香港警察之間發生小規模槍戰，中共還將人民解放軍調到國境附近恫嚇港英政府，後來因為周恩來表態「暫時不收回香港」，騷亂才逐漸平息下來。

陳冠中當時就讀國三，親眼目睹了這場騷動。他表示：「遊行隊伍高喊反殖民地、反帝國主義口號，呼籲居民揭竿而起。中國銀行、裕華國貨等陸資商店入口處還貼著毛澤東的肖像，或是毛澤東最新指示的海報，一般百姓則提心吊膽地在一旁觀望。由於港英政府依然態度強硬毫不退讓，部分示

威者於是展開炸彈攻擊。一對年幼姊弟因誤觸寫有『同胞請勿靠近』中文字樣的炸彈包裹而喪命，使得大部分香港居民有如雪崩般，紛紛轉向支持港英政府。」港英政府在獲得香港居民全面支持後，以更強勢態度與左派對抗，大約半年後，這場暴動及其餘波才告平息。

當時，中國大陸正處於文化大革命時期，其真實面貌一直籠罩在一片晦暗之中。話雖如此，由於香港與大陸陸地相連，有些人會前往大陸探親，也有從大陸逃到當地來的人，再加上香港不時會飄來離奇死亡的紅衛兵屍體，或研判可能是從大陸逃亡失敗人士的遺骸，因此，大陸內部的慘烈狀況其實早已為人所知，儘管當中參雜著些許臆測。

六七暴動強化對香港的歸屬感

《六七暴動：香港戰後歷史的分水嶺》一書的作者張家偉表示：「自一九四九年中共建政後，港英政府一直懷疑香港居民的忠誠度，不過，六七暴動成了改變港英政府對港人猜疑態度的轉捩點。」

鎮壓暴動之後，殖民地政府不斷推出宣傳活動，戮力營造居民對香港的歸屬感。還盛大舉辦由政府主導的「香港節」等娛樂活動，一有機會就猛打「香港是我家」的廣告標語。經過六七暴動，港英政府與香港居民的關係確實獲得根本上的改變。

在香港，居民對殖民政府的支持增加，同時也開始要求港英政府在公文中承認中文為法定語文，推行起「中文運動」。在英國的殖民地香港，無論是公文函件還是法院的法庭記錄，完全只用英文書寫。但在六七暴動後，許多專家學者指出，港英政府忽視與占人口大多數的中國裔居民溝通，是造成社會不安的原因之一，因此在一九六八年，有越來越多的聲音要求港英政府使用中文書寫公文或是加強漢文教育。

陳冠中回憶說：「包含司徒華在內，許多人都參加了中文運動，沒多久港英政府開始中英文並用。大家在活動過程中積極發表演說，進行街頭勸募，我認為在那個階段，就已經醞釀出街頭運動的氛圍。」而「保釣」運動正是在這種騷然不安的氣氛中所發生。

在一九七〇年底到隔年春天這段期間，臺灣以及香港留學生於全美各地大學掀起的「保釣」運動正方興未艾，而臺灣則處於戒嚴時期，擔憂與日美關係惡化的國府為了保住在聯合國的席位，嚴格箝控新聞報導。反觀在英國的殖民地香港，主流媒體不僅即時報導這場留美學生的「保釣」運動，還煽動了民眾的情緒。尤其是左派媒體最為熱心，除《七十年代》月刊在一九七一年四月號刊登名為〈關於保衛釣魚臺運動〉的長篇介紹文外，五月號和六月號還直接轉載了保衛釣魚臺行動委員會紐約分會的刊物《釣魚臺簡報》上面的報導。

左派主導的「保釣」

陳冠中在一九七〇年進入香港大學就讀，對他來說，「保釣」運動是他生平第一次參與的政治運動。

當時，香港各大學也受到反越戰運動影響，學生向左傾斜並不足為奇。回顧這段往事，陳冠中表示：「揭櫫反殖民地主義的激進左派刊物《70年代雙周刊》以大篇幅介紹海外保釣運動，本身同時也積極涉入其中。另外，各大學學生會也表態支持保釣，基於和學生會的關係，我也加入了示威遊行。我們無法接受美日互相勾結，私相授受中國的領土釣魚臺，所以在示威抗議時高喊著反對帝國主義。」

陳冠中參加的「保釣」遊行，兼具有紀念盧溝橋事變三十四週年活動的性質，它在一九七一年七月七日於維多利亞公園舉行。據主辦單位表示，大約有兩千位香港各大學學生參加示威，靜坐抗議人數達百人。這場示威遊行成了香港「保釣」的高潮，但後來遭到大批警力強制驅離，有四人受傷，十二人被捕。

在此之前的四月十日，也就是和美國大規模示威遊行的同一天，包含《70年代雙周刊》成員在內，一個自稱是「香港保衛釣魚臺臨時

1971年7月7日，香港島維園舉辦的「保釣」集會。（林孝信提供）

委員會」的團體來到位在香港島中環的日本文化館示威抗議，共有二十一人遭逮捕。從這些事件可以看出，一九七一年香港「保釣」運動的中堅力量，多半以《70年代雙周刊》雜誌周遭的激進左派學生為主。

在那之後，一九七一年八月十三日於維多利亞公園、八月二十二日在香港大學雖各自召開了「保釣」集會，但陳冠中表示：「經歷過歸還沖繩和中日邦交正常化之後，香港社會對保釣議題的關注急速降溫，我們也因為被課業追著跑，而逐漸淡忘了這件事。」

在這裡，筆者要先介紹一下《70年代雙周刊》這本構成香港「保釣」運動骨幹的左派雜誌。該雜誌由吳仲賢、莫昭如等左派人士於一九七〇年一月一日創刊，是一本談論政治與歷史的中文雜誌。曾有一部影片介紹了當時的雜誌編輯部，影像中可看到編輯部牆上貼滿了愛因斯坦、胡志明以及切・格瓦拉等人的肖像，從這些細節不難看出該雜誌揭櫫的目標，讓人興味盎然。此外，創建了第四國際的托洛斯基主義者[2]以及無政府主義者似乎也在編輯成員之列，只是該雜誌已在一九七二年停刊。

在美國爆發的「保釣」運動，自一九七一年秋天之後，左右兩派的對峙越來越嚴重；同一時期，臺灣因為實施戒嚴，左派思想無法浮出檯面，「保釣」運動只能披著「愛國運動」的外

2 托洛斯基主義者：馬克思、列寧主義的流派，名稱由來於俄國布爾什維克黨領導人列夫・托洛斯基。主要強調不斷革命、以政治革命恢復工人民主。

衣，強調它支持政府的一面。與此二者相比，香港的釣運一開始就是由左派主導。而且這個左派並不是在一九六七年的暴動中，讓香港市民感到恐懼的親中共勞工團體，而是由托洛斯基主義者、無政府主義者以及毛澤東主義者所組成的學生團體，在這個渾然天成的左派團體不斷地聚散離合之下，香港的「保釣」聲勢也逐步壯大。

陳冠中在中共政權成立之後的一九五二年出生於上海，四歲搬到香港。從身世背景不難了解，他是生長在一個親國府的中產階級家庭。他自承：「我不是個尖銳的左派，但在念大學之後，曾經向左傾斜。」還表示：「當時，我住的學生宿舍裡面有一百多個住宿生，但包含我在內，只有三個人參加了示威抗議。我想，實際參加抗議的學生，大概不到全香港大學生的十分之一。就這個層面來說，香港的保釣運動可說是由少數左派學生展開的運動。差不多是在釣運前後這段時間，它分裂成毛澤東派和反毛派。在親國府家庭中長大的我，無法相信毛派的一言一行，加上當時林彪事件才剛發生不久，自然而然地，我成了反毛的少數左派。」

遊行時除了譴責「美日勾結」外，「北京和臺北政府舉棋不定的態度」也成了批判的焦點。陳冠中說：「尤其是托洛斯基主義者，他們不滿北京政府對日本的態度過分軟弱，沒有骨氣，就這樣，托洛斯基派與毛澤東派的分裂成了定局。」

陳冠中還分析，由左派主導的香港「保釣」運動之所以引起一定程度的關注，是因為在反帝國主義的脈絡中融入了中華民族主義的關係。原來，《70年代雙周刊》在「保釣」運動期間，錄製了一首〈釣魚臺戰歌〉，它是由就讀威斯康辛大學的臺灣留學生寫的，歌詞如下：

滾滾狂濤，東海之遙，屹立著一群美麗的小島。
釣魚臺，英勇的俯視著太平洋。
釣魚臺，捍衛著我們富饒的海疆。
風在吼，海在嘯，我們神聖領土釣魚寶島，象徵著我們英勇不怕強暴！
滾滾狂濤，東海之遙，屹立著一群美麗的小島。
釣魚臺，你帶給漁民多少歡笑。
釣魚臺，蘊存著我們無價的寶藏。
怒吼吧，釣魚島，我們寸土必爭誓死抵抗，我們要蔑視那東洋強盜！

誠如它的歌詞所示，這首歌帶有反越戰的精神，除了反帝國主義也反殖民主義，是民族解放運動的象徵，它站在弱勢者的視角，將內心的中華民族主義表露在外。此外，這首歌也把香港居民當時對「中國」抱持的抽象親切感，以及生活在殖民地受統治者的尊嚴，複雜地糾結在一起。

二〇一七年初夏，筆者赴港拜訪莫昭如，他是《70年代雙周刊》的核心人物之一。莫昭如告訴筆者：「對釣魚臺問題的抗議，與其說是在反對日本或美國，毋寧說大家念茲在茲的，只是想對抗帝國主義勢力。」回顧當初自己這一幫人，他說：「基本上這是以無政府主義者為主的雜誌。保釣運動並不是在反對日本或日本人，所以我們和日本左翼雜誌也有往來。」筆者問他現在是否還在從事「保釣」運動？話聲剛落，他立刻搶著回答：「在某些場合，我偶爾會被介紹成『當時曾參與保釣運動的人士之一』，但我和現在的運動完全沒有接觸。」

透過《70年代雙周刊》與「保釣」運動搭上線的還有侯萬雲。他這樣回顧過往：「雜誌原本沒有什麼國家概念，它鼓吹的是無政府主義。但就像北美保釣運動的例子所示，愛國主義動員群眾的力量著實不容忽視。因此，我們從保國土、爭人權的觀點來推展保釣運動，希望藉此吸納群眾，打擊殖民地政府。」

侯萬雲出生在越南華僑家庭，當時正值越戰，為了躲避兵役，他在十六歲那年來到香港。一九六六年，侯萬雲去看電影，電影散場出來的時後，碰巧目睹了反對天星小輪加價的示威遊行。根據記錄，當時部分群眾已失去理智，侯萬雲糊裡糊塗走進了隊伍裡。他說：「從那天起，我開始關心自己的棲身地香港所發生的各種社會問題。」

就是在這樣的情況下，侯萬雲邂逅了《70年代雙周刊》。他說：「雜誌出版後沒多久，我直覺這就是自己想看的雜誌。後來，得知雜誌因為言論過度激進，編輯部遭到警方登門搜查，內心非常憤慨，於是到編輯部去探訪，認識了那裡的成員，也和雜誌辦的活動產生了密切關聯。」

侯萬雲之所以加入「保釣」運動，也是因為《70年代雙周刊》是釣運核心所在的關係。「一九七一年快過農曆年之前，美國發生保釣示威遊行。受此影響，我們心想，香港是不是也能做點什麼，於是分頭在已經印好的雜誌裡夾一張手寫傳單，上面寫著：『二月二十日於德忌利士街日本領事館前集合』，夾好後再送往報攤。」從侯萬雲這番話可以看出，當時的《70年代雙周刊》並沒有發行公司，而是透過他們這些職員把印好的雜誌直接搬到報攤發行。雖然是打游擊式的販賣，不過讀者反應熱烈，對於他們「二月二十日集合」的呼籲，才短短十天時間，粗估就獲得上百人響應。「除了雜誌成員，還有不少大學生。二月二十日當天來了將近兩百人，警方自始至終都不敢輕舉妄動，說真的，這反而讓我們很不高興，我們其實希望警察動手打過來，這樣才可以激起民憤啊。」侯萬雲笑著說。

先前已經提過，美國發生大規模「保釣」示威遊行的四月十日當天，以《70年代雙周刊》成員為主的「香港保衛釣魚臺臨時委員會」也在香港發起數百人的示威遊行，二十一人遭到逮捕。而七月七日維多利亞公園的集會形成整個運動的高潮後，八月十三日在維多利亞公園、八月二十二日於香港大學雖也有集會活動，但作為香港的群眾運動，「釣運」已經漸漸走下坡。九月一日，「保衛釣魚臺聯合陣線絕食小組」的六位成員在皇后碼頭進行絕食抗議。這期間，成員將請願書各自送往美國駐香港領事館、新華社以及中央社，九月五日結束絕食抗議。

筆者是在梅窩的侯萬雲自宅採訪，他交給筆者一本自己寫的舞臺劇本《1970s不為懷舊的文化政治重訪》，此腳本裡面提到，那一年九月，他們戰友還一度計畫劫警船赴釣魚臺宣示主權的事宜。據說，侯萬雲並沒有加入該計畫，而他的戰友們別說是尖閣諸島的所在地了，連如何掌舵也不會，卻煞有介事地認真準備，買食物罐頭、泡麵、水。侯萬雲望著遠方若有所思地說：「現在想想，當初實在做了很多瘋狂至極的事，大概是因為那時候對社會有什麼不滿的緣故吧？」

到了一九七一年底，《70年代雙周刊》內部也開始討論起路線問題，隔年停刊，一九七三年正式解散。

殖民地眼中的「中國」

由於日中臺三方各有自己的政治考量，從一九七〇年代中期到一九八〇年代，尖閣周邊是一片寧靜。一九八二年九月，英國首相柴契爾夫人訪中，一九八四年十二月十九日，雙方簽署了決定香港回歸的《中英聯合聲明》。對人們來說，在這個劇烈變動時期，香港的未來才是大家最關心的事，「保釣」不再吸引眾人目光。

然而，日中之間的微妙變化卻以出人意表的方式，影響到了香港。最具象徵性的，就是一九八二年的歷史教科書問題。日本各報指出，文部省在審查教科書過程中，將「侵略華北」字樣改為「進出華北」，這件事後來進一步發展成日中之間的外交問題。有關這次歷史教科書的報導，香港也出現批評日本的聲浪，還引發示威抗議。

回憶當時的情形，陳冠中說：「抗議場面很激烈，連位在銅鑼灣的大丸百貨公司的玻璃都被打破。作詞家黃霑對相關報導感到憤慨，寫了一首歌〈我的中國心〉，引起很大話題。」

黃霑的作品〈我的中國心〉描述的是對中國的情感，歌詞如下：

河山只在我夢縈，祖國已多年未親近，可是不管怎樣，也改變不了我的中國心。
洋裝雖然穿在身，我心依然是中國心。我的祖先早已把我的一切，烙下中國印。
長江長城，黃山黃河，在我心中重千斤，無論何時，無論何地，心中一樣親。
流在心裡的血，澎湃著中華的聲音，就算身在他鄉，也改變不了我的中國心。

這首歌詞明白點出香港居民將自己界定為「他鄉之民」，視中國為「夢中的祖國」，這難道不是「遠距民族主義」的真實寫照？

經由與日本的關係所觸動的情感，會和這樣的中華民族主義產生直線連結，筆者認為在查考當時香港居民的精神世界時，這是個不容忽視的要素。關於這點，陳冠中指出：「香港在第二次世界大戰期間曾受日本侵略和統治，有些人對日本的情感很複雜。但在日本經濟高度成長的一九八〇年代，香港人對日本的印象大致是良好的，反日聲浪很小。至於中國，雖也把它當成是祖先的土地，有一種淡淡的親切感，但對中共政權的不信任感也是根深柢固。畢竟，大部分香港居民都是為了躲避中共政權才逃過來的。香港居民平常並不怎麼反日，而且多數人對政治都不太感興趣，但若碰上日本的歷史教科書或是保釣問題，左右兩派媒體就開始大肆抨擊日本，輿論也跟著變得慷慨激昂。」從這一點也可看出，當時的香港百姓如何在自己的心中，為歷史文化脈絡上的「中國」以及現實政治上的「中國」下定義。

此外，有些香港居民自恃生活在先進的法治社會，對同時期的臺灣與大陸居民抱持一種優越感。這也是殖民地社會的一種心理狀態，讓人深感興趣。筆者也曾耳聞，臺灣和大陸居民對香港人這種傲慢的態度，心裡或多或少有些不愉快。

回歸前的「愛國」競爭

香港再度點燃「保釣」運動之火，已經是一九九六年，回歸前一年的事了。

如前所述，「日本青年社」於一九九六年七月十四日，在尖閣的北小島蓋燈塔，還向石垣海上保安部提出申請，要把燈塔用作航路標識。臺北和北京雙方對此都表達強烈抗議，八月二十八日，當時的日本外相池田行彥到香港訪問，他的隨從發言指出「尖閣諸島是日本領土的一部分」，此番言論惹來香港工會聯合會發起抗議遊行。後來，臺灣的地方議員與香港立法局議員時而合作，時而競相非法進入尖閣周邊海域，在這樣的情況下，同年九月發生了前一章提及的，香港「保釣」人士陳毓祥利用貨船前往尖閣卻溺斃事件。

陳毓祥一九五〇年出生於廣東。曾在香港大學等就讀，之後進入香港電臺、英國廣播公司（ＢＢＣ）粵語節目擔任節目主持人。一九九一年出馬競選立法局議員落敗。巧的是，陳毓祥和陳冠中是大學時代同學。

「念大學的時候，陳毓祥擔任過香港專上學生聯會『保釣運動中學生組』組長，是一位很

李怡，香港《九十年代》（前《七十年代》）發行人。（作者提供）

活躍的毛澤東派學生。已經很長一段時間沒有從事保釣的他，突然在一九九六年參加保釣，這或許和一九七〇年代的運動有關，但我認為，主要是因為他打算參加區議會議員選舉的關係。」陳冠中說。

由於香港媒體大幅報導陳毓祥溺水事故，使得他成了象徵九〇年代香港「保釣」運動的主要人物。話說回來，香港與尖閣並沒有地緣關係，被遺忘了二十多年的「保釣」問題突然受到眾人關注，顯得有些唐突。

為了解整個脈絡，筆者向見證了七〇至九〇年代香港社會變遷的《九十年代》（原名《七十年代》）月刊發行人李怡提出採訪請求。李怡表示：「一九七〇年代的保釣與一九九〇年代的保釣並無直接關聯。現在幾乎沒有一個香港人會關心保釣運動。」他還指出：「一九九六年的保釣有一部分是媒體搧風點火造成，而整個社會裡也有接受媒體煽動的氛圍存在。」

李怡自《七十年代》雜誌創刊後，有段時間與中共似乎保持著特殊的距離感，有些人還說其實當時的李怡跟中共走得很近，但自雜誌改名為《九十年代》，經過六四天安門事件，且繼香港版之後也發行臺灣版前後這段時間，雜誌開始轉而傾向李登輝主政的國府臺灣，近年來更在香港版《蘋果日報》展開接近港獨派的言論。筆者認為，李怡一路走來的思想及論述傾向，在觀察香港的言論空間與社會環境變遷時，具有指標性意義。

一九九六年二月，香港中文大學亞太研究所針對香港居民所做意識調查顯示，百分之五十五的受訪者回答「自己是香港人」，大幅領先回答「自己是中國人」的百分之三十。在這樣的香港，「保釣」運動引起的關注幾乎超越大陸和臺灣，李怡指出其背後原因在於，「那個時候大家非常憂心香港回歸之後的未來，而民主派這些想對中共刷存在感的非左派，有必要強調自己是『愛國』的」。

中共當初承諾，香港回歸之後由「港人治港」，後來慢慢加上了「愛國愛港」等附帶條件。這裡的「愛國」，不用說當然是以支持中共當局為前提，要先「愛國」，再「愛港」。一九八九年天安門事件前後，許多香港市民不惜透過大規模示威集會支持民主化，與學生站在同在一條船上。民主派的司徒華等人就不用說了，引領一九七〇年代「保釣」運動的《70年代雙周刊》成員吳仲賢也展開了行動。據了解，岑建勳也是參與《70年代雙周刊》的托洛斯基主義者，他成功動員了多名歌手參與聲援民主化的音樂會，不過，這樣的「愛國」並非中共所能接受，對左派以外的香港人來說，中共界定的「愛國」與自己的認知之間有段落差，形成很大的不穩定因素。

《九十年代》月刊在一九九六年十月號刊載了齊辛（李怡筆名）的評論〈沸騰的香港民族主義情緒〉，上面寫道：「保釣成為香港人表現愛國熱情的一個既安全又無需付出代價的絕佳機會。大家競相靠保釣議題愛國，終於找出一個中共與民主派雙方都能接受的共識。」

一九九〇年代之後的香港「保釣」，就像待價而沽的奇貨一樣，誕生在香港回歸前的沉悶空氣裡。

第十四章　從支持民主化到「保釣」

天安門事件成為轉捩點

二〇一二年八月十五日，香港、澳門以及中國大陸的「保釣」人士非法登陸尖閣，這件事成了同年九月之後，大陸各地發生激烈反日示威遊行的導火線。當日本政府於該年九月十日召開內閣會議，決定將尖閣收歸國有時，對此感到不滿的大陸公務船，駛入尖閣諸島鄰近海域以及侵犯日本領海的次數驟增。

根據日本海上保安廳統計，二〇一〇年九月，海上保安廳巡邏艇在尖閣海域與大陸漁船發生衝突後，大陸的公務船在該年入侵尖閣鄰近海域次數，曾一度有所增加：該年九月達二十四次，十月有十四次（二〇〇九年一月至二〇一〇年八月，合計零次）。之後，自同年十一月起至二〇一二年八月截止，每個月約只有零至一位數，但在決定將尖閣收歸國有後次數遽增，二〇一二年九月總計八十一次；十月達一百二十二次；十一月共一百二十四次；十二月也有八十次（進入領海次數每月平均也超過十次），此後，次數多的月份超過百次，少的月份也有二十多次的紀錄。由此可以明白，二〇一二年八、九月間發生的事件，大大地影響了尖閣後來的局勢。

非法登陸行動主要由香港民間組織「保釣行動委員會」籌畫，筆者向該委員會主席羅就（本名羅堪就）提出會面請求時，對方提議「我們到啟豐二號上再聊」。啟豐二號是他們用來前往尖閣的漁船，羅就是名義上的船東。船隻停泊在香港島東北方的漁港，前主席陳妙德據稱也會出席。

筆者與陳妙德約在距離碼頭最近的港鐵筲箕灣站，兩人一同前往愛秩序灣搭渡船。掌舵的老嫗載著我們向啟豐二號駛去。船上有位正在整理漁網與釣具的初老男性，一隻狗睡在他的腳邊，海風輕輕吹拂著華南海面。

閒談之中，筆者發現陳妙德的中文沒有什麼廣東腔。一問之下才知道，原來他是上海人，一九四五年出生。中共政權成立之後的一九五四年，靠著跑遠洋漁船的父親，一家人搬到了香港。陳妙德原本在經營印刷設計公司，一九九六年之後才開始加入「保釣」，未曾參與過一九七一年的「保釣」運動。如前所述，一九九六年香港與臺灣發起「保釣」運動，九月份發生香港「保釣」人士陳毓祥在尖閣附近海域溺斃事件。

「我是從一九八九年五月二十日開始參與政治運動。」誠如陳妙德所言，他是因為聲援六四天安門事件之前的民主化運動，與敢於批判中共的泛民主派人士有所往來，才有了後來人稱「民主臺」這個半常設性集會的誕生。當時的幾位固定班底後來也開始參與「保釣」運動，現任主席羅就也是其中之一。

羅就在一九四八年出生於香港。從事工地建設的他，也不忘參與社會運動，批評港英政府的住宅政策等。雖沒有參加一九七一年「保釣」運動的經驗，但羅就說：「我親眼目睹警察毆打學生，心裡非常憤慨。」羅就和陳妙德一樣，都是在一九九六年以後才開始參與「保釣」運動，羅就還是熱情投入一九八九年聲援民主化運動的人士之一。

當筆者詢問他們非法登陸尖閣的前因後果以及最近有何活動時，兩人從頭到尾都在批評「日本的非法侵占」以及「臺北和北京的顢頇無能」。

話說回來，這兩位當時關心的是二〇一七年的香港行政長官選舉，這一天兩人也花了相當多時間在批評香港的現況。尤其是在工地現場進進出出的羅就，他甚至用「地產霸權」一詞，一再譴責財閥利用政府廉讓的土地當作資金，獨占香港財富，可以感受得到他對香港現狀的極度不滿。

羅就還說：「我在參與保釣運動之前，和日本沒有什麼接觸。」誠如這句話所示，羅就對日本的印象，大多來自對歷史的刻板印象，以及經由「保釣」運動所接觸到的日本官員帶給他的印象。

支持「雨傘」的「保釣」人士

曾經手持五星紅旗非法登上尖閣的曾健成（阿牛），也是在六四天安門事件前後期間走上從政之路的一位。曾健成一九五六年出生，是泛民主派地下電臺發起人，一九九五年至一九九九七年期間擔任立法局議員。平時就以敢於批判體制為人所熟知，二〇一四年秋天，當學生為了訴求「行政長官真普選」，在香港鬧區發起「雨傘革命」時，他也和學生站在同一陣線，從事抗議活動。

談到自己和日本的關聯，曾健成表示：「是從一九九〇年初，與立法局（立法會前身）議員何俊仁一起調查有關中國人在二次大戰期間的受害情形開始。」他還提到自己曾去東京迪士尼樂園度蜜月，一副非常懷念的樣子，看來，他並不是一開始就和日本有什麼過節。

筆者拜訪他位在柴灣的辦事處，詢問他為何手持五星紅旗前往尖閣，結果曾健成回答：「只要能代表中華民族，拿什麼旗子都好。就算被日本沒收了，如果是五星紅旗的話，反正對它也沒什麼特別的感情，就不會生氣。」這種冷眼對待中共的態度，以及他們身為香港這個原本是英國殖民地，後來成了特別行政區居民的自尊心，筆者認為，將這些情懷巧妙結合在一起的，正是香港人透過日本這個外人而意識到的中華民族意識。

筆者也採訪了與曾健成一起非法登陸尖閣的澳門「保釣」人士伍錫堯。從他身上也幾乎感覺不到，他對日本有什麼特別的關注。

伍錫堯一九六七年出生，廣東人。一九八〇年代從廣東臺山偷渡到澳門。他說自己「定居澳門之後，開始參與勞工運動或民主化運動。二〇〇五年參與反對日本加入聯合國常任理事國運動，後來就順勢加入了保釣」。黃錫麟曾說：「為了標榜是全世界華人的保釣運動，有必要在澳門也成立組織，伍錫堯因而成了澳門方面的代表。」假如他這番話屬實，那麼，比起臺灣

曾健成，前香港立法局議員。（作者提供）

2012年8月15日，「保釣」人士非法登陸魚釣島。拿著五星紅旗走前鋒的便是曾健成。（黃錫麟提供）

和香港的「保釣」運動，澳門方面的運動在時間上，落後前二者相當久的一段時間。澳門不同於香港，傳統上，它和北京中央的關係相對比較穩定，或許是因為這個緣故，從伍錫堯的話當中感覺不出在地性很強的「保釣」人士的氛圍。

另外，只要香港發生什麼反體制活動，必定無役不與的古思堯也是非法登陸尖閣的一員。

古思堯穿著一件T恤，上面除了五星紅旗外，還有毛澤東、周恩來、朱德和劉少奇四位建國領導人的側臉，腳上是一雙功夫鞋，一副很輕鬆休閒的裝扮，來到與筆者相約的地點。不知道是不是筆者想太多，感覺他身上有一股淡淡的酒味。對於筆者的問題，古思堯娓娓而談，從自己過去是個熱烈支持中共的共產主義者，到後來對改走改革

2012年8月21日，香港群眾迎接登島歸來的曾健成。（黃錫麟提供）

開放路線的中共內部嚴重腐敗而感到失望，以及天安門事件讓他和中共的立場徹底決裂等。古思堯一九四九年廣東省出生，據他本人表示，他在大陸有妻室，自己的胞弟在故鄉擔任政治協商委員。

談論到前往尖閣一事時，古思堯表示：「是為了凸顯無能的中共並沒有統治釣魚臺的事實，才前往島上的。」他還一再重述：「日本很先進，是個了不起的國家。」甚至接著說：「只要中共一天不倒臺，西藏、新疆和臺灣最好通通都獨立。」

筆者過去接觸過很多「保釣」人士，卻從沒有遇過這樣的情況。因此筆者問：「那如果中共倒臺了，是不是還要獨立？」

古思堯立刻咧著嘴笑說：「那就沒必要了啦。中華民族本來就是一家人嘛！」

他笑得很開心，筆者卻像洩了氣的皮球渾身無力，兩人之間有一種尷尬的沉默。在這裡，筆者再次見識到民族主義不易搞定的威力。

另外，古思堯於二〇一七年十二月二十九日，因涉嫌在遊行時侮辱五星紅旗，於灣仔警察總部門外受到拘捕。據港媒報導，他承認「焚毀五星紅旗及區旗，百分之兩百要坐監」，又揚言是故意觸犯法例，「判多重都無所謂」。

大陸「保釣」現身

將香港「保釣」人士的系譜稍做梳理後，筆者發現，一九七〇年代的運動是以毛澤東派及托洛斯基主義者渾然融成一體的左派學生為核心；然而，那些參與一九九〇年代釣運的知名人士，像是一九九六年前往尖閣的何俊仁（民主黨）、曾健成（社會民主連線）、梁國雄（同前，暱稱長毛）等，顯然都屬於泛民主派人士。筆者這次採訪的陳妙德、羅就與古思堯也在泛民主派之列。香港回歸之後，這些人一邊批判中共，一邊又以中華民族主義為依歸，持續擁抱著不同於中共所倡導的愛國意識。這個事實，對於了解他們與大陸「保釣」人士彼此攜手合作，具有重要意義，接下來筆者就要介紹雙方合作的情形。

誠如一九九六年的釣運所示，臺灣因為在地理位置上比較接近尖閣，可以作為燃料補給站，因此，香港與臺灣的「保釣」人士很早就在摸索彼此合作的可能。

歸納香港「保釣」人士陳妙德、羅就、曾健成以及臺灣「保釣」人士黃錫麟、殷必雄等人的話會發現，臺港「保釣」人士彼此真正開始聯絡，是一九九六年以後的事。這一年秋天臺港雙方共同前往尖閣，使臺灣、香港以及海外的華人社會獲得串聯，這樣的人際關係，成了「保釣」運動飄洋過海最大的支柱。

當時，臺灣在李登輝主政下，正在進行所謂的「本土化」；而香港在回歸前後，對中共的統治感到惶惶不安；還有旅居海外各地的華人「保釣」人士，將這三方聯繫起來的一個心理因素，可以說就是超越政權或政府的中華民族主義。而這個中華民族意識，後來還把香港以及「保釣」運動處女地——大陸的「保釣」人士結合在了一起。

根據陳妙德及羅就的回顧，一九九八年，一位名叫張立昆的大陸「保釣」人士以自由行名

羅就，香港保釣行動委員會主席。（作者提供）

陳妙德，前香港保釣行動委員會主席。（作者提供）

古思堯，香港異議分子。（作者提供）

義來到香港，大家一起前往島上，為香港與大陸「保釣」人士攜手合作揭開了序幕。據臺港「保釣」人士透露，張立昆一九六四年出生於天津，曾在中國人民解放軍海軍航空兵服役。一九九二年退役後，從報紙上看到民間向日本賠償的訊息，開始關注相關活動，因此結識了活動發起人童增（待後詳述），之後也開始加入「保釣」運動。

張立昆這一加入香港釣運，促成才剛起步的大陸「保釣」人士與香港方面展開互動，不久後，還和臺灣及北美的「保釣」人士搭上了線。

聽到這樣的來龍去脈，筆者向臺北黃錫麟請求介紹一位大陸「保釣」人士，於是他推薦了住在福建省廈門的李義強。那是二〇一三年初夏的事了。這一年六月十三日，「世界華人保釣聯盟」（世保）第一屆第二次年會在澳門召開，各地「保釣」人士都會參加，黃錫麟說會在該場合介紹筆者和李義強認識。據說，世保是由臺灣的「中華保釣協會」、香港的「保釣行動委員會」以及澳門、北美等各團體以及中國大陸「保釣」人士所組成的團體，成立於二〇一二年。二〇一二年八月十五日強行非法登上尖閣的團體也名列其中。

來到指定地點，筆者發現那是一棟鄰近澳門和廣東省邊境的商業大樓，快到下午開議時間，除了廣東話之外，還有操著各省口音的人士三五成群地魚貫進場。筆者在三樓會場一家飲茶餐廳的角落，向世保秘書長李義強自我介紹，並表明來意希望能夠採訪他。黃錫麟也在旁邊幫忙說項。然而，李義強自始至終態度冷漠，一副「對日本媒體沒什麼好說的」的表情。來採訪年會的一家日本電視臺上海分臺的大陸人助手也感嘆：「他每次都不接受日本媒體的採訪，實在很難纏。」眼看這一天採訪無望，筆者於是離開了澳門。

不過，筆者後來在臺北採訪旅居北美的「保釣」人士陳憲中時，無意中得知李義強預定在七月底結婚，各地「保釣」人士將會前往廈門道賀，於是再度透過黃錫麟向李義強轉達希望出席婚宴的意思，這次他倒是沒有拒絕。

喜宴前一晚，從各地前往廈門的「保釣」人士齊聚在李義強家中，表示要預先慶祝一番，因此，在黃錫麟等人的帶領下，筆者來到李義強家中。他家位在廈門市南方的一座山上。據李義強表示，以前住在廈門市中心，自從參與「保釣」運動以來當局就不斷上門取締、找碴，只好一再更換據點，後來資金見底了，不得已只好搬到山上住。

汽車在漆黑的山路跑了足足有二十分鐘吧？筆者來到有群山和稻田環繞的獨棟清水模建築前。

提前慶賀的酒席就在李義強家後院空地舉行，在昏暗的深山裡，二、三十位男士就著外燴料理舉杯暢飲。除了黃錫麟等臺灣「保釣」人士外，筆者也和陳妙德、羅就等香港方面以及來自大陸各地的「保釣」人士交談。筆者原本擔心自己的出現會惹人嫌惡，但因為有黃錫麟的介紹，加上是喜慶場合的關係吧，氣氛還算融洽。有幾位賓客還來向筆者要名片，口中還說「第一次親眼見到日本人」。

後來，有位彪形大漢手上拿著酒杯向筆者靠近。他是張立昆。張立昆問筆者哪裡人，當筆者回覆自己來自神戶時，他問：「我的故鄉天津和神戶是姊妹市，你知道嗎？」

神戶市與天津市在日中邦交正常化之後的一九七三年六月二十四日締結為友好都市，由於這是中國大陸城市在共產政權之下，首次與外國城市締結姊妹市，因此似乎讓人留下特別深刻的印象。張立昆還隨口舉出高倉健、中野良子、芹洋子、山口百惠、宇津井健，乃至於《阿信》等日本演員或是歌手的名字和電視連續劇的名稱，問筆者「知不知道？」或者「現在是不是還很紅？」之類的問題。

高倉健主演的電影《追捕》，在大陸吸引了八億觀眾，山口百惠主演的連續劇《血疑》在一九八〇年代上映時，據說也得到觀眾熱烈支持。他問的這些人，都是在政府主導下，日中關係正處於蜜月時期的象徵性人物。不知道是不是興頭來了，張立昆開始哼唱起「GODIEGO樂團」的英文歌〈Beautiful Name〉（漂亮的名字），說是曾經去看過他們的演唱會。不只是張立昆，不少大陸居民都很懷念那個時代的日中關係。只是它同時也讓人感覺，自一九九〇年代以來，民間交流雖日趨頻繁，然而日中關係留下的齟齬與摩擦，至今仍讓雙方感到困惑，有種不適應或不對勁之感。

隔天的婚宴上，來了更多的「保釣」人士，意外成了一個能夠全面俯瞰「釣運」人士彼此人際關係的場域。筆者坐在角落的位置，和那些打過照面的成員東南西北閒聊。沒多久，有個微醉的年輕男子走過來對筆者糾纏不休，頻問：「你是日本的媒體？你認為釣魚島是中國的領土還是日本的領土？」

醉漢身邊有位男性，他似乎是醉漢的同伴，這位男性雖出手想要制止，醉漢依然窮追不捨，不斷以言詞挑釁。在這樣一個婚宴場合，而且又是在別人的地盤，筆者正愁不知如何應對，突然間，從背後傳來低聲斥責的聲音：「別鬧了行不行！喝醉了就想找碴，沒出息！人家是班長（李義強）的客人，特地從海外來的。你想丟中國人的臉嗎？」筆者循著聲音傳來的方向看過去，見到一位有點剽悍強勢的中年男性。

醉漢有點不服氣地離開後，筆者向他打招呼，結果對方反倒安慰筆者：「中國人口眾多，教育程度也參差不齊，什麼人都有，有些人只會用那種方式來表達對日本的感情，你別介意。」他還對筆者說：「今天不聊那些複雜的話題，Welcome to China！」作勢和筆者乾杯。幸好危機就這樣順利解除，筆者也鬆了一口氣，同時也有點驚訝，居然有人能如此沉著應對。筆者再度感覺，這場群眾運動及其周遭真是龍蛇混雜，各式各樣的人都有。

來賓們除了祝福新人婚姻幸福美滿，還一邊高喊「保釣」口號，一邊乾杯，在這個有些與眾不同的婚宴上，筆者還見到了童增的身影，他在日本以「保釣」人士身分廣為眾人所知。當筆者向他提出採訪請求時，他說他隔天就要回北京，要談到北京再談，於是筆者立刻當機立斷，決定啟程前往北京。

出發點在於民間對日索賠

以日文在網路上檢索童增的名字，映入眼簾的大都是「反日運動人士」或「民族主義愛國者」之類的人物評價，無一例外。用中文檢索的結果，則會看到「民間對日索賠第一人」或是「保釣人士」之類的頭銜，形成一種對比。另外，在中國大陸，童增是個具有知名度的「保釣」人士，算是個例外。

在此順道提一下，除童增之外，其他像是張立昆、李義強等人的活動在大陸內部幾乎很少被報導，可能是因為這個緣故，印象中幾乎沒什麼人知道他們。筆者私下向北京和上海的媒體或學術界的友人確認時，關於童增部分，因為大陸民間對日本索賠的關係，是有些人記得他，至於其他「保釣」人士，幾乎沒人對他們有具體印象。姑且不論對這些人的印象如何，至少在臺灣和香港社會，大家都知道有「保釣」人士的存在，就這點來說，中國大陸的情況稍微有所不同。

筆者來到童增位在北京市的投資顧問公司，簡單打過招呼後，不等筆者開口，他已經開始談起過去的活動情形。一九五六年，童增出生於重慶（籍貫湖北省），四川大學經濟系畢業後，進入北京大學攻讀法學碩士課程，修學國際

童增，中國民間保釣聯合會會長。（作者提供）

法。採訪之前，筆者將他想像成一個「態度強勢的民族主義者」，不過這一天，他的口氣始終平靜沉穩，相當健談，說話就像行雲流水般順暢，顯見他對媒體已經習以為常。

歸納童增談話的重點，他是因為看到歐美各國對東西德統一後誕生的新國家提出索賠的中文報導，從中得到啟發，決心發起民間對日本的索賠運動，於一九九一年向全國人民代表大會提出意見書。至於參與「保釣」，則是一九九六年的事。在香港發生大規模「保釣」示威遊行之後的同年九月一日，童增和其他民間人士共計二百五十七位聯名發表一封譴責日本的公開信，九月八日宣布成立「中國民間保釣聯合會（聯合會）」。

回憶過往，童增表示：「雖然宣布了成立聯合會，但因為政府的封鎖和警察的干涉，並沒有做出什麼大事。」關於背後原因，童增指出：「當時的中國政府基於經濟考量，選擇以中日友好為優先，對於當局鞭長莫及的民間愛國運動，抱持高度警戒姿態。」他還說：「進入本世紀以來，因為網路普及迅速，有關中日關係的問題點以及外部的保釣運動資訊大量流入，結果也為保釣運動帶來蓬勃生機，到了二〇〇三年終於能夠真正發起活動。」

同年六月二十二日，從浙江省玉環縣的黃門港出發，預定前往尖閣的船隻起航，創下大陸內部人士從事「保釣」先例。同年五月十九日，先前提過的張立昆以及馮錦華（二〇〇一年，為抗議當時的日本首相小泉純一郎參拜靖國神社，引發「靖國神社噴漆事件」，後依毀損器物罪遭判有期徒刑，但得以緩刑）等人透過一個喜歡討論愛國主義話題的網站「愛國者聯盟網」，招募參加志士，同時募款籌資，結果有上百人志願登陸，十三人雀屏中選。這十三人與從香港趕來參加的羅就及羅就的同伴，共計十五人於六月二十二日清晨搭乘漁船前往尖閣。船隻在隔天二十三日中午左右抵達尖閣附近海域，於入侵日本領海時遭到海上保安廳驅離。一行人在尖閣近海逗留了數小時，除了燃燒日本國旗，高呼「保釣」口號外，也向一九九六年溺斃的陳毓祥獻花追悼。

登島行動雖告失敗，但大陸民間團體首度出航這個事實深獲網友們共鳴，紛紛獻上喝采，日中雙方政府則是嚴加戒備。同年十月七日及隔年一月十三日，雖又各自從廈門出海，依然不得其門而入。三月二十三日第四度出海，隔天二十四日清晨，馮錦華及張立昆等七人終於非法登陸尖閣。在此之前的二〇〇三年十二月二十七日，長久以來一直有名無實的聯合會正式在廈門成立，開始運作。童增被推舉為會長，張立昆、馮錦華、李義強等七人列名常務委員（二〇〇五年李義強退出，現為六人）。北京民政部不承認其登記為社會團體，改在二〇〇四年十一月於香港登記。

童增表示：「這段時間是整個活動的高潮。二〇〇四年成功登島後，中日兩國之間似乎交換了不准出海及登島密約。要從大陸出航一次比一次困難，後來有七、八次出海行動也都以失敗告終。聯合會再也沒有參與出海。」隨著聯合會的活動再次銷聲匿跡，該會與李義強等主張以登陸尖閣為優先的廈門成員之間，逐漸出現分道揚鑣局面，大陸內部的釣運漸漸轉由李義強等人主導。

當筆者問到二〇一二年九月，日本政府宣布尖閣群島國有化之後的激烈示威遊行時，童增表示：「我們不會從事反政府活動或是過度劇烈的破壞活動。一旦訴諸暴力，就得不到輿論的支持。」他還說：「以前我們雖然曾經聲援過示威活動，但現在這個時代，光靠網路就能聚集人群，不需要我們出面來組織。」據稱，二〇一二年那場示威抗議，有些人因為毀損器物遭到逮捕而來向童增求援，對此童增說：「那都是一些素未謀面的人，而且是屬於刑事犯罪，所以我通通拒絕了。中國的示威抗議，參加者未必都是跟你訴求的內容心有戚戚的人，非常複雜。」

童增不愧是投資顧問公司的老闆，在筆者採訪期間，他的電話鈴響了好幾次，看起來非常忙碌。

筆者要告辭時，他對筆者說：「我雖是個愛國者，但未必反日。相反地，長遠來看，我認為中日兩國應該建立友好關係才行。在我從事民間賠償訴訟過程中，我深深體會到中國民間那種根深柢固的反日情感。正因如此，唯有徹底解決賠償和領土問題，才能真正為中日長期友好打下基礎。」他還說，「現在年輕人也多起來了，我也幾乎沒在從事保釣。聯合會的事我都交給電影導演李楠處理，希望你可以去問他。」說完就匆匆離開了。

與一九七〇年代釣運的雷同性

在童增的介紹下，筆者走訪了李楠。約定的地點是建國門外的「外交公寓」。那是專門給外交部旗下外國人居住的華廈，聽說現在也有很多外國媒體的北京分社或外國人住在裡面。筆者與李楠交換名片，他的名片上面寫著「大型電視／紀錄片　中國釣魚島　導播」。

筆者詢問拍攝狀況如何，李楠表示：「資金籌措不如想像中順利，遲遲沒有進展。」問起聯合會的近況，他說：「雖是大陸唯一的組織，但因為當局干涉，最近沒什麼特別顯著的活動，處於有名無實狀態。我們沒有專屬的員工，最近大家又都忙著自己的本行，我時間上比較有空，就負責公關宣傳和涉外事務。」

李楠一九七一年出生，在北京長大。就讀北京電影學院，他表示，自己畢業後在CCTV（中國中央電視臺／央視）工作。他二〇〇〇年開始參與「保釣」，在此之前，據稱與日本沒有任何瓜葛。回顧過去，李楠說：「我們舉辦網路會議，討論愛國主義等議題，也在南京辦過網聚。但因為中國情況特殊（當局的干涉與阻撓），運動遭到挫敗，不過，二〇〇三年加入新血輪之後，保釣再度興盛起來。參加人數超過二〇〇〇年的規模，網路對中國民間社會的影響實在是太大了。」

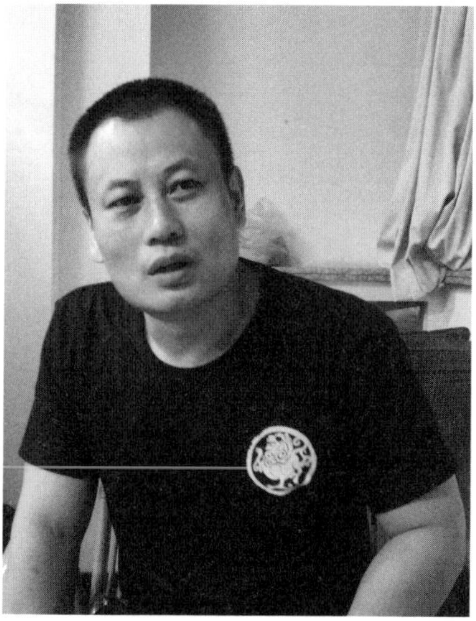

李楠，大陸「保釣」人士、電影導演。（作者提供）

他還表示：「網路讓釣運得以拓展，參加的人年齡明顯變年輕，尤其以二十幾歲的參與者最多。但是年輕世代關注的對象很廣，很少人能長時間從事相同活動。因為保釣而開始關心環保、社會問題以及維權運動的也大有人在。」

李楠指出：「為了拍電影，曾經收集也讀過和過去的保釣運動相關的資料，深覺大陸過往的保釣運動，和一九七〇年代之後的臺灣或北美保釣運動走過的軌跡，有許多重疊的地方。」他說：「當時的臺灣和現在的大陸有許多不一樣的地方，但是青年人滿腔滾滾熱血參加保釣，政府卻冷漠對待，有時還加以鎮壓，不久，運動分裂，部分人士開始致力於其他社會問題，這些點卻相似極了。為了安撫北美的保釣運動，那時候的臺灣官員要學生『顧全大局』或是『以國家利益為重』，這些都和當今中共對我們說的，毫無二致。」

披著民間愛國運動的外衣，七〇年代的北美及臺灣的「保釣」，過沒多久開始轉而質疑及譴責國府，昇華成一股社會改革的力量。根據李楠的說法，類似的情節，也在大陸內部默默地上演。李楠這番感想強而有力地佐證了筆者心中的假設，讓筆者感到相當興奮。

「你會在意北美和臺灣釣運的結局嗎？」李楠不假思索地回答：「當然。」

他苦笑著說：「我聽說，現在臺灣和香港的釣運都是以老人以主，年輕人很少參與。大陸也是，年輕人平常很少關心這件事，放眼望去都是我們這些老面孔。這點也是沒兩樣。」

據李楠說，為了「保釣」，他辭去央視的工作，紀錄片的製作卻遲遲沒有進展。筆者感覺，李楠對於這樣的現狀，似乎有些焦躁不安。

關於一九八九年發生的六四天安門事件，李楠說：「那一年我十八歲，當時是站在學生和民眾的角度在思考。這對我的影響很大。」他還下了一個總結：「如今回頭想想，雙方都欠缺冷靜。大家如果都不退讓，根本無法解決任何問題。」而當話題觸及日中關係時，李楠說：「兩國的關係，將來免不了要惡化，我認為應該以武力奪回釣魚島比較好。」

「一旦開戰，日中兩國會兩敗俱傷，這不是很沒有意義嗎？」對於筆者的疑問，李楠回答：「尊嚴不是理性的數學問題。如果協商或國際法庭仲裁都無法解決問題，不如靠打仗來做決定，這也是個辦法。只不過，現在的中國政府大概沒有戰爭的氣魄吧。」

對於「當局昏聵顢頇」的不滿，也是一九七〇年代「保釣」運動共同的情緒。或許，當時學生的內心也是如此焦躁，充滿窒礙難行之感吧。看著李楠嚴峻的表情，筆者腦海中浮現出一張張老「保釣」人士的臉孔，他們都是筆者曾經採訪過的對象。

第十五章 民間愛國運動「保釣」

奉獻私產投入「保釣」運動

數日後，筆者回到廈門，再度登門拜訪李義強。白天來到他家才發現，四周群山翠綠鮮豔，讓人再次深感他家距離熱鬧的廈門市中心有多麼遙遠。由於中途曾和幾輛軍用卡車擦身而過，筆者事後問李義強才得知，原來他家附近有個中國人民解放軍的營地，從那裡可以俯瞰對岸的金門島。

李義強，世界華人保釣聯盟秘書長。（作者提供）

相對於筆者在北京採訪的童增及李楠已經淡出第一線，處於半退休狀態，李義強至今依然直接參與「釣運」，也就是所謂「現役」的「保釣」人士。筆者認為可以從他的談話，了解到「保釣」運動在中國大陸的來龍去脈，以及得到一些洞察未來發展的線索。

李義強一九六八年出生於廈門。高中畢業

後，一九八九年參加中國人民解放軍，這似乎就是他「班長」綽號的由來。一九九一年退役，在軍方斡旋下任職於一家建造機械的國營企業。二〇〇〇年離職後，開始經營網咖連鎖店，有段時間還開了家與太陽能產品有關的公司，事業經營得有聲有色。「我自認很有做生意的頭腦。」他本人也這麼說。

李義強是在二〇〇三年投入「保釣」運動。該年五月十九日，「保釣」人士透過「愛國者聯盟網」招募有意登陸尖閣的志士，並募款籌資，李義強也報名參加，六月二十二日清晨搭乘漁船前往尖閣。當時他是網咖老闆，事業做得很大，除了「保釣」外，沒有參加其他運動的相關經驗。對於參加「保釣」的動機，他說：「一開始是受到愛國心驅使，在參與之前和日本沒有什麼接觸。那時候生意做得很順利，也只把保釣當作是人生經驗的一環，沒想到後來卻越陷越深，連私家財產都投了進去。」

李義強居住的廈門，是中國大陸「保釣」運動的一大據點。繼聯合會於二〇〇三年十二月在廈門成立後，由李義強等人主導的「南方保釣聯盟」（南保）也在二〇〇四年成立，但因遭當局取締，二〇〇五年即告壽終正寢。原本世保也預定在廈門成立，但因當局不核准，而在二〇一一年成立於香港。李義強表示，如果要實地前往尖閣，從廈門出發的話，大概要走三百海里遠，但若從福建省和浙江省交界的寧德前往，大約只要兩百海里就能到。但後來因為考量廈門的都市機能，以及當時李義強在廈門做生意，資金方面比較充裕，有利於活動進行，因此，最後還是以廈門作為據點。

筆者問李義強，他或者是聯合會是否曾在中共當局的授意下，替中共做過什麼事？結果，他以唾棄的口吻說：「沒有。過去不管我搬到哪裡，當局就在我家附近弄個專門監視我的小屋子，二十四小時監控我的行動。他們只會騷擾我，我沒有受過委託或接受什麼指示，我們之間沒那種關係。」

李義強示意筆者往他家外面看，果然看到大門口旁邊蓋了一棟混凝土小屋。

「以前他們裝了四臺監視器。我被他們搞煩了，兩年前某個晚上就把所有監視器都砸了，還警告他們：『不管你們裝幾遍，只要被我看到，我見一個砸一個。』監視設備很貴，一套要價五萬人民幣，大概是因為這個關係吧？他們到現在都沒裝新的，不過還是持續在監視當中。」李義強皺著眉說。

事實上，筆者曾經耳聞，很多大陸「保釣」人士因為公安的監視，生活過得並不自由，也有人因為經濟因素，耽誤了婚姻或影響到就業。有一位成員如此表達內心的不滿：「參與保釣後，三天兩頭就被公安找去問話。有一次正要去參加抗議日本的示威遊行，卻不知道被誰壓著猛打。我是要去參加愛國活動，竟然遭到國家阻撓，簡直莫名其妙。」關於這些情況，筆者問新婚的李義強有何看法，他感慨良多地表示：「說不會影響到實際生活，那是騙人的。就這個意思來說，我還算是受到老天爺眷顧。」

李義強自嘲說：「大陸的保釣運動可說是一波三折，挫敗不斷。當局幾番迫害之後，很多夥伴選擇離開，自己原本不過是一介自願參與者，到最後卻變成是運動的推手。」李義強表示，他本來也是聯合會的創會元老，是七位常務委員其中之一，大約在二〇〇五年左右，童增主張「暫時停止保釣，等國家強大之後再重新展開行動」。但李義強認為「保釣最重要的，是要實踐與持續」，因此，雙方認為恐難再以聯合會身分採取相同步調，只好走上分道揚鑣一途。據李義強表示，聯合會的根據地在首都北京，因為目標太過醒目，一路走來各種壓力不斷。而童增和李楠也各有自己的事業和工作，並沒有像他一樣為了全心「保釣」，而把事業擺在一邊。李義強說，可能是因為這個關係，聯合會後來和「保釣」運動之間的距離越來越遠。後來聯合會停止運作，組織有名無實化的結果，該會與李義強之間的理念不合也自然消失了。因此，聯合會並未加入港臺「保釣」人士攜手合作的世保，而李義強等大陸「保釣」人士則是以個人名義加入。

參加環保示威抗議遭逮捕

李義強過去曾四度嘗試登陸尖閣。第一次是在二〇〇三年從浙江出發，除此之外，都是從廈門出海。他憤怒地表示：「每次出航都遭到中國政府攔阻。」關於其背後原因，李義強強調，「二〇〇四年三月二十四日，大陸民間保釣人士首次登島成功後，中國政府便和日本小泉政府交換了密約，禁止中日雙方民間保釣人士出海。」（關於密約一事，日本媒體《AREA》週刊也在二〇一〇年十月二十五日發行的雜誌有相關報導。）

據稱，李義強曾在二〇〇七年一度鋃鐺入獄。但不是因為「保釣」運動的關係，而是因為參加了一項反對廈門設置生產有劇毒化學品「對二甲苯（ＰＸ）」工廠的示威遊行。廈門市政府於二〇〇四年二月獲國務院核准，得以建設生產「對二甲苯」化工廠，但市民基於環保，發起反對運動。李義強因為這次遊行被捕，在牢裡過了五十五天的鐵窗生活。

回顧過往，李義強說：「策畫該活動的人都被當局拘捕無法參加，自己因為有保釣運動的經驗，為了避免發生混亂場面，就挺身而出站在第一線。當局怪罪我沒有申請遊行許可，是非法行動，但活動又不是我策畫的，是要我去申請什麼？遊行那天是六月一日，再過幾天就是六四天安門事件的日子，我擔心萬一發生騷動，場面會一發不可收拾，就和當局談判，『為了避免騷動，等遊行結束以後再來協商』，後來遊行順利落幕，整個過程也沒有發生什麼混亂局面或暴力行為，但我在活動解散後卻被逮捕，當局恐嚇我，說要判我兩年有期徒刑。看來，我因為保釣運動被他們盯上了。」

李義強動不動就把「愛國」兩個字掛在嘴邊，卻跑去參加反對政府定案的抗議有毒化工廠運動，這樣不會自相矛盾嗎？聽到筆者的疑問，李義強這樣回答：「環保是我們的問題，為了下一代著想，這也是我們責無旁貸的責任。我愛故鄉的心和我愛國家的情沒什麼兩樣。反對蓋劇毒工廠是為了故鄉，保釣是為了國家，也就是為了正義。」

進入本世紀以來，隨著大陸社群媒體逐漸發達，民間的力量也開始明顯茁壯成長。筆者問李義強，站在民間運動的觀點，他是如何看待「保釣」運動和反對毒工廠運動。李義強的說法是：「這兩者都是民間運動的先驅。保釣運動是一九四九年新中國成立以來，民間第一個自發性的愛國運動；反對毒工廠運動則是依靠民間的力量，推翻當局決定的第一個例子。」

李義強雖然說當局監視、騷擾他，但是二〇一二年八月二十六日他接受央視《面對面》節目獨家專訪，節目中他針對同年八月十五日發生的香港「保釣」人士非法登島一事做解說。能夠上國營媒體接受專訪，難道不是和當局關係獲得改善的證明？

面對筆者的疑問，李義強回答：「我認為那是因為當局斷定，我所屬的世保有利用價值，而不是因為他們和我個人的關係有所改善。他們現在還在持續監視我。我們之所以重視世保的架構，是因為我們不想畫地自限，把保釣當作是發生在大陸或是臺灣、香港等區域的問題，我們是基於團結全世界華人的概念，想要賦予它一個民族性的格局。意思就是說，我們要把大陸的民間保釣運動，界定為全世界華人運動的一環，藉此擴大運動的視野和規模。釣魚島情勢瞬息萬變，或許是世保揭櫫的理念，在那個階段正好與中國政府的目標方向一致吧。所以他們找我上節目，這樣一來就可以向觀眾介紹，說我們大陸的保釣人士也和臺灣以及香港、澳門乃至於海外的華人保釣人士一樣，都非常致力於釣運。何況世保在香港有正式的法人登記，用來號召也比較名正言順吧！」

自二〇〇七年以來，李義強所有出境申請都遭到駁回，但據說，二〇一一年三月之後，當局就不再阻撓他出國。關於背後原因，李義強說：「（針對限制出國等問題）過去我和當局談判的時候，都稱自己是個愛國者，不過，從二〇一一年以後，我改口強調自己是一個中國公民，你不讓一個沒有任何犯罪紀錄的普通公民出境，就要給個萬民都能接受的理由，不然就是對基本人權的侵犯。」

他還說：「在這個國家，打官司未必能徹底解決問題。我也曾經想過要控告公安當局，但是法院不受理。既然司法不能解決問題，那就只有談判了。」

「中國歷代政權都是親日的」

當時，李義強偶爾會在網路留言板上發表對日中關係或美中關係的評論。筆者曾看過其中幾篇，歸納他的評論給人的印象，以及筆者與他本人面對面交談時的感想，李義強對日本的認識，大部分和香港「保釣」人士很雷同，其主軸不外乎在批判「日本帝國主義霸權以及戰後日本的歷史修正主義」，或是譴責「美國的帝國主義政策以及對美帝亦步亦趨的日本」。

包含李義強在內，多數大陸「保釣」人士都對日本政府在尖閣問題，以及日本為了進入聯合國常任理事國所從事的活動，及修憲等議題所表現的態度感到強烈懷疑與憂慮。同時，每當碰觸到日本侵略中國、殖民統治、戰後賠償或是所謂慰安婦等議題時，就不假辭色對日本展開嚴厲批判。筆者很想知道這樣的他，就自己的國家對日本抱持的態度作何感想，結果，李義強一邊細數歷代領導人的風格姿態，一邊說明：「毛澤東和周恩來對海洋的概念稀薄，就算他們沒想過要放棄島嶼主權，但我懷疑他們對島嶼的重要性究竟了解多少？這樣導致的結果就是『擱置爭議』，這實在是外交上一個很重大的挫敗。中共之所以能夠奪取政權，有一部分是因為日本侵略中國造成的結果，這是一個歷史事實，所以老一輩的領導人，內心都對日本抱持既特殊又複雜的情感，在鄧小平之前的世代，幾乎清一色都對日本非常友好。」

的確，一九六一年一月二十四日，毛澤東會見日本社會黨眾議院議員黑田壽男時曾經提到：「就是因為日本『皇軍』占領了大半個中國，中國人民別無出路，才覺悟起來，才武裝起來進行鬥爭，建立了許多抗日根據地，為解放戰爭的勝利創造了條件。所以日本軍閥、壟斷資本幹了件好事，如果要『感謝』的話，我寧願『感謝』日本軍閥。」此外，一九六四年七月十日社會黨訪問大陸，毛澤東也向訪問團團長佐佐木更三表示：「我曾經跟日本朋友談過。他們說，很對不起，日本皇軍侵略了中國。我說：不！沒有你們皇軍侵略大半個中國，中國人民就不能團結起來對付你們，中國共產黨就奪取不了政權。所以，日本皇軍對我們是一個很好的教員。」「日本軍國主義給中國帶來很大的利益，使中國人民奪取了政權，沒有你們的皇軍，我們不可能奪取政權。」李義強說：「這種對日本的特殊情感，一直主宰著領導階層，少說也維持到改革開放初期。」他還指出：「我小時候，老百姓之間雖然還留有抗戰時期受害的記憶，但是日本的卡通或是《阿信》等連續劇在中國也很受歡迎，我自己也常看。在當局還能主導輿論的一九八〇年代之前，中日關係大致來說是良好的。日本在中國的改革開放政策當中，扮演著不可忽視的角色，這是個客觀的事實，應該要老實承認。」

李義強說：「一般老百姓對日本的情感開始惡化，是在一九九〇年代中期以後。隨著中國經濟成長步入軌道，資訊流通和擴散的腳步迅速加快，也產生了推波助瀾的效果。」

這段時間相當於江澤民政權中期階段。筆者問李義強：「江澤民時代算是反日政權嗎？」

他的回答讓筆者大感意外：「江澤民時代屬於過渡時期，他的基本態度和過去的政權一樣，都算是比較親日的。」李義強還說：「因為是在六四天安門事件之後才成立，江澤民政權打擊民間運動向來不遺餘力，這是他的宿命。再加上當時正值法輪功勢力擴大，更加深江澤民對民間的警覺和不信任感。這些都妨礙了民間保釣運動的成長。」

當筆者告訴李義強，在現今的日本，沒有人認為江澤民「親日」的時候，他回答：「那是因為一九九八年江澤民訪日期間，在歷史問題方面碰巧和日方有些不愉快的經驗。還有，日本方面將他推行的愛國主義教育，解讀成『推行反日教育』這點也脫不了關係。江澤民之所以會在日本發脾氣，只不過是因為覺得臉上無光而已，從他的人事安排和言行舉止來看，至少他不是反日的。」

他語帶不滿地說：「從保釣運動的角度來看，在一九九六年港臺保釣人士發起行動的階段，大陸的保釣運動才正要進入萌芽期，但童增等人的行動遭到江澤民打壓，完全都被封殺。」

李義強表示，大陸真正展開「保釣」運動，是在胡錦濤的時代。當時，小泉純一郎出任日本首相，因為參拜靖國神社問題，使得日中關係一片烏雲罩頂。李義強還舉出胡錦濤時代的另一大特色，那就是「網路迅速普及」。

他說：「現今的愛國運動隨著網路普及越來越發達，說它是網路愛國運動也不為過。到了二〇〇〇年中國網路開始爆炸性普及，這一年成了過往的愛國運動與現在的愛國運動的分水嶺，我曾經實際經營過網咖，我說的話準沒錯。」

筆者問李義強，對日中關係日後的發展有何看法，他給了筆者一個冷靜的回答：「日本無法擺脫美國的影響，中日關係將受到美國的意向左右。中國國力越來越壯大，這雖然是事實，但是日本的科學技術力量更可觀，人才也濟濟。中國想蓄積和日本相同水準的能力，迎頭趕上，還有很長的一段路要走。我想，中日之間的僵局還會持續一段時間。」

他還語不驚人死不休地說：「釣魚島的問題，因為各國的爾虞我詐，情勢詭譎複雜，不僅中日雙方互不相讓，現階段也找不出什麼解決問題的頭緒。一旦發生衝突，無論規模大小，結束之後總會有一定時間的平靜期。這麼一想，可以說起衝突也不全然是件壞事。」

他表示：「（日中衝突是否能夠迴避）就看美國能控制局面到什麼地步。」

對誰「負責」？「使命」從何而來？

包括李義強在內，筆者在和中國大陸的「保釣」人士交談時常有一種感覺，那就是他們對於時事問題或國際情勢所擁有的知識，遠超乎筆者想像。儘管中國大陸對網路管控嚴格，但相信這是網路時代才有的現象。

即便有些會因為個人興趣而有些偏差，但在充斥真真假假的網路龐大資訊當中，他們依然能夠不多不少，恰到好處地掌握海內外發生的大小事件，包含臺灣與香港的動靜在內。

誠如李義強所說：「開始保釣之前，和日本人沒什麼瓜葛，對日本或日本人也沒什麼特別的仇恨或不愉快的感覺。」在筆者實際採訪過的「保釣」人士中，很多人也幾乎和日本沒什麼具體接觸；至少在從事「保釣」運動之前是如此，更不用說他們對日本有什麼具體印象或親身經驗了。筆者大致的感覺是，這些人對媒體報導耳濡目染的結果，開始對日本產生先入為主的嫌惡或痛恨之情，而他們欠缺實際體驗的對日觀點，不免有些疏漏，結果就被一些網路上有如洪水般到處竄流的雜亂訊息給趁虛而入了。再加上受到教條式的史觀，或是被偏執與獨斷給扭曲了的主觀影響，結果「樓越蓋越歪」，最後變成夾帶被害妄想的陰謀論。這種偏好陰謀論的傾向，除了在部分北美和臺灣的「保釣」運動可以看得到，在一群於日本被稱為「網路右翼」的人士身上也能感受到；這些「網路右翼」喜歡耽溺在網路上，與人探討激進的排外主義或國家主義。這種現象並不光是前者，或許也是將自己界定為弱勢者或是受害人，卻又滿嘴國家天下，喜愛高談闊論人士的沉痾宿疾吧。

至於中國大陸「保釣」人士部分，照理說，他們對日本或海外各國有一定程度的認知，然而他們口中的日本，有時卻讓人感覺，像是從鏡子反射出去的虛擬影像，這或許是因為他們真正關心、真正想談的問題核心，不見得是日本或日中關係本身，而是一種透過與日本的關係所意識到的、更為內在的問題，比方說是自卑感受到刺激之類等等。

自從心中有了這種假設之後，筆者發現，「保釣」人士談的明明是對日本以及對美國的不滿或不愉快的經驗，然而，筆者每每從他們憤怒的眼神中，看到一道他們對自己周遭現狀感到焦躁不安的熊熊火焰。而這不光是大陸的「保釣」人士，在採訪港臺「保釣」人士的過程中，筆者也數度有相同感覺。

筆者也曾開門見山問各地「保釣」人士：「你們其實只是藉由尖閣這個對日關係的代表或利用日本本身，來作為發洩對國內問題不滿的方式吧？」想當然耳，沒有一個人是正面承認的。

李義強說：「不知道民間保釣運動今後還能持續多久，還能做些什麼。只是，有關釣魚島的糾紛，以後恐怕還是會發生，如果日本民間有任何風吹草動，我們也會思考自己的定位和新的任務，而採取行動。這是我們民間保釣人士的使命。」他還表示：「有時候，我會去思考民間保釣的重要性。如果政府負起責任，當然什麼問題也沒有，但若不是這樣，民間當然要發聲批評政府。解決問題是政府的責任，不是民間。二〇一二年以前，只有日本的船艦在釣魚島附近巡邏，看不到中國方面的船隻。我們認為中國政府在主權與領土問題上沒有盡到責任，才會一路走來都在批評中國政府，當局也拿我們沒轍。到最後，我們變成當局的眼中釘，不斷遭到騷擾。」

包括李義強在內，筆者在聽這些「保釣」人士，尤其是大陸釣運人士說話時，一直對他們動不動就提到「責任」及「使命」等詞彙感到耿耿於懷。因為筆者感覺，當他們談到對當局的軟弱無能感到焦躁不安，企圖強調自己行動的正當性時，就會一再使用這些詞彙。

有幾位「保釣」人士，名片背後印著尖閣的圖案，旁邊還有「國家　民族」、「責任　使命」字樣，由此可見，「保釣」人士彼此在日常生活中，常把這些話掛在嘴邊。

國家對國民的責任，從權利義務平衡的思維來看，是常被拿來討論沒錯，然而「保釣」人士既非公務員也不是公職人員，他們口中所謂「民間的使命」，究竟是一番什麼樣的思維？

李義強對筆者的疑問稍微想了一下之後表示：「當國家受到外侮，中華民族的利益遭到侵犯時，就要身先士卒帶頭抗議，勇敢面對敵人。這不是要等到誰下令之後才展開行動，而是身為中國人的責任與使命。」

筆者想請他解釋的，其實是他所說的「使命」究竟是針對什麼樣的「責任」而來，但似乎沒能讓他正確理解筆者的疑問所在，答案自始至終在「使命」與「責任」之間原地打轉。

大陸「保釣」人士的名片背面，印有尖閣島影的圖案和「國家　民族」「責任　使命」的字眼。（作者提供）

第十六章　理念與現實

「保釣」商店老闆

「中國第一家保釣實體店於河北省保定開業。」（二〇一四年十二月十七日新華網報導）筆者一看到這個報導，腦海中立刻浮出一位矮壯男性的身影。店鋪老闆陳福樂是保定出身的「保釣」人士，他的名片上面寫著「世界華人保釣聯盟大陸分會會長」。根據報導，店內陳列著標記「保釣」口號的毛巾和T恤，還有「釣魚島品牌」的啤酒以及印有尖閣相片的馬克杯等紀念品。

陳福樂一九七七年出生。他說自己小學一畢業就出社會工作。筆者問他生活情形，他苦笑著回答：「經營小店十幾年，老婆叨念我花在保釣運動的時間太多。」

陳福樂經營「保釣」商店，其實早在筆者預料之中。二〇一三年六月十三日，世保在澳門舉辦年會時，他們就已經確立了要轉換活動的方針。會中對中國大陸公務船因為不滿日本政府將尖閣收歸國有，而在尖閣周邊海域一再侵犯日本領海一事表達肯定，認為「中日在釣魚島的對峙出現新局面，二〇一二年是保釣運動的一大轉捩點」。另外也表明：「在大陸當局已經有所行動的今天，民間團體沒必要再訴求主權。日後，將把活動重點放在教育和宣傳方面。」換句話說，既然大陸的公務船已經在尖閣附近海域展開行動，他們過去所揭櫫的目標大致都已獲得實現，為了組織的生存以及運動的持續，有必要找出新的活動目標。而此時浮出的方案，包括要求海峽兩岸當局加強教育，以便根植領土意識，或是發行以尖閣為主題的郵票等所謂的啟蒙活動。此外，大會也確立了籌措活動經費的商業模式。

年會當天，廈門「保釣」人士李義強展示了一包「保釣牌中國茶」的樣本，使用的是家鄉特產中國茶，上面印有尖閣的照片以及「中國的島、中國的茶」等口號，引來臺下一片笑聲。然而，對他們來說，這卻是攸關「保釣」運動未來的切身問題。由於筆者曾經見過、聽過，了解這些脈絡，才會在看到開頭所提的報導時，立刻聯想到深諳零售業經營之道的陳福樂。

眾人拋來的懷疑眼神

有別於對領土及主權的看法，臺灣與香港的社會裡不乏對「保釣」人士投以懷疑眼光的百姓，認為這些人是「為了參選在打知名度」或是「假募款真騙財」，質疑他們存在的意義。的確，一九九六年溺斃在尖閣近海的陳毓祥，就傳出有進軍政界的企圖心。臺灣也一樣，每當選舉接近，有些議員就會現身「保釣」活動現場，選舉一結束立刻不見人影，因而被揶揄成「選前保釣、選後跑掉」。

有些實際採訪過「保釣」人士的臺灣媒體記者，也毫不掩飾自己對受訪對象的不信任感。「有些人以買船或是登島名義進行勸募，卻遲遲未見有買船動作，還以當局會取締為由，根本

陳福樂，世界華人保釣聯盟大陸分會長。（作者提供）

2013年6月13日，世保在澳門年會，會中李義強提示「保釣牌」的茶葉禮盒樣品。（作者提供）

也不出海。」這可能是在指臺灣的中華保釣協會秘書長黃錫麟，他以前曾經說協會沒有自己的船，買船是當務之急之類的話。尖閣周邊經常出現日中對峙態勢，筆者在後續章節會提到，在日本與臺灣就過去的懸案簽署了漁業協定的現況下，即便「保釣」人士再怎樣強調出海的意義，輿論也是冷漠以對，沒有太大反應。

筆者還聽聞，黃錫麟等人「有接受中共當局的資金及援助」。

立場接近獨派的《自由時報》二〇一三年三月一日曾經報導，一位臺北當局相關人士指出，黃錫麟每次展開「保釣」行動前，都會到大陸籌募資金，而且，由他本人帶隊的大陸旅遊團，價格也訂得遠比市場行情低，在北京還辦過一場「保釣」講座等，背後隱約可見北京涉臺機構「國

在北京舉辦的臺灣光復60週年紀念儀式。前排右一為陳福裕、右三為黃錫麟、左四為陳鼓應、左二為呂正惠、中排左四為林盛中、左五為陳炳基（李登輝參加中共地下組織時的同志）、左六為王津平、左七為林書揚、左八為陳明忠、後排左四為陳映真。（秦風提供）

務院臺灣事務辦公室」的影子。在此之前的二〇一二年七月三日，當黃錫麟搭乘的漁船靠近尖閣之際，他曾拿出中華人民共和國的國旗五星紅旗，引起臺灣方面非議。

他這一連串的行動引來各種揣測，有人說他利用「保釣」活動與呼籲兩岸合作的北京方面互通聲氣；也有人指出，他在有形無形方面都得到大陸方面的援助。對此，黃錫麟反駁表示：「根本就是空穴來風。中共長年都在阻撓海峽兩岸保釣人士的交流。如果有中共的資金援助，船早就買好了。」他以妻子經營的旅行社作為協會的辦公室，平常據說在妻子的公司上班當領隊。雖然不時會遭遇世人投過來的冷漠眼神，但他之所以仍在保釣的「崗位」上樂此不疲，筆者感覺，只要無懼於行事魯莽、思慮欠周的責難，這種打著「國家」與「民族」大旗的「保釣」運動，其實應該還滿刺激的，何況它還能讓人獲得某種精神上的滿足和成就感。

關於活動經費方面，香港「保釣」人士強調都是靠募款。北京的童增表示，他是把自己經營投資顧問公司的收益拿來投入「保釣」；廈門「保釣」人士李義強則說是靠過去做生意賺的私家財產。只是，偶爾也會聽到這樣的傳言：「他們的背後，有身分不明的人物在出資。」筆者是個局外人，無從掌握他們的財務狀況，然而，無論規模大小，不管時間長短，都不會改變從事釣運需要資金的事實。「保釣」人士所持的各種堂而皇之的理由，像是「為了國家和國家利益」、「為了民族」、「為了漁民的權益」等，這或許是他們的理想，但恐怕也是向世人宣示持續「保釣」的正當性，以及籌募活動資金時的唯一根據吧？

團結全球「華人」關鍵

據報導，保定的「保釣」商店內，掛有一幅臺灣的親民黨主席宋楚瑜致贈的題字。筆者向黃錫麟求證時才知道，原來這是他親自準備的。如果是中華人民共和國的特別行政區香港也就罷了，然而，大陸「保釣」人士合作的對象卻是中華民國政府統治下的臺灣團體，雙方還都以「愛國」為訴求。不知道他們腦海中的愛國，愛的是哪一國？

對於筆者這個疑問，廈門的「保釣」人士李義強想也不想立刻表示：「我們念茲在茲的，不是國家體制，而是中華民族，它是海峽兩岸以及全球華人共同的價值。」

當筆者向他求證，那是否意味著「超越現有政治體制」的意思？李義強的回答是：「中國大陸與臺灣、香港及澳門之間，因為體制與歷史不同，有著種種相異之處。各地保釣團體如果和當地的利益關係各自劃清界線，是沒辦法存活下去的。為了避免和其他地區的成員發生無謂的對立和齟齬，我們也在世保討論過這個問題，最後決定互相尊重彼此的情況，並以中華民族的利益作為共識，順利將各地團體團結在一起。」

打開世保章程可以看到，第一章第三條明定：

> 本團體宗旨是以中華民族利益為最高利益，精誠團結並凝聚全球優秀之中華兒女，為捍衛東海利益和釣魚島（又稱釣魚臺）主權而做出不懈努力與奮鬥。

海峽兩岸以及全球各地華人的國家觀念與自我認同，時而尖銳對立，時而又能找出模糊不清的妥協點。或許，能夠將對立導向妥協的神奇魔法之一，就是「中華民族」一詞吧？

以當今的臺灣為例，有人指出，臺灣現在所謂的「臺灣意識」抬頭，「中國意識」退燒。對「中華民族」，或是代表「華人」之意的「Chinese」，或是在國號前冠上「中華」一詞的排斥感，似乎比對「中國」或是「中國人」等詞彙的排斥感，還要低一些。

在此，筆者大致說明一下過去二十年來的意識調查趨勢：從一九八〇年代到一九九〇年代初這段時間，臺灣的認同感調查結果顯示，多數受訪者都回答「我是中國人」；李登輝時代中期以後以及從二〇〇〇年到二〇〇八年陳水扁執政時期，因為推行各項所謂「臺灣本土化」政策，受此影響，回答「我是臺灣人」的比例上升，同時，回答「我是中國人」的比例一路往下滑。即便是馬英九政府成立的二〇〇八年之後，也沒有根本否定「臺灣本土化」政策。同一時期，海峽兩岸緊張情勢雖趨緩，但隨著交流擴大，雙方的衝突與摩擦驟增，前述的趨勢依然持續，在筆者執筆本書階段，回答「我是臺灣人」的受訪者依然占大多數，大幅超越回答「我是中國人」的受訪人數。

喪失「中國」詮釋權以及「中華」混用

然而，提到「中國」與「中華」在臺灣的區別，事情立刻變得複雜起來。舉例來說，凡是國際奧會（IOC）舉辦的賽事，中華民國代表隊是以「Chinese Taipei」的名義參加，而非

「Republic of China」；相對於大陸方面將「Chinese Taipei」翻譯成「中國臺北」，臺灣方面一直堅持譯成「中華臺北」。不管是「中國」還是「中華」，英文名稱都是「Chinese」，但處理成中文時，臺灣似乎無意退讓。

有獨派人士發起運動，希望能以「臺灣」名義參加二〇二〇年的東京奧運，然而，就算臺灣內部有任何行動，只要北京方面不改其基本態度，國際奧會及國際社會就不可能承認，到最後，臺灣方面還是只能妥協，以「Chinese Taipei」的名義參加。

在這裡，筆者要藉由自身經驗，針對臺灣所謂的自我認同變化略陳管見。

每當回顧臺灣社會所謂的自我認同變化，以及「去中國化」的進程時，經常會回溯到李登輝政府的後半時期到陳水扁政府成立後的時代，然而，只要稍微留意一下「中國」與「中華」的區分就會發現，臺灣社會其實很早以前就已經在半無意識的狀態下，進行著內容物的「去中國化」。而這也是筆者的親身感受。

從一九九〇年代李登輝政府前半時期，到二〇〇三年陳水扁執政初期，筆者任職於臺北一家國際廣播「自由中國之聲」（中國廣播公司海外部／一九九八年一月一日起改制為財團法人中央廣播電臺），擔任記者兼日語節目主持人，負責對日廣播。那時候，每次在新聞或節目當中，碰到要單獨使用「中國」這個詞時，筆者常覺得有些說不上來的不自在。有一次，忘了是在什麼慶典或場合了，筆者看到中華民國空軍的武器上面印有「中國空軍」字樣時，曾一度差點在當場轉不過來，於是開始思考背後原因所在。

當時的電臺臺呼「自由中國」就不用說了，筆者在播音時遇到的如果是「中國人」、「中國話」、「中國大陸」之類的普通名詞，或是像「中國國民黨」、「中國廣播公司」或「中國信託銀行」之類，企業或團體名稱上冠有「中國」的專有名詞，完全不會有任何遲疑；另外，每當在新聞中提及有關中華民國的政府機關時，也會以「中華民國總統府」或是「中華民國行政院」等方式表達，從來不曾用過「中國總統府」或是「中國行政院」之類的稱呼。同時，在提到大陸方面的機構時，則以「中共國務院」、「中共外交部」或是「北京當局」來稱呼，完全排除使用「中國」一詞。

臺北方面長期不承認北京的中共政權是「代表中國的政權」，但也不會自稱是「中國」。筆者推測，這種看似矛盾現象的背後，存在著一種乍看之下非常實際的主張，那就是擔心使用了「中國」的國號，會和中華人民共和國這個受到國際社會公認的「中國」產生混淆。另外就是，長期以來一直在與北京當局爭取「代表中國唯一合法正統政權」的臺北「偏安」政權，其實早已被迫面對自己屈居劣勢的事實，明白「中國」這個詞彙的詮釋權已經不在自己手中，內心感到空虛，才會對使用「中國」一詞感到猶豫不決的吧？

筆者試著做以下推論：「從『中華文化復興運動』這類為了對抗文革所推行的運動名稱，或是當局當時所展現的姿態可以看出，為了讓『偏安』政權得以在復興基地臺灣繼續存活下去，將『中國』改稱為『中華』的作業，其實很早就已經不動聲色地展開。」這就是筆者根據親身經驗，再加上考量弱者被迫面對屈居劣勢的現實時，容易出現「偏安」特有的機會主義及見風轉舵等特質，予以左思右想之後所得到的心得。

不斷變化的自我認同

即便是對「中國」或是「中國人」等詞彙，會出現情緒性排斥反應的民進黨或支持臺獨人士，對於「華人」一詞，很多人都展現出非常驚人的包容性。照理說，臺灣選民加強了自己的「臺灣意識」，也強化了與中國大陸分離的獨立傾向，然而，在二〇一六年的總統選舉中選出的，卻是一位表面上看來「臺獨色彩」隱藏到幾乎前所未見，並且偽裝成看似正視現實，接受中華民國體制的民進黨候選人。其實，民進黨深諳中間選民視中華民國體制為日常生活的一部分，厭惡過度激進的臺獨路線，也清楚明白全盤否定中華民國體制，將背離當今社會高達八成希望「維持現狀」的現實；然而，民進黨的偽裝並不光是為了選舉一時的方便，他們同時也害怕失去美國的支持，因為美國並不希望看到兩岸關係極度惡化。

綜合臺灣過往發生的種種現象加以細細推敲會發現，過去用來指稱「Chinese」的「中國人」一詞，在臺灣已逐漸變成專指「中華人民共和國公民」的詞彙，而「Chinese」原本的意思，也逐漸被替換成「華人」或「中華民族」。

臺灣脫離日本的殖民統治後，從來沒有受過中華人民共和國的統治，也從來沒有脫離過中華民國的統治。這種不多不少、不偏不倚的現實，建構了臺灣百姓的意識。在「偏安」的政治形態與「避秦」的百姓意識複雜交錯的當今臺灣社會，既「不想被中國大陸吞併」，又「希望保有臺灣的自主性，同時維持兩岸關係和平穩定」，這種基於現實考量的矛盾心態，總能順應時勢，巧妙共存。

筆者認為，臺灣現在的自我認同，本質上還停留在依據現實政治際遇做「務實」抉擇的框架中，沒有跳脫出來，因此還不到足以影響深層民族意識或民族情感的地步。而且，無論是本省人還是外省人，臺灣的漢族都有一種根深柢固的傳統意識，讓他們在面對臺灣的原住民，或是東南亞（新加坡等華人社會除外）或者中南半島的居民時，經常不經意流露出一種桀驁不馴的態度，有時候連對日本和朝鮮半島等鄰邦居民或文化，也會無意中採取這樣的態度。透過仔細觀察他們這些態度，很容易可以看出，在他們的自尊最深處，到現在依然受到傳統漢族所抱持的優越感所操控。

「中國人」也好，「臺灣人」也罷，或是「曾經是日本人」等，對於這些詞彙，漢族總能因時制宜，巧妙區分使用，在這種過度變形的自說自話下（不用說，沒人能保證他們說的故事都是事實），臺灣百姓形塑出來的自我認同，其實具有高度的可變性，能夠隨著現實環境與條件起變化，就像水一樣，遇方則方遇圓則圓，不斷改變其樣貌。若真是如此的話，那麼，我們這些局外人有必要那麼認真去看待臺灣百姓口中說變就變的、暫時性的自我認同嗎？

或許，臺灣老百姓順應時勢塑造出來的自我認同，就像氣象用語中所謂的「瞬間風速」一般，不過是稍縱即逝的數據罷了。若是如此，我們也許大可不必過度在意一時的投票結果，或是民調數據顯示出的自戀表象，無須把它當作恆常不變的終點，反而是要做好心理準備，以因應後來可能隨時產生的變化。順便一提，「臺灣人」這個詞彙的意思和內涵，也是隨著時代和環境遷移不斷地變化過來的。例如，當今「臺灣人」這個詞彙所代表的政治價值和二、三十年前，四、五十年前，甚至更早以前的價值之間有天壤之別。其政治價值當然代表現實的政治利益，換言之，政治利益分配的架構和機制上出現有所變動，其價值也瞬間有改變，屆時「臺灣人」的詞彙所代表的價值，當然會發生變化。也可以說，當今「臺灣人」的詞彙所代表的價值，將來也有極高的可塑性，當今我們所看到的、所聽到的絕對不是永恆的。

而這種「可變化的自我認同」，是在怎樣的環境與條件之下建立的？它又會產生怎樣的變化？尤其在日後海峽兩岸情勢劇烈變動之際，雖擁有超高的自尊心，但其本質易傷感又超級務實（非常投機）的臺灣百姓，將如何自我合理化？或是說，臺灣內部混亂的自我認同會走向什麼結局，甚至於像「去中國化」這類人為操作自我認同的結果，人類的自我認同將如何虛無縹緲化，都讓人好奇無比。

話題再回到「保釣」人士身上。就筆者採訪多位「保釣」人士的經驗，印象中，他們並沒有嚴密思考過「中華民族」的定義。

誠如臺灣、香港及大陸「保釣」人士常掛在嘴上的「兩岸同文同種，都是炎黃子孫」這句話所示，在他們的心中，以漢族的同族意識為主體的傳統中華民族意識，或許是核心所在。然而，每當碰觸到領土或領海話題時，諸如「中華民族是由包含漢族在內的五十多個民族組成。邊疆的少數民族遭到歐美的反華勢力利用，實在可悲」之類的話，就會從他們的口中冒出來。

這些都讓人感覺，他們自辛亥革命前後所倡導的「五族共和」，或是中共當局所提倡的「居住在中國境內，擁有中國國籍」之類，雖是以漢族為主體，但也包含少數民族在內的中華民族意識，恐怕都已經在不自覺當中「兼容並蓄」了。

不過，這不限於「保釣」人士，海峽兩岸乃至於散居全球各地的「華人」身上，不也隱約有著相同傾向？

中華民族意識並非固若金湯

這種以同族意識為基礎，將傳統與現實自然融合在一起，又顯得模糊不清的中華民族意識，扮演著凝聚海峽兩岸以及世界各地「保釣」團體的黏著劑角色，偶爾還發揮了潤滑油的效果。然而，有件事的發生卻讓他們這些擁有中華民族意識的人們，不得不具體表態自己對國家的歸屬感以及自己所承認的政權，使得臺灣內部的「保釣」運動一分為二。筆者先前提過，二〇一二年七月三日黃錫麟在尖閣周邊海域手持五星紅旗一事，曾在臺灣引發爭議。雖然他一再解釋「平常都會帶著兩岸各自的國旗，但這一天出發太倉促，忘記帶中華民國國旗」，似乎還是不足以消弭眾人對他與中共的關係所抱持的疑慮。

這件事在「中華保釣協會」內部也掀起風波。隔年二〇一三年一月，第一任理事長劉源俊等人退出協會，於同年七月二十一日另起爐灶，成立「臺灣釣魚臺光復會」（臺釣會），上演了一齣分裂戲碼。

對此，黃錫麟表示：「我因為拿了五星紅旗引起劉源俊等親國府或愛盟成員不滿。他們雖然主張中國統一，卻是思想老舊的統派，無法接受中華人民共和國。」他還說：「愛盟成員大多都和馬英九政府有關，想必『臺釣會』的背後有（中華民國）政府在撐腰。」筆者曾經詢問「臺釣會」的劉源俊關於分裂經過，以及成立新團體的動機何在，當時他只表示「成立新團體是為了拓展運動領域」，並未提及詳細始末。不過，對於黃錫麟指稱「臺釣會背後有政府撐腰」一事，殷必雄當下立刻否認：「完全沒那回事。政府從來沒有幫助過我們。」後來殷必雄說：「（黃錫麟）買船的時候過程不是很透明。」顯示出當事者之間，有著外人無從得知的對立摩擦與互相傾軋。

關於分裂背景，一位與「中華保釣協會」及「臺釣會」雙方都有往來的老「保釣」指出：「劉源俊有著學者風範，他和以運動為主的黃錫麟原本路線就不同，志向也各異。又看到大陸日漸蓬勃壯大，才會分裂成愛盟等傳統親國府派與親中共派的吧。」

按照這個說法來看，它意味著包括愛盟在內承襲了國民黨傳統國家觀念的團體，以及對於和中共攜手合作一事不太排斥的團體，過去共同擁有中華民族意識所代表的同族意識，雙方在「保釣」及反臺獨的旗幟下一路並肩作戰走了過來。然而，在中國大陸逐漸嶄露鋒芒的現況下，如何因應舊有的臺獨問題已非當務之急。尤其是大陸公務船頻繁入侵尖閣周遭海域，強勢展現了中國大陸的存在感，使得過去原本不過是個口號的兩岸聯手合作，慢慢浮出檯面，形成具體課題，在這個過程中，國家觀念與自我認同的差異就越來越明顯了。

愛盟的成員當中，像馬英九等恪遵國民黨傳統國家觀念的人士，對於中共所主張的「一國兩制」統一模式，據稱非常感冒；另一方面，過去曾以激進反共主義者為人熟知的部分新黨人士，近來似乎也不得不默認「一國兩制」，以此作為反臺獨的選項。神奇的是，黃錫麟雖是從新黨與愛盟的外圍開始從事「保釣」運動，但後來卻也和陳映真等與中共關係密切的左派臺灣人團體走得很近。

如果說中國大陸這項因素影響了臺灣「保釣」人士的自我認同，那麼，這難道不是與一九七〇年代北美「保釣」運動的左右分裂、一九七七年臺灣發生鄉土文學論戰時，顯而易見的左右對立，以及與「鄉土」及「本土」的互相排斥非常類似的對峙型態再次出現？

只不過「保釣」團體的分裂，似乎並未影響到其實際的人際關係，不少「保釣」人士與「中華保釣協會」及「臺釣會」還是保持著等距往來。二〇一五年三月二十八日，「臺釣會」在臺北市主辦一場論壇，與會人士包括與「中華保釣協會」關係密切的世保成員——香港「保釣行動委員會」羅就、曾健成以及北美「保釣」人士陳憲中等人。聽眾當中也有不少人是經常出現在雙方活動場合的「熟面孔」。

或許，在那些與權力和名譽沒有直接關係的人士眼中，無論是哪一邊的團體，都是擁有中華民族主義這個共同價值觀的團體吧。從這裡也可以看出，只要祭出中華民族主義這面高深莫測的大旗，就能通行無阻，所向披靡。

「保釣」運動的現況

關於臺灣「保釣」團體的現況，林孝信說「大致可分為四個系統」。他表示：「向內政部登記為社會團體的，有二〇〇八年（十一月九日）成立的『中華保釣協會』，以及二〇一三年成立的『臺釣會』。此外，還有我們專為抗議日本政府將釣魚臺收歸國有而成立的『人人保釣大聯盟』，它是以示威遊行為目的；另外就是『還我釣魚臺大聯盟』，它包含了前民進黨立委張俊宏帶頭的獨派團體。」

林孝信表示，「中華保釣協會」以登陸尖閣為目標；「臺釣會」重視舉辦論壇或書籍出版；「人人保釣大聯盟」主要以運動傳承及教育為目的；「還我釣魚臺大聯盟」則著重在發表聲明或舉行示威等政治行動。

另外，「中華保釣協會」自二〇一五年夏天以來，除開始伸張有關南海的領土權問題外，針對沖繩的日本歸屬問題，似乎也開始以實際行動「支持沖繩獨立」。二〇一六年六月二十六日，由「中華全球華人琉球之友協會」所主辦、「中華琉球研究學會」協辦的「第一屆中華琉球論壇：琉球的未來與展望」在臺北市舉行。「中華全球華人琉球之友協會」由連石磊擔任理事長，他同時也是「中華保釣協會」的發言人。當天上午，筆者也前往一探究竟。發現論壇雖也辦了一些講座，像是「中美日大國博弈下的琉球復國運動」或是「琉球復國運動對東海地緣政治之影響」等，但似乎沒有引起很大關注。

這一天，筆者在會場與黃錫麟重逢，問了一下他的近況，結果他承認：「正在考慮要和世保成員前往南沙群島當中，由中華民國實際治理管轄的太平島。」此外，黃錫麟也不掩飾將插手沖繩問題的姿態。他說：「協會裡有些成員很早以前就非常關切琉球問題，在釣魚臺局勢詭譎多變的今日，我們需要具備更深入的知識，才能了解相關議題。」

的確，北美「保釣」人士陳憲中等人就表明，有意實際走訪沖繩，拿到所謂「沖繩獨立派」的刊物後，將它譯成中文付梓出版。黃錫麟也說：「曾到過沖繩縣石垣島，與住在當地深諳臺灣與八重山交流歷史的日本作家進行交流。」對於沖繩問題，他似乎愈來愈感興趣。不用說，日本方面對他赴日一事當然會有所警戒。對於在日本的經歷，黃錫麟描述得特別詳細：「才剛抵達日本，就在入境審查處被叫到一個小房間，有的沒的被問了一堆，進到日本以後，也一直被尾隨跟蹤。」那時候，在東海上的活動受到嚴格限制，隨著日本與臺灣簽署的漁業協定生效，「保釣」運動的活動方式似乎也面臨了轉折點。

黃錫麟於二〇一八年一月一日因癌症去世，得年五十六歲。包含「中華保釣協會」理事長謝夢林（謝夢麟）、發言人連石磊、王曉波、劉沅以及香港的陳妙德、澳門的伍錫堯、北美的陳憲中等「保釣」人士都來送他最後一程。黃錫麟的棺木上覆蓋著親民黨黨旗，告別式會場除親民黨主席宋楚瑜外，還有當時新北市長朱立倫、副市長侯友宜、前臺北縣長周錫瑋、前新北市議會議員金介壽等人到場致意，連民進黨籍立法委員也出現在會場。

或許是因為選舉快到了的關係吧？各黨各派的政治人物紛紛現身刷存在感，也讓人再次認識到黃錫麟的多元人際關係。

根據中華民國內政部的資料顯示，除了林孝信所列舉的團體外，還有二〇〇九年四月十二日登記成立的「臺灣保釣同心協會」。該協會似乎是統派支持者，認同「一國兩制」之下的中國統一。有報導指出，他們曾在二〇一四年八月與臺釣會及新黨參加示威抗議，但部落格長期未更新，存在感不及前面所提到的各團體。

而最資深的老「保釣」林孝信，他在臺灣再次從事「保釣」運動，據稱已經是進入本世紀之後的事了。一九九七年，林孝信回到臺灣定居，長達三十年的美國生活畫下了句點。由於妻子陳美霞在臺南國立成功大學覓得教職，因此，林孝信以臺南為據點，到各地大學辦講座，同時致力於推廣人文科學、社會科學及自然科學教育，每天忙著東奔西跑，全臺走透透。

二〇〇二年九月二十四日，《沖繩時報》刊登前總統李登輝關於「尖閣諸島是日本領土」的言論，不只臺灣內部出現抗議聲浪，「保釣」人士之間也發起抗議連署。林孝信當時雖也參與了連署，還以與談人身分出席論壇，但他並未成為活動的主角，獲得鎂光燈的寵愛。

林孝信再次帶領「保釣」運動，是在二〇一一年舉辦的「保釣」運動四十週年紀念活動之後的事。在活動開辦前不久，林孝信把自己從美國帶回來的「保釣」相關刊物及資料，全部捐給臺灣新竹的國立清華大學圖書館。此外，清大還收到劉源俊等多位「保釣」人士所捐贈的龐大資料，當校方運用這些資料舉辦國際論壇時，總共吸引了約兩百位人士參加，除了臺灣和香港，還有來自北美等世界各地的人士與會。

在此說個題外話。北京清華大學的圖書館內也典藏許多由「保釣」運動人士所捐贈的大量史料，他們除了整理、保管這些資料外，同時也對參與釣運人士積極進行口述歷史採訪。

任教清華大學的吳國禎，有個「臺灣同學會會長」的頭銜，誠如該頭銜所示，他是在七〇年代後半前往大陸的臺籍人士。吳國禎表示，北京的清華大學之所以會收藏「保釣」運動的相關文獻，是因為「一位在美國就認識的朋友，想把手邊大量的保釣運動資料捐出來，又怕這批資料在民進黨執政之下的臺灣命運難料，因此找他商量，拜託他幫忙找個適合捐贈的地方，他向自己任教的學校圖書館打聽的結果，館方決定受贈。於是這批文獻在二〇〇七年運抵北京」。

吳國禎，臺灣同學會會長。攝於北京清華大學圖書館。（作者提供）

林孝信說，在新竹清華大學舉行的釣運四十週年紀念活動上，發生了一個小插曲。原來，有人對他說：「四十年前你是運動的靈魂人物，怎麼四十年後的現在，主角依然還是你？」很多臺灣人對「保釣」問題既不關心也不太了解，林孝信說這讓他很有危機感。

因此，在二〇一二年舉行反對日本將尖閣收為國有的示威遊行後，林孝信親自擔任召集人，主持「釣魚臺公民教育計劃」，透過臺北世新大學在全臺進行資料展示及研習活動，對象以學校師生為主。到目前為止，每年都舉辦兩次以學校為主的巡迴講座。

林孝信表示：「要主張對釣魚臺的主權，要有廣泛而且公正的知識作為理論根據的基礎，還必須培養有理性的科學態度。希望能透過研習營告訴大家做學問的態度，也把保釣經驗傳承下去，讓它成為和年輕人一起思考這個社會的場域。」

筆者曾實際參觀過研習營，覺得研習營在領土認知及歷史方面的解釋與日方的主張並不相容，但也有一些讓人興味盎然的講座，像是討論「保釣」運動對臺灣社會造成的衝擊或是對國際情勢的分析等。另外，除了「保釣」的「常客」外，筆者還看到一些年輕學子埋頭寫筆記的身影，雖然人數不是很多。

林孝信於二〇一五年十二月二十日，因肝癌與世長辭。享年七十一歲。他過世後，臉書湧入大量追思的留言。從這些留言當中，筆者感到林孝信深獲眾人欽佩，不只是「保釣」團體，從統派到獨派，自左派到右派，許多從事社會運動的臺灣人都對他推崇備至。林孝信離開人世後，筆者非常關注：「失去了這麼一位將大半輩子都奉獻給實踐理想、傳達理念的人物，釣運今後將會走上怎樣的道路？」後來在二〇一七年六月，也就是林孝信過世一年半後，筆者在一個意外場合遇見了他的遺孀陳美霞，曾和她有過短暫交談。從結論講起就是，陳美霞繼承了林孝信的遺志，訂下了一個新的方向。詳待本章末尾介紹。

扮演反對運動角色的愛國運動

另一方面，參與一九七〇年代「保釣」運動的人士當中，有不少人與一九九〇年代之後的釣運保持著距離。

就讀臺大時，曾是「保釣」核心人物的錢永祥笑說：「是有受過邀請，不過沒有參與。我們有一個郵件論壇，裡面參加的都是保釣人士，但是我幾乎從來不發言，因為我知道到頭來肯定會吵架。」

錢永祥，中央研究院人文社會科學研究中心兼任研究員。（作者提供）

他表示，二〇一四年臺灣發生的「太陽花學運」以及香港發生的「雨傘革命」，都是「中國崛起」的產物。錢永祥指出：「一九七〇年代的保釣運動既是壯烈的愛國主義運動，也是一項民族主義運動，同時也是監督政府的運動。然而，當時參加釣運的學生大多對中國有著強烈的認同感，在中國崛起的過程中明明出現許多問題，他們仍把中國的行為看成是在『恢復中國的歷史地位』，對中國的監督與改革要求，相形之下顯得薄弱許多。從他們主張『面對西方挑釁，抵抗西方』的論調可以看出，他們的愛國很多都是基於反美立場。」他還說：「五四運動是一種反對運動，保釣運動亦然。而愛國運動本來就是反對當權者的運動。如果走到最後的終點，是擁護本國的政府或政權，變成只是在確認彼此的認同感，那麼很遺憾，這樣的運動是沒有意義的。我也會覺得有些距離感。」

錢永祥表示：「自己在和中國大陸的自由主義者交談時，也有相同的感覺。」他說：「自由主義的愛國論述是可以有，而且也很期待這樣的討論能夠更深入一點。舉個例子，在今天的大陸，公開的愛國解釋權被中共壟斷，好像只有親中共一派才能開口說愛國，這就非常遺憾了。不光是中國人民，對其他國家的百姓來說，愛國這種情感本身都是很自然的，只是說你的答案選項必須多準備一點，不管是在內容、理由還是在方向性方面。有健全的愛國，也有病態的愛國。愛國和擁護政府是兩碼子事。」

國家、政府與政權，這三者時而無意識地，時而有意地被混淆在一起。如何冷靜地將這三者拆解開來，看個清楚，其實不只是現今的中國大陸，普天下的社會不也都需要這樣做？

走訪南方澳

利用採訪「保釣」人士的空檔，筆者數度來到南方澳。從臺北搭公車約兩個小時車程。南方澳位在臺灣東北部的宜蘭縣蘇澳鎮上，是臺灣三大漁港之一，也是在尖閣周邊海域作業漁船的根據地。對臺灣方面來說，這裡正是「保釣」問題的最前線。總人口不到一萬人，其中有八成是漁業工作者。漁港就位在供奉海上的守護神媽祖廟前。

二〇一四年十一月三日，筆者拜訪蘇澳區漁會，有幸採訪到當地漁業團體的幾位幹部。

宜蘭縣延繩漁業協會總幹事林新川表示：「從四月中到七月上旬左右，這段期間是捕撈黑鮪魚的季節。從蘇澳到釣魚臺，去程要十幾個小時，回程因為黑潮的影響，要花上二十多個小時。漁船噸位主要在三十噸左右，一艘船上有五、六位船員，捕魚時間大約一個禮拜。」林新川一九五〇年出生。高中時代隨著父親一起出海捕魚，跑船經驗長達四十年以上，一直到幾年前才退休。關於尖閣周遭，林新川的主張是「臺灣漁民的傳統漁場」。

懷想過往，林新川說：「高中放暑假一回老家，為了賺取學費，就跟老爸去跑船，常常登島去撿海鳥蛋。當時臺灣還很貧困，鳥蛋是一大美味。」這是一九六〇年代，歸還沖繩之前的情景。沖繩居民從這時候開始，就很擔心臺灣漁民到尖閣附近非法捕魚，任意撿拾海鳥蛋，然而，當時的琉球政府或美軍幾乎從未加以取締。這使得臺灣漁民認為在該片海域作業乃屬理所當然，而強化了這裡是他們「傳統漁場」的觀念。

據林新川表示，日本是在二〇〇四年之後，才開始在尖閣附近加強取締。主要是因為臺灣片面劃設「暫定執法線」，將包含尖閣在內的日本專屬經濟海域也涵蓋在內，主張該區屬於「自己的作業範圍」；而日本則對入侵兩百海里專屬經濟海域的臺灣漁船展開驅離。蘇澳區漁會負責人表示，歸還沖繩之後，日本海上保安廳在尖閣附近巡邏戒備，臺灣雖可在尖閣周遭十二海里之外的地方捕魚，但日本在二〇〇四年時開始嚴加取締。由於雙方互不退讓，漁業談判等同停擺，不過，二〇一二年九月，日本政府將尖閣國有化之後，整個事態急轉直下。

針對尖閣問題，北京當局向臺北方面呼籲兩岸聯手「保釣」，各地「保釣」人士也主張兩岸共同抗日。對此，臺北馬英九政府一再強調，不會與北京合作解決尖閣問題，然而，臺灣在尖閣國有化之後所做的一項民調顯示，過半數受訪者支持兩岸聯手「保釣」，顯見臺灣當局的作為與民意所向出現了落差。一般都認為，日本之所以在二〇一三年四月簽署日臺漁業協定，解決過去十七年來懸而未決的問題，完全是為了阻止海峽兩岸就尖閣問題攜手合作之故。

日本政府宣布將尖閣諸島國有化之後、出現於臺北市內，印有「釣魚台是中華民國的」的大海報。（作者提供）

對於協定的簽署，林新川給予正面肯定。他說：「以前，臺灣漁船的纜繩常被日方切斷，或是漁業設備遭破壞，損失慘重。有時還被海上保安廳的船艦包圍，進退不得，險象環生。協議簽署後，就不用再害怕遇到海保船，心理上比較沒壓力，光是這一點就有很大的意義。」

聊個題外話。日本和臺灣之間的漁業糾紛，並不只發生在尖閣諸島附近。臺灣漁船在沖之鳥島（臺方稱「沖之鳥」或「沖之鳥礁」）附近作業一事，也曾經在雙方之間掀起風波。就在馬英九即將卸任的二〇一六年四月二十五日，日本扣押在沖之鳥島附近海域作業的臺灣漁船，引起臺北方面強烈反彈。馬英九政府罕見的強勢，和綠營的選擇性審慎形成強烈對比，日方親綠人士批評馬英九政府得了「政權末期症」，還譏諷此舉為馬英九任期結束前的垂死掙扎，同時對五月二十日即將上臺的「親日政權」毫不掩飾地表露出高度期待。那陣子的幾則評論顯示，日方似乎有「反正反日的馬英九即將下臺，親日的蔡英文上臺以後一切都將好辦」的想法。不過，沖之鳥島事件留下另一個訊息，那就是一旦發生利益衝突時，這些漁民所代表的臺灣基層民意毫不在乎日臺友好云云的表面話。即便是綠營民代也終將被臺灣民意牽著走，親綠媒體也不敢得罪民意，只能順應時勢稱其為「礁」，綠營這副狼狽模樣以及見人說人話見鬼說鬼話，令人莫衷一是的言行，已經超越失態的範疇，來到滑天下之大稽的境界。日方頓時發現，本來要寄託的新勢力突然變得曖昧無力。

筆者認為，日方需要關注的其實是以切身利益為依歸的臺灣基層民意，而不是變色龍般的臺灣政客一時的投機言行。

迴盪心底之物

蘇澳區漁會前理事長（現總幹事）陳春生表示：「現在臺灣所有的漁船都有裝GPS衛星定位器，臺灣漁業署藉此確認漁船的位置，加以記錄，漁船一旦越界就會遭到漁業署處罰。」陳春生還強調：「自從簽署協議之後，漁業署對協議事項執行得非常徹底，對日本方面的處置大致上也都接受。」即便如此，還是有幾件關於臺灣漁船遭到日方取締的報導。林新川說：「幾乎都是因為不小心越界，或是不知不覺間飄過界所造成。海上不比陸地，船常會被潮流推著走。特別是流經那片海域的黑潮非常強勁，一小時就可以漂流四、五

陳春生，前蘇澳區漁會理事長。林新川（右），宜蘭縣延繩漁業協會總幹事。前面為尖閣諸島周邊的海圖。（作者提供）

公里遠，往往一回神才發現已經超過界線了。」在尖閣附近作業的臺灣漁船以南方澳的船隻為主，偶爾也會有幾十艘來自高雄或臺中的漁船加入行列。

此外，技術方面也有一些課題尚待解決。漁會人員表示，此階段最大的懸案就是回收作業過程中，因為不可抗力因素而斷掉的延繩繩索。林新川說：「斷裂的繩索如果超出界線，一旦漁船為了回收而越界，將遭巨額罰款，只好放棄回收。結果隨波逐流的延繩繩索纏住沖繩漁民的浮標，就會被檢舉說『臺灣漁船在海上亂丟垃圾』。」為此，林新川表示，如果不是人為因素造成，應該有個能讓漁船回收廢棄物的彈性機制。

漁民對日方也有一些期許。林新川表示：「大陸和韓國依據與日本簽訂的漁業協定，可以在十二海里外的地方作業，臺灣方面則無，這對臺灣不公平。不是說只要臺灣受到優惠待遇就好，而是要對所有漁民一視同仁。」陳春生則認為「雖然協議改善了眼前的問題，但雙方仍各有不滿，希望可以透過協商一步步解決」。

《日臺漁業協定》其實是在不顧沖繩漁民反彈的情況下所簽署。對於和沖繩的關係，陳春生表示：「在釣魚臺附近作業的臺灣漁船和沖繩漁船的比例，大約是十比一。為了增進相互理解，雙方最近持續務實交流，例如雙方船長見面溝通等。」據陳春生表示，雙方每年大約會晤一、兩次，往後也會視情況一起協商雙方懸而未決的事項。

二〇一四年十一月，筆者在採訪時問到漁民與「保釣」人士的關係，陳春生與林新川立刻異口同聲表示「沒有任何關係」。陳春生說：「雖然日方不願意相信，但我們和任何保釣團體都沒有來往。」他還強調「沒有保釣人士從南方澳出港，漁民也不曾參加保釣的會議或活動」。

關於「保釣」人士與南方澳漁民之間的關係，「中華保釣協會」秘書長黃錫麟也表示：「以前曾好幾次呼籲漁民聯手保釣，但他們都沒有答應。」黃錫麟還說：「漁會因為作業的關係，與海巡署等政府單位關係密切，一旦雙方攜手合作，難保自己的行動不會被當局掌握，因此很快就放棄合作的念頭。」林新川則強調：「我們純粹只關心漁民的生活和生存的問題。領土和主權的問題不是我們應付得了。南方澳沒有政治問題存在。」

從兩人避談領土與主權的話題，遣辭用句也小心翼翼的態度不難感受到，他們與政治上的盤算及意識形態極力保持距離，一心只想維護現在的安穩作業環境。

陳春生一度咧著嘴笑說：「我們啊，是幫日本消費者在捕魚。」原來，蘇澳漁船捕撈上岸的漁獲經過早上的拍賣後被運到了機場，中午過後就會來到東京或大阪批發商手中，最後出現在日本國內的餐桌上。在南方澳卸貨的鮪魚至少有一半是出口到日本。臺灣漁民在尖閣附近捕獲的鮪魚大多在日本流通，這個事實象徵著國境之島複雜的現況。

筆者很想知道，他們是如何看待大陸與日本？因此問了一個問題：「有人說尖閣國有化連帶導致日中關係惡化，日本不希望看到兩岸聯手，才改變了對臺灣的態度，兩位看法如何？」

結果陳春生表示：「一點也沒錯。以前日本態度總是很強硬。我希望日方能正確了解，臺灣漁民想要的，是能夠確保生活和生存的漁權。日本不該只憑和大陸的關係，就來決定和臺灣的關係，因為臺灣也有臺灣的做法和想法。」他一再強調：「如果不想臺灣傾向大陸，就不要把臺灣逼得走投無路。」

陳春生還說：「在臺灣，最早和大陸展開交流的，就是蘇澳在地的漁民。兩岸漁民透過媽祖的宗教信仰，在海上長年保持來往。」一九八七年九月剛解嚴沒多久，漁民們曾在未獲當局許可的情況下，調度了六十多艘漁船前往福建省湄洲，帶著五尊媽祖神像回蘇澳，結果引發軒然大波。

在這個最有臺灣味的漁港，陳春生說：「不管是從前還是現在，兩岸交流都是由漁民打頭陣，商業和文化才繼之而起。」

這或許只是他不經心的一句話，聽起來也沒有眾多「保釣」人士常掛在嘴邊的「中華民族主義」那樣雄偉響亮，卻真真實實反映出兩岸百姓心中最深層的同族意識。正因為這種意識深植人心，平常反而很少有人注意到。

話說回來，也正因為它是一種接近潛意識的狀態，才會擁有如此強韌的生命力，能夠依照當下的環境與需求，以一種恰到好處的強度，將海峽兩岸的居民乃至於全世界的華人聯結在一起的吧？一邊參觀漁港旁的媽祖廟南天宮，筆者心中一邊這樣想著。

南方澳「拚無人島！」研修營

二〇一四年初到二〇一五年夏天，筆者在岩波書店《世界》月刊連載紀實作品《保釣系譜》，希望透過採訪「保釣」人士，一探中華民族主義的深層世界。二〇一六年一樣是透過岩波書店，將這些連載集結成了《臺灣與尖閣民族主義　中華民族主義之真相》一書出版，至此，筆者這趟以「保釣」為出發點的旅途，似乎也已經走到了終點。不過，筆者也自知這部以「保釣」為出發點，探究華人圈民族主義的考論尚未竟全功，作品的連載與書籍的出版，不過是讓筆者有機會向大家報告這一整個過程，包括從透過採訪與調查，將所得知的事實做一整理、分析、察考，直到書籍問世。也因此，對於過去幾年來筆者一直非常關注的「保釣」人士的言行，平常有事沒事都會特別留意。

筆者因為採訪林孝信的機緣，曾經加入他的「釣魚臺公民教育計劃」郵件論壇。二〇一七年六月二日，筆者收到來自該計畫的「二〇一七年春季認識釣魚臺研習營——蘇澳場：拚無人島！」邀請函。此郵件上寫著：「無人島，這是早年蘇澳漁民對釣魚臺的稱呼，『拚無人島！』意旨為了拚生活，冒著風浪也要到釣魚臺去捕魚，是蘇澳老漁民都知道的一句口號！」、「認識釣魚臺研習營，有史以來首次走出戶外！蘇澳場，我們不僅邀請到漁民船老大來分享經驗，更安排參訪魚市場、漁港作業、金媽祖廟，並由蘇澳漁會安排專人導覽。活動精彩可期，千萬別錯過！」

原來，是林孝信創辦的團體通知說要舉辦研習營，地點在南方澳，也就是在尖閣周遭海域作業漁民的故鄉。研習營還首度邀請漁民實際參與。由於當初沒想過會有這樣的發展，筆者感到有些驚訝。不過，回想林孝信生前曾經對筆者提過「要把自己在保釣運動得到的經驗傳承下去，同時與年輕人一起思考往後的社會」、「經常在思考如何把透過運動和學習得到的理念與實際社會做結合，加以實踐」等語，筆者於是想到，可能是林孝信的遺孀陳美霞繼承了林孝信的遺志，於是立刻報名參加六月二十四和二十五日在南方澳漁會開辦的研習營。

話說回來，對於函中指稱，臺灣漁民從前稱呼尖閣諸島為「無人島」這部分的說明，除了反映出那座島嶼所處的特殊地理環境外，似乎也投射了臺灣漁民對尖閣諸島所抱持的印象。如果那座島沒有被取名為「釣魚臺」，而是沿用「無人島」的名稱，臺灣方面的「保釣」人士會說自己在「保衛無人島」，也就是「保無」嗎？對於這個天馬行空的胡亂瞎想，筆者自己也不禁苦笑起來。

研習營第一天，筆者向陳美霞打招呼，她立刻知道筆者是誰。「我有聽林孝信說過。」看來，林孝信生前曾向陳美霞提過，筆者採訪他的事。

在臺上演講的，除了陳春生和林新川之外，還有漁會理事長蔡源龍、漁會常務監事林月英等當地漁業團體的骨幹，以及住在當地的文史工作者，大家站在自己的立場，說明臺灣漁民在尖閣附近作業的歷史與現況，以及日本與臺灣之間簽署的漁業協定面臨的課題。當然，其中有些內容與日方的主張並不相容，但至少可以了解當地漁民的想法，是個讓人獲益良多的講座。

其中，最讓筆者印象深刻的，是蘇澳區漁會理事長蔡源龍暢談有關尖閣的種種，他在演講時還穿插了本身的經驗之談。在談到尖閣的歸屬問題時，蔡源龍特地加強語氣表示：「無人島是誰的？如果像李登輝說的，無人島是日本的，代表他是日本人才能站在日本立場講話……年輕的朋友們，不管國際局勢怎麼演變，都應該站出來捍衛我們的主權。同時也要讓我們的子子孫孫站出來說：『無人島就是我們的。』」

回溯西洋列強侵略亞洲的歷史時，蔡源龍感嘆，「弱國無外交，今天日本不將臺灣當一個國家，所以才要欺負臺灣人。」他還說：「今天許多問題在於我們沒有民族意識，也就沒有愛國精神。」蔡源龍一再重複：「（尖閣國有化後）大陸船隻出面（日臺簽署漁業協定，對臺灣漁民而言）情勢才好轉。咱們都是中國人，應該團結才對。」他們一開口就用閩南語一再重複「咱中國人」，沒有絲毫猶豫。

由於筆者腦海中還留有差不多三十年前，臺灣當時氛圍的記憶，因此，對於這樣的世界觀一點也不陌生。從他們這些日

蔡源龍，蘇澳區漁會理事長。（作者提供）

常言行可以清楚明白，他們的觀感與一般臺灣老百姓相去無幾，根本都不像所謂統派或親中共人士。筆者感覺，他們的世界觀，不僅忠實地承繼了臺灣過去很長一段時間的主流意識，也直接反映出基於非常現實的情勢判斷。透過他們說的話，那種時而模糊不清，時而又會冉冉升起的一種與既有的國家民族框架毫無二致的國家觀念與民族意識，恐怕是華人圈百姓長期以來，在不知不覺的狀態下不斷內化在心中的傳統意識吧？在此，筆者再一次感受到中華民族主義的變幻莫測，不但擁有強韌的生命力，也深植人心。

出現在南方澳研習營的，還有擔任二〇〇二年「1123與農共生」大遊行總指揮的詩人詹澈，以及《兩岸犇報》社社長陳福裕等人，他們主要是站在左派的社會運動立場，解讀尖閣的問題。

筆者問漁會常務監事林月英，現在是不是還維持過去那種避免漁業問題政治化的態度？她表示：「我們的態度從來沒有改變過。我們的主張，是確保生存權，非常簡單明瞭。希望臺灣社會能了解漁民的實際情形。」

到這裡，筆者總算明白了林孝信之所以將專案取名為「釣魚臺公民教育計劃」的理由。那就是林孝信刻意不凸顯「保釣」運動，而是站在「公民教育」的立場，為過去的釣運做總結。或許他認為，唯有透過貼近漁民所代表的基層老百姓，才有可能和與尖閣諸島有切身關係的漁民展開務實對話吧。假如筆者的推測無誤，那麼邀請在地漁民參與，深化彼此交流的做法，相信已經達到了對社會問題關注不輟的林孝信心中想要實現的目標。

「釣魚臺公民教育計劃」於二〇一七年十二月，也分別在南方澳與屏東縣小琉球漁港各自舉辦了研習營，也都邀請了在地漁民參加。陳美霞在研習營表示，他們計畫把在尖閣周遭作業漁民的口述歷史做個整理，將來提交給聯合國。或許，在林孝信過世之後，他們已經找到了運動的新方向。

受到大陸日益壯大以及美國相對式微的影響，尖閣諸島周遭海域情勢日後也可能隨時受到錯綜複雜的暗潮擺布。這股暗流會對臺灣、大陸、香港乃至於全球的華人社會產生什麼樣的影響，筆者將會靜觀其變。

後記

「認定臺灣人很親日，連領土問題也期待他們會按照自己的意思去做，你不覺得這根本是在瞧不起臺灣人，把臺灣人當傻瓜嗎？就算是和日本關係再密切，對日本態度非常友善的人，你認為他們會樂意把自己的領土和財產交出來？」

二〇一二年十月二日，筆者第一次採訪臺灣的「保釣」人士黃錫麟，這是他在採訪進行到一半時所說的一句話。

當時筆者問他：「你覺得日本方面很瞧不起臺灣嗎？」黃錫麟的回答是：「不光是我一個人有這種感覺。很多有過實際經驗的臺灣人都有這種感覺。日本過去殖民統治臺灣五十年，對臺灣抱有優越感，使得他們在無意識之中，出現種種輕視臺灣的言行舉止。只是臺灣人就算有這種感覺，也會因為日本比臺灣強大，再加上考慮到和大陸的關係，最後因為種種原因，才沒對日本人說出口而已。」

筆者與黃錫麟的對話開始有點針鋒相對。筆者繼續問：「依你之見，日本人是瞧不起臺灣還是瞧不起中華民國？畢竟也有很多日本人對臺灣有好感。」他不假思索表示：「兩個都有。因為殖民統治的關係，日本看起來好像比較瞧不起臺灣的樣子，其實我認為日本人也看不起中華民國。二次大戰的時候，日本雖然承認敗給美國，卻不覺得是敗在蔣介石領導的中華民國手裡，所以才會出現這樣的態度，不是嗎？」

的確，筆者平常在臺北生活，對於部分日本人對臺灣的態度確實感到「上對下的同情或親切有餘，但相形之下敬意卻顯得不足，而且很多人都沒有這種自覺」，也因此，筆者對黃錫麟這番話內心五味雜陳。

在臺灣，與黃錫麟抱持相同感受的人究竟有多少？筆者無法將其量化。不過，筆者在第一章一開頭介紹到張俊宏時，他不待筆者詢問就自顧自說道：「日本可曾認為臺灣與日本的地位是對等的？一次也沒有吧？（中略）事實上很多臺灣人都覺得，日本人對臺灣常抱持一種優越感，打從心裡瞧不起臺灣。」

那時候，筆者就已經感覺到，臺灣人對待日本的態度並不單純，至少不像日本國內所說的那樣，可以純粹歸納成「親日」或「反日」兩種對立的表象。（相反地，他們透過對「日本」的「親日」或「反日」態度，來呈現自己和「中國」的距離感，或是顧影自憐的一面，這樣的心理傾向，讓人感覺臺灣人眼中的「日本」，不過是個可以呼之即來，揮之即去，隨意差遣的工具，並沒有被內化在情感裡。在他們試圖找出臺灣獨特性的過程中，雖然會想到嘗試「去中國化」，但「去日本化」卻連個議題都沾不上邊。）後來，因為有尖閣諸島這個雙方都主張擁有領土主權的議題介入，才使得臺灣人平常沒有特別注意，或是說刻意不提的感覺浮現出來。隨著社會屬性、年齡層以及與日本關係的有無或深淺不同，每個人的感受或有不同，但筆者感覺，很多臺灣人透過與自己緣分不淺的日本這個外人，隨時隨地都在調整本身的自我認知。

重新回頭檢視這一連串的採訪，筆者心中再次感受到，無論是中國大陸還是香港的「保釣」人士，乃至於一九七〇年代在北美、臺灣及香港從事釣運的人們，無不是經由尖閣諸島才意識到自己與日本這個外人的關係，從而建立了自我的認知。他們藉由領土民族主義這個最能直接打動人心的議題，想像著千百年來，在各方面都與自己有著深厚宿緣的日本之間的關係，無論那是對日本的刻板印象，還是教條式的對日意識形態，或是他們自己本身與日本（還有「中國」）之間的關聯，總之，筆者感覺他們企圖在這樣的關聯性與距離感當中，描繪出一幅自畫像。

反過來說，日本又是以怎樣的視角在看待「中國」？在日本建構自我認知的過程中，包含臺灣在內的「中國」又起了什麼樣的作用？這一切都讓人興趣濃厚。

筆者開始關心「保釣」運動的緣起，雖如前言一開頭所說，但也和以下幾個巧合有關。

一是日本《週刊金曜日》雜誌編輯部當時認為尖閣周遭事態嚴峻，故而委託筆者採訪臺灣「保釣」人士。筆者在臺北中廣海外部任職時，雖曾採訪過當時的「保釣」人士，但事情已經過了將近二十年，「保釣」人士已換了新血輪。幸好一位臺灣媒體友人告訴筆者黃錫麟的聯絡方式，筆者才能在二〇一二年十月二日進行採訪，事後整理了採訪內容，並探究其背景，這些都有助於了解臺海兩岸「保釣」人士眼中的「保釣」運動概況。

另一個巧合是前《世界》月刊總編輯，也是岩波書店社長岡本厚找筆者商量中文翻譯事宜。岡本厚在同年九月二十八日於東京召開記者會，會中發表了一份以「終止『領土問題』的惡性循環！日本市民的主張」為題的聲明。這份有著諾貝爾文學獎得主大江健三郎等人連署的日文聲明需要翻譯成英、中、韓三種語言，透過筆者的關係，中文翻譯由臺北這邊進行。針對這份日方的聲明，除了有新竹國立交通大學教授陳光興於十月六日，在臺北舉辦探討領土問題的論壇外，海峽兩岸的自由派知識分子也彙整了一封名為「讓中日關係回歸理性」的聲明，呼籲日中雙方要保持理性與自制，聲明中有賀衛方、盧躍剛、侯孝賢、陳冠中及錢永祥等人連署支持。在臺灣及香港響應連署的人士當中，有些是一九七〇年代參加「保釣」運動的大學生，旁觀他們與日方的互動，也可以了解當時「保釣」運動的背景。

在這些因緣際會之下，筆者開始關注由尖閣問題所觸動的民族主義，並在隔年二〇一三年初夏，向岩波書店《世界》雜誌編輯部提出名為〈「保釣」系譜〉的企劃書。在提出企劃書的階段，筆者已經個別採訪了林孝信、黃錫麟、邱立本、王正方、林載爵等人，有把握根據他們的證言，回顧從一九七〇年代持續至今的「保釣」運動歷史，將釣運現狀及其背後的精神世界做一察考後，彙整成報告。而在採訪時，有關日本將尖閣納為領土的歷史經過，或是各方政府對主權主張的正當性等，這些既非筆者的專業領域，也非筆者採訪目的所在。同時，針對筆者對於領土及主權認知與兩岸「保釣」人士有所落差一事，也都得到受訪對象的諒解。

一開始與採訪對象接觸時，筆者一度擔心他們會不會因為抗議日本，而排斥日本媒體。的確，也有人像大陸「保釣」人士李義強那樣，一開始就拒絕受訪，清楚表態「對日本媒體沒什麼好說的」。但筆者認為，大多數訪問都在平和的氛圍下完成。一是因為筆者關注的，是受訪人的思想領域，例如他們的國家觀念和政治意識等，而非以探究領土主權的正當性或歷史認知為目的；再來就是筆者採訪的重點不在於「何時要前往尖閣」、「買船的資金籌措到了嗎」等等之類，打探其具體期程或團體內部訊息。因此，受訪人也比較容易侃侃而談吧？

在多位採訪對象中，筆者共採訪林孝信五次，時間長達約十個小時，這決定了筆者企劃的方向與深度。不只林孝信，每位受訪人對筆者來說都是一段學習的過程。整理他們的發言，隨著探究與查考的進行，筆者每每對其背後所蘊含的巨量資訊感到瞠目結舌。筆者對於以「保釣」為出發點的華人民族主義所進行的考論，至今仍未竟全功，本書也是繼二〇一六年四月東京岩波書店出版的書籍之後，截至目前為止的歷程報告。

本書主要以下列文章為基礎：岩波書店《世界》月刊自二〇一四年一月號至二〇一五年七月號共連載十五回的〈「保釣」系譜〉（二〇一四年二月號及六月號、二〇一五年二月號及六月號休載），以及該雜誌二〇一三年十二月號所刊登〈「保釣」運動是民間首次自發性愛國運動——中國民間「保釣」人士李義強觀點〉，還有《週刊金曜日》二〇一二年十一月九日刊載的〈獨家專訪　黃錫麟世界華人保釣聯盟會長　日本踩到了底線〉、《東方》月刊二〇一六年七月號刊登的〈對抗史交織成的「保釣系譜」——截至「臺灣與尖閣　民族主義」誕生為止〉，最後再將二〇一六年四月岩波書店所出版《臺灣與尖閣民族主義：中華民族主義之真相》予以大幅增修而來。本書在執筆時，特地針對當初受限於截稿期限，來不及訪問的幾位人士重新進行採訪，也盡可能增加一些新的消息與資料。另外，也修正了書籍在日本出版後發現的錯誤。

參考書目

日語

岡田充著，《尖閣諸島問題　領土ナショナリズムの魔力》，東京，蒼蒼社，二〇一二年。（中文版：《釣魚臺列嶼問題：領土民族主義的魔力》，臺北，聯經出版公司，二〇一二年。）

中島利郎、川原功、下村作次郎編，《台湾近現代文学史》，東京，研文出版，二〇一四年。

矢吹晋著，《尖閣衝突は沖縄返還に始まる　日米中三角関係の頂点としての尖閣》，東京，花伝社，二〇一三年。

若菜正義著，《明日の台湾　その現実と底流》，東京，新国民出版社，一九七三年。

中文

中國國民黨中央委員會文化工作會編，《民族大義的中心磁極》，臺北，中國國民黨中央委員會文化工作會，一九七三年。

中國國民黨中央委員會第四組編著，《釣魚臺列嶼問題資料彙編》，臺北，海峽學術出版社，二〇一一年。

王曉波著，《尚未完成的歷史：保釣二十五年》，臺北，海峽學術出版社，一九九六年。

丘為君等編著，《臺灣學生運動：一九四九—一九七九》（上、中、下），臺北，龍田出版社，一九七九年。

余汝信著，《香港．一九六七》，香港，天地出版，二〇一二年。

余敏玲主編，《兩岸分治：學術建制、頭像宣傳與族群政治（一九四五—二〇〇〇）》，臺北，中央研究院近代史研究所，二〇一二年。

邵玉銘著，《此生不渝：我的臺灣、美國、大陸歲月》，臺北，聯經出版公司，二〇一三年。

邵玉銘著，《保釣風雲錄》，臺北，聯經出版公司，二〇一三年。

金介壽、吳行健著，《日本滾出釣魚臺》，臺北，日臻出版社，一九九七年。

姚舜著，《八十五自述》，臺北，自費出版，推測於二〇〇一年。
洪三雄著，《烽火杜鵑城：七〇年代臺大學生運動》，臺北，自立晚報文化出版部，一九九三年。
馬之驌著，《雷震與蔣介石》，臺北，自立晚報文化出版部，一九九三年。
陳若曦著，《尹縣長》，臺北，遠景出版社，一九七六年。
張系國著，《昨日之怒》，臺北，洪範書店，一九七八年。
張炎憲、陳美蓉主編，《羅福全與臺日外交》，臺北，財團法人吳三連臺灣史料基金會，二〇一二年。
張家偉著，《六七暴動：香港戰後歷史的分水嶺》，香港，香港大學出版社，二〇一二年。
程家瑞主編，《釣魚臺列嶼之法律地位》，臺北，東吳大學，一九九八年。
黃兆強主編，《釣魚臺列嶼之歷史發展與法律地位》，臺北，東吳大學，二〇〇四年。
愛盟編著，《愛盟．保釣：風雲歲月四十年》，臺北，風雲時代出版社，二〇一二年。
臺灣釣魚臺光復會編，《東亞新視野：從釣魚臺列嶼展開的討論、對話、解讀》，臺北，臺灣釣魚臺光復會，二〇一三年。

認識釣魚臺參考資料編輯小組編，《認識釣魚臺參考資料》，臺北，世新大學通識教育中心，二〇一五年。
趙永佳、呂大樂、容世誠合編，《胸懷祖國：香港「愛國左派」運動》，香港，牛津大學出版社，二〇一四年。
劉大任著，《浮游群樂》，臺北，遠景出版事業公司，一九八五年。
劉永寧著，《搶登釣魚臺：歷史見證》，臺北，博客思出版社，二〇一三年。
劉容生、王智明、陳光興主編，《東亞脈絡下的釣魚臺　繼承．轉化．再前進》，新竹，國立清華大學出版社，二〇一二年。
劉紹唐著，《民國大事日誌》（二、三、四冊），臺北，傳記文學出版社，一九八六至一九九五年。
鄭鴻生著，《青春之歌：追憶一九七〇年代臺灣左翼青年的一段如火年華》，臺北．聯經出版公司，二〇〇一年。
謝小芩、劉容生、王智明主編，《啓蒙．狂飆．反思：保釣運動四十年》，新竹，國立清華大學出版社，二〇一〇年。

鞠德源編，《中國釣魚島》，北京，自費出版，二〇一一年。
羅福全口述，陳柔縉執筆，《榮町少年走天下》，臺北，天下遠見出版公司，二〇一三年。
張鈞凱著，《世代與時代：一九七〇年代臺大保釣運動與學生運動》，國立臺灣大學社會科學院政治學系碩士論文，臺北，二〇一二年。
保釣運動三十周年文獻選輯：林國炯、龔忠武編著，《春雷聲聲》，臺北，人間出版社，二〇〇一年。
保釣運動三十五周年文獻選輯：龔忠武編著，《春雷之後》（壹、貳、叁），臺北，人間出版社，二〇〇六年。
保釣運動四十周年紀念選輯：春雷系列編輯委員會著，《崢嶸歲月　壯志未酬（上・下）》，臺北，海峽學術出版社，二〇一〇年。

曾健成／阿牛（香港前立法局議員／2013. 12. 02、2014. 04. 25／香港）

童增（大陸保釣人士／2013. 08. 03／北京）

羅就／羅堪就（「保釣行動委員會」主席／2013. 12. 02／香港）

1970－2010年代

古思堯（香港社運人士／2014. 04. 25／香港）

伍錫堯（澳門保釣人士／2013. 06. 13／澳門）

吳國楨（北京・清華大學物理系教授、臺灣同學會會長／2015. 05. 11、2015. 11. 20／北京）

李怡（前《九十年代》〔原名《七十年代》〕月刊發行人／2013. 12. 02／香港）

李楠（大陸保釣人士、紀錄片導播／2013. 08. 06／北京）

李義強（大陸保釣人士／2013. 08. 08／廈門）

林月英（蘇澳區漁會常務監事／2017. 12. 02／宜蘭）

林新川（宜蘭縣延繩漁業協會總幹事／2014. 11. 03／宜蘭）

侯萬雲（前《70年代雙周刊》成員，老保釣人士／2017. 04. 17／香港）

張立昆（大陸保釣人士／2013. 08. 01／廈門）

莫昭如（《70年代雙周刊》核心人物／2017. 04. 18／香港）

陳妙德（「保釣行動委員會」前主席／2013. 12. 02／香港）

陳冠中（作家／2013. 08. 03／北京）

陳春生（蘇澳區漁會前理事長〔現總幹事〕／2014. 11. 03／宜蘭）

陳福樂（大陸保釣人士、第一家保釣實體店老闆／2013. 08. 01／廈門，2013. 08. 06／北京）

／臺北）

謝聰敏（前立法委員／2014. 02. 25／臺北）

1970－1990年代

王曉波（世新大學中國文學系兼任教授、前臺灣大學哲學系教授／2014. 03. 10／臺北）

林載爵（聯經出版公司發行人／2013. 02. 19、2013. 10. 30／臺北）

邱立本（《亞洲周刊》總編輯／2013. 06. 10／香港）

金介壽（前臺北縣議會議員／2017.07.18／臺北）

殷必雄（「臺灣釣魚臺光復會」發起人／ 2013. 09. 30、2017. 07. 12／臺北）

陳若曦（文學家／2017. 04. 13／臺北）

陳鼓應（前臺灣大學教授／2014. 05. 04／臺北）

黃錫麟（「中華保釣協會」秘書長／2012. 10. 02、2012. 10. 09、2013. 04. 18、2013. 12. 13、2014. 11. 29／臺北）

楊祖珺（歌手／2014. 10. 14／臺北）

劉永寧（前中國時報記者／2014. 07. 09／臺北一舊金山越洋電話訪問）

鄭鴻生（作家／2014. 03. 04／臺北）

錢永祥（中央研究院人文社會科學研究中心研究員／2014. 09. 10／臺北）

附錄（一）
主要採訪人物列表（按姓名筆畫排序）

* 括號中部分為採訪當時之身分或服務單位，其後為訪問日期、地點。

1970－1980年代

王正方（電影導演／2013. 06. 24／臺北）

林孝信（老保釣人士、世新大學通識教育中心客座教授／2012. 12. 14、2013. 05. 26、2013. 06. 07、2013. 06. 20、2014. 05. 04／臺北）

邵玉銘（公視．華視董事長、前行政院新聞局長／2014. 03. 07／臺北）

張俊宏（前立法委員／2013. 10. 31／臺北）

劉沅（老保釣人士、前工程師／2014. 03. 23／臺北）

劉源俊（臺灣釣魚臺光復會理事長、前東吳大學校長／2013. 09. 30

另立「臺灣釣魚臺光復會」。

2014 ——

12月17日　大陸第一家保釣實體店於河北省保定開業。

2015 ——

7月29日　蔡英文針對李登輝早先訪日時所提「尖閣是日本的」一席話做出回應表示：「釣魚臺屬於臺灣。」

10月10日　蔡英文結束訪日行程回到臺灣後，再度表示：「釣魚臺屬於臺灣的。」並主張雖有主權爭議，但日臺雙方可和平商談以找出讓雙方獲利的安排。

2016 ——

1月16日　蔡英文在確定當選後召開記者會，再度強調「釣魚臺的主權屬於臺灣」。

2012 ——

4月19日　世界華人保釣聯盟協會於香港成立。

7月3日　黃錫麟在尖閣周邊海域手持五星紅旗，引發爭議。

8月15日　在香港「保釣行動委員會」籌畫下，香港、澳門以及中國大陸的「保釣」人士登陸尖閣。

9月　日本海上保安廳統計，大陸公務船共入侵尖閣海域81次。

9月10日　日本召開內閣會議，將尖閣收歸國有。大陸出現多場激進的示威抗議遊行。

9月13日　民進黨籍立委黃偉哲在於針對日本收歸尖閣一事召開記者會，表明：「釣魚臺本來就是臺灣的附屬島嶼。」

9月25日　58艘宜蘭漁船在12艘巡邏艇護衛下入侵尖閣海域，遭日本海上保安廳以水柱警告。

9月27日　臺南市議會通過一項決議：「強烈要求日本政府歸還釣魚臺，必要時中央政府得採取強烈手段。」

馬英九於總統府接見漁民及護航人員，讚揚25日的舉動讓國際社會知道「釣魚臺是臺灣的作業海域」。

10月　日本海上保安廳統計，大陸公務船共入侵尖閣海域124次。

12月　日本海上保安廳統計，大陸公務船共入侵尖閣海域80次。

*林孝信開始主持「釣魚臺公民教育計劃」。

2013 ——

1月　「中華保釣協會」內部分裂，理事長劉源俊退出協會，

2004 ──

11月　「中國民間保釣聯合會」於香港登記。

＊日本開始在尖閣海域加強取締。

2007 ──

1月13日　大陸保釣人士再度前往尖閣海域，不得其門而入。

3月23日　大陸保釣人士第四度前往尖閣海域。

3月24日　大陸保釣人士馮錦華及張立昆等7人登陸尖閣。

2008 ──

11月9日　黃錫麟向臺北內政部登記成立「中華保釣協會」。

2009 ──

4月12日　「臺灣保釣同心協會」成立。

2010 ──

9月　日本海上保安廳統計，大陸公務船共入侵尖閣海域24次。

10月　日本海上保安廳統計，大陸公務船共入侵尖閣海域14次。

2011 ──

1月2日　「世界華人保釣聯盟」於香港成立。

4月9日　保釣運動40週年紀念活動在臺灣舉行。

遭海上保安廳的巡邏艇攔截。

9月8日　童增等人於北京宣布「中國民間保釣聯合會」成立。

9月22日　香港立法局議員何俊仁、金介壽租3艘船從臺灣前往尖閣諸島，香港保釣人士搭乘「保釣號」從香港前往尖閣諸島，雙雙被攔截。香港保釣人士陳毓祥跳海溺斃。

10月6日　金介壽、何俊仁組織的「保釣艦隊」共29艘漁船前往尖閣海域。

10月7日　金介壽與香港保釣人士陳裕南登上釣魚島，另有4名人士自另艘船下海，以游泳方式登島。

1997 ——

5月26日　臺灣與香港保釣人士計畫登島，遭日方攔截。

2003 ——

5月19日　張立昆、馮錦華等人透過網站招募參加保釣活動志士、募款，共有上百人響應。

6月22日　大陸保釣人士自浙江省玉環縣的黃門港啟程航向尖閣諸島，開大陸人從事保釣活動先例。

6月23日　大陸保釣人士的船隻入侵尖閣海域，焚燒日本國旗、呼保釣口號、向陳毓祥獻花追悼，後被日本海上保安廳驅離。

10月7日　大陸保釣人士再度前往尖閣海域，不得其門而入。

12月27日　「中國民間保釣聯合會」於廈門正式成立，開始運作。

1990 ——

9月　媒體報導日本青年社的申請可能通過，引發臺灣方面的抗議聲浪。

10月21日　載運高雄區運動會開幕聖火的船隻被日本海上保安廳巡防艦艇攔阻。

1991 ——

＊5月1日　廢除《動員戡亂時期臨時條款》。

1996 ——

6月　日本通過聯合國海洋法公約，與周邊國家為漁業、經濟海域問題談判。

7月14日　「日本青年社」於尖閣諸島的北小島蓋燈塔，向石垣海上保安部提出把燈塔用作航路標識的申請。

7月17日　臺北駐日代表處嚴正抗議，不同意釣魚臺被劃入日本專屬經濟海域範圍。

7月18日　中共針對日本將釣魚臺劃入經濟海域的舉動為對中國領土的重大侵犯，主張透過友好協商解決。

8月28日　日本外相池田行彥訪香港，其隨行官員發言指出「尖閣諸島是日本領土的一部分」，引發香港公會聯合會發起抗議遊行。

9月1日　臺北縣議會議員金介壽召開記者會，預告將在10月25日臺灣光復節當天前往尖閣。金介壽成立「臺灣保釣行動小組」。

9月6日　「臺灣保釣行動小組」租的漁船在前往尖閣諸島途中，

＊美國歸還日本沖繩行政管理權。

5月20日　保釣會解散。

9月29日　日中邦交正常化。

＊9月29日　國府宣布與日本斷交。

1977 ——

＊鄉土文學論戰開始。

1978 ——

＊侯德健民歌〈龍的傳人〉問世。

1979 ——

1月1日　中美邦交正常化。

1986 ——

9月28日　民主進步黨成立。

1987 ——

＊7月15日　廢除戒嚴令。

1989 ——

9月　日本右派團體日本青年社向海上保安廳提出申請，將釣魚臺上的燈塔作為航路標識，國府對此表示抗議。

明尖閣諸島主權是「日本與中華民國來謀求解決的事」。

7月7日　香港大學生於維多利亞公園舉行保釣示威遊行。

＊7月15日　美國總統尼克森發表緊急聲明，宣布季辛吉密訪北京與周恩來會談，自己將受邀訪中。

8月13日　香港大學召開保釣集會。於維多利亞公園舉行保釣活動。

8月20-22日　約400位臺灣美國留學生於德州布朗大學召開「美東國是會議」。

8月22日　香港大學召開保釣集會。

9月3-5日　海外保釣團體於密西根州召開「安娜堡國是會議」。

9月21日　左派與右派保釣團體於紐約遊行時嚴重對峙。

9月下旬　保釣相關人士王正方、王春生、李我焱、陳治利、陳恆次經由香港前往大陸參訪，與周恩來會面。

＊10月25日　聯合國通過《聯合國大會2758號決議》。中華民國宣布退出聯合國。

＊11月11日　中共駐聯合國代表團開始在紐約辦公。

12月25日　留學生於華盛頓召開「全美反共愛國會議」。

12月28日　「愛盟（全美中國同學反共愛國聯盟）」成立。

1972 ——

＊2月21日　美國總統尼克森訪中。

5月9日　國府公開聲明絕不放棄釣魚臺領土主權。

5月15日　保釣會發表〈忠告美國青年書〉。

化館示威抗議，21人被逮捕。

4月12日 香港德明校友會於臺大校園入口張貼聲明釣魚臺主權屬於臺灣的大字報。

4月13日 臺大學生代表聯合會（下稱代聯會）張貼聲明堅決支持釣魚臺屬於中華民國的海報。

臺南成功大學學生於校園內示威遊行，抗議日美兩國。

4月14日 一百餘名臺大學生上街，至日本大使館遊行抗議。

4月15日 千名僑生至美國大使館，抗議美國於歸還沖繩時將尖閣諸島的管理權交給日本。

代聯會發起「支持政府及抗議美國荒謬舉止」簽名活動，共2500名學生共襄盛舉。

4月16日 美國大使馬康衛接見代聯會的代表李大維、校內報《大學新聞》社社長張晉城。

學生於臺大體育館召開保衛釣魚臺座談會。臺大保衛釣魚臺委員會成立（下稱保釣會）。

4月20日 保釣成立大會於臺大體育館召開，舉行釣魚臺問題座談會。

4月21日 外交部長周書楷應保釣會之邀發表演說，強調政府不會對主權讓步，將謀求和平解決方法。

5月23日 約3000名留學生與學者，集資約1萬美元於《紐約時報》刊登全版廣告，聯名發表〈留美學界致尼克森總統及國會議員公開信〉，對美國政府提出要求。

＊6月12日 媒體報導日美兩國將於17日簽署《歸還沖繩協定》。

6月17日 學生至美國大使館、日本大使館進行保釣抗議遊行。

6月18日 美國國務院針對《歸還沖繩協定》發表正式聲明，表

府則指責日本侵犯領土主權。

9月21日　臺灣漁船9月16、17日於釣魚臺海域遭到琉球政府船艦驅逐。

11月　王曉波、王順於《中華雜誌》上聯名發表〈保衛釣魚臺〉。

11月17日　臺灣留學生於美國普林斯頓大學成立第一個保釣團體:「保衛釣魚臺行動委員會」。

1971——

1月29日　美國留學生動員，於舊金山舉行保釣遊行。

1月30日　美國留學生動員，於華盛頓、紐約、芝加哥、西雅圖、洛杉磯、舊金山舉行保釣遊行。

2月20日　香港《70年代雙周刊》號召民眾於德忌利士街日本領事館前集合，共計兩百餘人響應。

*2月25日　美國總統尼克森於〈外交政策報告〉中，首次以「中華人民共和國」全稱稱呼北京當局。

3月12日　5百位華裔學者聯名發表致蔣中正公開信，要求保衛釣魚臺主權。

50個保釣團體要求國府派遣海軍至釣魚臺海域以保護漁民。

4月　臺大學生刊物《大學論壇》編輯錢永祥、鄭鴻生以及研究生王曉波等人，籌備校內釣魚臺主題座談會。

4月10日　美國留學生保釣遊行擴大規模，在華盛頓、西雅圖、舊金山、洛杉磯舉行。

「香港保衛釣魚臺臨時委員會」到香港島中環的日本文

附錄（二）
「保釣」活動大事記（整理自本書）

1967 ——

9月20日　《經濟日報》頭版報導外交部次長對美國移交琉球行政管理權給日本，遭到停刊6天。

1968 ——

聯合國亞洲暨遠東經濟委員會（ECAFE）於1968年在東海進行海底探勘，報告指出該海域可能蘊藏豐富石油資源。

1970 ——

9月2日　臺灣省政府水產試驗所的試驗船「海憲號」入侵尖閣周邊海域。記者登島插上中華民國國旗，在峭壁上寫下「蔣總統萬歲」。

9月15日　琉球警方拔除尖閣島上的中華民國國旗。

9月17日　琉球政府發表「關於尖閣列島領土主權」的說法，國

聯經文庫

保釣運動全紀錄

2019年11月初版　　定價：新臺幣580元

著　　者　本田善彥
譯　　者　風間鈴
叢書編輯　黃淑真
校　　對　吳美滿
內文排版　極翔企業
封面設計　兒日
編輯主任　陳逸華

總 編 輯　胡金倫
總 經 理　陳芝宇
社　　長　羅國俊
發 行 人　林載爵

出　版　者　聯經出版事業股份有限公司
地　　　址　新北市汐止區大同路一段369號1樓
編輯部地址　新北市汐止區大同路一段369號1樓
叢書編輯電話　(02)86925588轉5322
台北聯經書房　台北市新生南路三段94號
電　　　話　(02)23620308
台中分公司　台中市北區崇德路一段198號
暨門市電話　(04)22312023
台中電子信箱　e-mail：linking2@ms42.hinet.net
郵政劃撥帳戶第0100559-3號
郵撥電話　(02)23620308
印　刷　者　世和印製企業有限公司
總　經　銷　聯合發行股份有限公司
發　行　所　新北市新店區寶橋路235巷6弄6號2樓
電　　　話　(02)29178022

行政院新聞局出版事業登記證局版臺業字第0130號

本書如有缺頁，破損，倒裝請寄回台北聯經書房更換。　ISBN　978-957-08-5415-2（平裝）
聯經網址：www.linkingbooks.com.tw
電子信箱：linking@udngroup.com

國家圖書館出版品預行編目資料

保釣運動全紀錄／本田善彥著．風間鈴譯．初版．新北市．
聯經．2019年11月．312面．14.8×21公分（聯經文庫）
ISBN　978-957-08-5415-2（平裝）

1.保釣運動　2.釣魚臺　3.臺灣史

578.193　　108017306